Marco Cortesi
Stefan Häseli
Praxisbuch Krisenkommunikation

Marco Cortesi
Stefan Häseli

Praxisbuch Krisenkommunikation

Strategien für mehr Glaubwürdigkeit,
Transparenz und Vertrauen

WILEY-VCH GmbH

Alle Bücher von WILEY-VCH werden sorgfältig erarbeitet. Dennoch übernehmen Autoren, Herausgeber und Verlag in keinem Fall, einschließlich des vorliegenden Werkes, für die Richtigkeit von Angaben, Hinweisen und Ratschlägen sowie für eventuelle Druckfehler irgendeine Haftung

© 2025 Wiley-VCH GmbH, Boschstraße 12, 69469 Weinheim, Germany

Alle Rechte, insbesondere die der Übersetzung in andere Sprachen, vorbehalten. Kein Teil dieses Buches darf ohne schriftliche Genehmigung des Verlages in irgendeiner Form – durch Photokopie, Mikroverfilmung oder irgendein anderes Verfahren – reproduziert oder in eine von Maschinen, insbesondere von Datenverarbeitungsmaschinen, verwendbare Sprache übertragen oder übersetzt werden. Die Wiedergabe von Warenbezeichnungen, Handelsnamen oder sonstigen Kennzeichen in diesem Buch berechtigt nicht zu der Annahme, dass diese von jedermann frei benutzt werden dürfen. Vielmehr kann es sich auch dann um eingetragene Warenzeichen oder sonstige gesetzlich geschützte Kennzeichen handeln, wenn sie nicht eigens als solche markiert sind.

Hinweis:
Wir haben uns bemüht, in diesem Buch eine inklusive Sprache zu wählen, die alle Geschlechter berücksichtigt. Sollte an einigen Stellen darauf verzichtet worden sein, dann nur im Sinne der leichteren Lesbarkeit. Entsprechende Begriffe und Formulierungen gelten dann im Sinne der Gleichbehandlung natürlich für alle Geschlechter.

Bibliografische Information der Deutschen Nationalbibliothek
Die Deutsche Nationalbibliothek verzeichnet diese Publikation in der Deutschen Nationalbibliografie; detaillierte bibliografische Daten sind im Internet über <http://dnb.d-nb.de> abrufbar.

Print ISBN: 978-3-527-51208-9
eBook ISBN: 978-3-527-84996-3

Illustrationen: Johannes Lott
Umschlaggestaltung: Susan Bauer
Umschlagfoto: broken point, tiero – stock.adobe.com
Satz: Straive, Chennai, India
Druck und Bindung: CPI Group (UK)Ltd, Croydon CR0 4YY

C9783527512089_020125

The manufacturer's authorized representative according to the EU General Product Safety Regulation is Wiley-VCH GmbH, Boschstr. 12, 69469 Weinheim, Germany, e-mail: Product_Safety@wiley.com.

Inhalt

Geleitwort – die Crux mit der Kommunikation 9
Geleitwort – Krisenkommunikation als Erfolgsfaktor 13
Vorwort der Autoren 17
Zur Einleitung ein Fallbeispiel 19

1. Die Krise kommt, der Notfall ist da 25
2. Ist das jetzt eine Krise oder ein Notfall? 29
   Krisen, Notfälle und Katastrophen 30
   Der Begriff der Krise aus unterschiedlichen Perspektiven 32
   Ablauf einer Krise und die Kategorisierung in
   einzelne Stufen 36
3. Gut, nun sind wir bestens vorbereitet, oder? 45
   Generelle Prävention und Vorbereitung 45
   Checkliste für die proaktive Vorbereitung in der
   Vorkrisenzeit 47
   Vorbereitungs-Checkliste für den konkreten Fall 48
   Beispielhafter Aufbau eines Krisenmanagements 50
   Praxisbeispiel: Katastrophenbewältigung der Stadt Zürich 55
4. Pressetermin und Kamera ein 61
   Interventionsstrategien 61
   Kommunikations- und Bewältigungsstrategie 65
   Die Macht der Medien 66
   Ein Praxisbeispiel: Die Ahrtal-Flutkatastrophe 75
5. Personen kamen zu Schaden und Todesfälle werden
   befürchtet 85
   Das zweischneidige Schwert der Empathie 85
   Körpersprache 93
   Der Tylenol-Fall 94

6. Vorbei ist nicht vorbei **101**

7. Nutzung von Social Media in der Krisenkommunikation .. **111**

8. **Die Aussagekraft von Bildmaterial als Stütze in der Krisenkommunikation** **127**
   Psychologische Aspekte der Bildkommunikation 130
   Die ethischen Anforderungen in der Bilderkommunikation 134

9. **Qualität vor Tempo** **139**
   Genauigkeit der Informationen 140
   Überstürzte Kommunikation 143
   Qualitätssicherung vor Geschwindigkeitsrausch 145
   Nutzung von Holding Statements 146

10. **Ausstattung und Ressourcen** **155**
    Personelle Anforderungen 156
    Räumliche Anforderungen 163
    Technische Anforderungen 164

11. **Strategie und Taktik** **171**
    Krisenkommunikationsstrategie 172
    Taktiken in der Krisenkommunikation 176
    So besser nicht: Explodierende Batterien 179
    Es geht auch anders: Klemmende Gaspedale 181

12. **Krisentraining – vorbereitet für die Herausforderungen der Zukunft** **185**
    Neue Normalität: dauerhafte Krisenbewältigung 186
    Resilienz und Antifragilität: Widerstandskraft stärken 186
    Praktische Umsetzung: Krisen realitätsnah trainieren 187

13. **Monitoring und Evaluation** **203**
    Monitoring: Werkzeuge und Methoden 205
    Evaluation: Messung der Effektivität 210
    Datensammlung und -analyse 212

14. Management und Führungskommunikation ... 219
Krisenführung 222
Sensibilisierung des Managements 232
Anforderungen an die interne Kommunikation 233
Strategien für effektive Führungskommunikation 234
Extrakt 234

15. Organisatorische Vorbereitung durch Strukturlegung für den Krisenfall ... 239
Krisenmanagement-Team 242
Identifikation und Analyse von Risiken 244

16. Interdisziplinäre Perspektiven – Einblicke aus Psychologie, Betriebswirtschaft und Kommunikationswissenschaft ... 253
Psychologische Aspekte der Krisenkommunikation 254
Betriebswirtschaftliche Aspekte der
    Krisenkommunikation 258
Kommunikationswissenschaftliche Aspekte 261

17. Nach der Krise ist vor der Krise – die Aufarbeitung ... 267
Die Bedeutung der Krisennachbearbeitung 268
Die wesentlichsten Schritte zur effektiven
    Krisenaufarbeitung 268
Reorganisation und Neuausrichtung 271
Transparente Darstellung der Ergebnisse 271
Langfristige Überwachung und Anpassung 272
Extrakt 274

18. Warum Krisenkommunikation Chefsache sein muss ... 275
Die Verantwortung des CEOs 275
Wie die Krisenkommunikation auch wirklich zur
    Chefsache wird 279
Zusammenfassung 284

19. Abschluss und Ausblick **285**
Die Auswirkungen der Künstlichen Intelligenz (KI)
auf die zukünftige Krisenkommunikation *285*
Schlussfolgerung *294*

Anhang: Reale, praktische Fallbeispiele **297**

Über die Autoren **309**

Anmerkungen **313**

Stichwortverzeichnis **315**

Geleitwort – die Crux mit der Kommunikation

Läuft es für eine Partei bei Wahlen nicht gut, dann heißt es am Wahltag: »Wir haben schlecht kommuniziert.« Geht eine Abstimmung verloren, dann lautet die Analyse postwendend: »Die Kommunikation war ungenügend.« Verliert eine Firma an der Börse an Boden, auch da: »Die Kommunikation der Business-Strategie ist bei den Anlegern nicht verstanden worden.« Wir sehen es überall und andauernd: Funktioniert etwas nicht, dann ist die Kommunikation schuld.

Von daher ist es sehr dankenswert, wenn Stefan Häseli und Marco Cortesi mit diesem Buch versuchen, die glaubwürdige Kommunikation anhand vieler Praxisbeispiele und Interviews zu verbessern. Denn da liegt tatsächlich vieles im Argen.

Als Wirtschaftsjournalist, der nun über 40 Jahre die Unternehmenskommunikation vieler Unternehmen begleitet, kommt man nicht umhin, festzuhalten: Es gibt Unmengen an Verbesserungsmöglichkeiten, was gute Kommunikation anbelangt. Viele Firmen, die sich in ihrer eigenen Wahrnehmung als Weltkonzerne sehen und zu den global Besten gehören wollen, zeigen große Schwächen in der Kommunikation. Ich bin immer wieder erstaunt, wie Mega-Konzerne, die sich die besten Kommunikationsprofis leisten könnten, keine Ahnung von Medien oder der DNA von Journalistinnen und Journalisten haben. Was dann oft in eigentlichen Kommunikations-Desastern endet. Man erinnere sich beispielsweise an die kommunikativen Begleittöne beim Untergang der Credit Suisse. Ein Trauerspiel. Und nicht zu vergessen: In einer Welt der kontinuierlichen (24-Stunden-)Information, vor allem auf den sozialen Medien, ist keine Kommunikation natürlich immer auch eine Kommunikation. Es gibt viele Gründe, warum die Kommunikation gerade in der Wirtschaft nicht optimal läuft, manchmal sogar grottenschlecht ist. Einige wenige möchte ich hier kurz antippen.

- Die Kommunikationsstellen vieler Behören und Unternehmen haben immer noch nicht begriffen, dass Kommunikation heute besonders stark über das bewegte Bild – sprich Videos – läuft. Noch immer investieren Firmen viel Geld in unendlich dicke Geschäftsberichte (wer liest Geschäftsberichte?), ellenlange Communiqués (wer liest Communiqués?) und Textwüsten (wer hat heute noch die Zeit, zehnseitige Kommunikations-Ergüsse zu lesen?). Selbst wenn sie es mit dem Medium Fernsehen zu tun haben, sind sie unfähig, sich kurz und zum Punkt zu äußern oder eine echte Geschichte zu erzählen. Die sozialen Medien haben hier noch einmal eine tiefgreifende Veränderung und Beschleunigung gebracht. Die Kommunikationsstellen sollten sich viel stärker überlegen, wer die Zielpersonen ihrer Kommunikation sind. Noch immer werden von Firmen beispielsweise bei Bilanzpressekonferenzen vor allem Zahlen und nochmals Zahlen heruntergebetet, dabei wollen Journalisten eine spannende Geschichte hören.

- Kommunikation auf Unternehmensebene wird schwieriger, weil immer neue Unternehmensbereiche involviert sind. Früher war Kommunikation im Wesentlichen die Aufgabe der Kommunikationsabteilung, heute redet besonders bei börsennotierten Unternehmen ganz entscheidend die Legal- sowie die Compliance-Abteilung mit – ganze Heerscharen von Juristen sind beteiligt. Das Resultat ist eine langweilige und juristisch gesteuerte Information, die wenig glaubwürdig ist und nicht authentisch wirkt. Starke Chefs setzen sich über Bedenken von Juristen hinweg. Hier gibt es auch tiefgreifende Unterschiede zwischen einem echten Unternehmer und einem angestellten Top-Manager. Unternehmer und Unternehmerinnen lassen sich nichts vorschreiben, weil ihnen die Firma gehört. Das macht ihre Kommunikation so glaubwürdig, authentisch und gradlinig (man kann das übrigens sehr gut an den Einschaltquoten ablesen). Das schätzt das Publikum, auch wenn die Informationen negativ sind. Angestellte Top-Manager dagegen

gehen möglichst wenige Risiken ein, lassen sich von Juristen vorschreiben, was sie sagen dürfen und was nicht. Am Schluss verwässern Kommunikationschefs das Thema noch zusätzlich. Das Resultat ist eine blasse und häufig völlig unglaubwürdige Kommunikation.
- Viele Unternehmenschefs glauben, sie seien als geniale Kommunikatoren geboren. Dabei gibt es nur ganz wenige CEOs, die eine natürliche Begabung in diesem Bereich aufweisen. Klar, es gibt immer Unterschiede, Chefs, die kommunikative Aufgaben lieber wahrnehmen als andere. Kommunikation ist aber für einen CEO eine unabdingbare Fachkompetenz, die man erlernen kann und auch üben muss. Geniale Kommunikatoren fallen eben gerade nicht vom Himmel, auch hier macht Übung den Meister. Ich wundere mich immer wieder über Firmenchefs (und deren Kommunikationsprofis), die Interviews geben, ohne dass auch nur ein einziger Satz, eine einzige Idee beim Zuschauer oder Zuhörer hängen bleibt (meistens strotzen solche Sätze dann auch noch vor Anglizismen, die höchstens ein Fachpublikum versteht). Dabei könnte man mit etwas Vorbereitung und der überlegten Formulierung eines einzigen erinnerungswürdigen Satzes viel bewirken. Hier sind die Kommunikationsprofis stark gefordert, versagen aber in vielen Fällen.
- Glaubwürdige Kommunikation heißt immer authentisch bleiben. Es darf nicht passieren, dass das, was beim Empfänger ankommt, das ist, was wir Journalisten gerne ein »PR-Geschwurbel« nennen. Kommunikationsstellen neigen dazu, selbst dann noch Dinge schönzureden, wenn es gar nichts mehr schönzureden gibt, weil schon alle begriffen haben, dass das Kind in den Brunnen gefallen ist. Oft produzieren Kommunikationsabteilungen ein Übermaß an »PR-Spin«, der dann nur noch kontraproduktiv und unglaubwürdig wirkt. Ein authentischer Chef/ eine authentische Chefin sollte niemals Dinge kommunizieren, zu denen er oder sie persönlich nicht stehen kann oder die er oder sie selbst nie so sagen würde.

Ich bin überzeugt davon, dass gerade dieses Buch hilft, einige der immer wieder begangenen kommunikativen Fehler zu vermeiden, denn viele der Praxisfälle zeigen: Kommunikation ist eine Daueraufgabe in einer medialen Welt, die immer stärker von Fake News und künstlich erzeugten Informationen beherrscht wird.

Reto Lipp

Reto Lipp ist Ökonom und seit 2007 Wirtschaftsmoderator beim Schweizer Fernsehen SRF. Lange Zeit hat er das Wirtschaftsmagazin »Eco« präsentiert, seit 2021 moderiert er auf SRF1 den wöchentlichen »Eco Talk«. Er ist auch bei »SRF Börse« präsent und analysiert das Wirtschaftsgeschehen in der »Tagesschau« oder bei »10vor10«.

Geleitwort – Krisenkommunikation als Erfolgsfaktor

Gibt es heute mehr Krisen als früher? Ereignen sich jetzt mehr Unglücke, und melden mehr Unternehmen Insolvenz an? Häufen sich die Pannen in den Abläufen des öffentlichen Lebens? Objektive Antworten darauf mögen Statistiken liefern. Subjektiv lautet die Antwort: Ja! Es scheint kein Tag zu vergehen, an dem nicht negative Meldungen durch die Medien gehen und in den Öffentlichkeiten diskutiert werden. Über die sozialen Medien kann jeder zum Sensationsreporter, Kameramann vor Ort und Kommentator werden. Sogenannte Experten kennen sowohl die Ursachen als auch die Folgen jeder Ausnahmesituation – und äußern sich dazu. Je schneller eine Nachricht in die Welt gesetzt ist, desto besser. Dass dabei auch Fake News, versehentlich oder absichtlich, oder gezielte Desinformationen dabei sind, macht alles noch komplexer.

War die Krisenkommunikation vor Jahren noch eine eher wenig beachtete Disziplin der Public Relations, scheint sie in Zeiten der Multikrisen zum Alltag von Kommunikatoren in Wirtschaft, Verwaltung und Politik zu gehören. Diese müssen Schieflagen erklären, komplizierte Sachverhalte darstellen und versuchen, kritische Berichterstattung zu vermeiden. Ihr Job – auch der von Beratern in Public-Relations-Agenturen übrigens – ist herausfordernder geworden.

Was ist zu tun?

Auch wenn Krisensituationen ganz plötzlich entstehen: Unvorbereitet sollten sie keinen Kommunikationsprofi treffen. Für jedes denkbare Szenario lassen sich im Vorfeld Kommunikationsstrategien vorbereiten und entsprechenden Maßnahmen planen. Je genauer die Abläufe während einer Krise definiert sind, desto schneller und besser können die Verantwortlichen Botschaften abstimmen und an die Stakeholder kommunizieren. Textbausteine, Bildmaterial, Presseverteiler sollten fertig in der Schublade liegen. Obwohl dies einleuchten mag, verzichten viele Unternehmen und Institutionen auf diese Art der präventiven Krisenkommunikation, in der Hoffnung, sie bleiben von einer Krise verschont. Das Risiko mag von Branche zu Branche unterschiedlich groß sein; Cyberattacken, um nur ein Beispiel zu nennen, können *jede* Organisation treffen, egal wie klein und vermeintlich unbedeutend sie sein mag.

Entsteht nun aber eine akute Krisensituation, muss die betroffene Institution zwangsläufig kommunizieren, um die Kommunikationshoheit zu behalten und um keine Gerüchte aufkommen zu lassen. Für diese operative Krisenkommunikation gelten dieselben Prinzipien wie für jede Art der Öffentlichkeitsarbeit: Sie muss wahrhaftig und glaubwürdig sein, transparent und konsistent. Allem voran aber: Sie muss schnell sein. Ein erstes Statement sollte abgesetzt sein, bevor Mutmaßungen über Messengerdienste geteilt und Fotos in Umlauf gebracht werden. Geschwindigkeit ist gewährleistet, wenn eine Krisensituation gut vorbereitet ist.

Erfolgreiche Krisenkommunikation besteht also aus Vorbereitung und Kommunikation, die sich im Wesentlichen nur durch höheres Tempo und größeren Druck von außen von den »normalen« Public-Relations-Aktivitäten unterscheiden. Wofür braucht es dann überhaupt so ein Buch wie das vorliegende?

Keine Krise gleicht der anderen. Keine Krise entwickelt sich genau so, wie sie im Krisenhandbuch beschrieben und geplant ist. Bei fast jeder Krisenkommunikation kommt es auch zu Fehlern. Ihr theoretisches Fachwissen können Kommunikatoren nur durch Praxiserfahrung ergänzen. Eigene Erfahrungen können sie allerdings nur sammeln, wenn sie sich in einer Krisensituation befinden. Umso wichtiger ist es, von den Beispielen anderer Praktiker zu lernen. Deren Krisenfälle kann der Leser auf seine eigene Organisation übertragen und von den Lessons Learned profitieren.

Geleitwort – Krisenkommunikation als Erfolgsfaktor

Dieses Buch beinhaltet beides: eine systematische theoretische Einführung in die Krisenkommunikation und jede Menge Beispiele aus der Praxis der Autoren. Beide warten mit Erfahrungswissen aus jahrzehntelanger Arbeit im Kommunikationsbereich auf. Sie wissen, wie man unter Druck Statements generiert und Interviews gibt, und kennen die Fallstricke, die zuweilen Medienvertreter für eine gute Headline legen.

Aus diesem Buch können die Kommunikationsverantwortlichen in Unternehmen genauso lernen wie deren Geschäftsführer und CEOs, Öffentlichkeitsarbeiter in Verwaltung und Politik genauso wie Consultants in Public-Relations-Agenturen. Nach der Lektüre sollte allen klar sein: eine Krise kann jeden treffen, aber man kann sie kommunikativ in den Griff bekommen. Und: Krisenkommunikation ist ein ganz wesentlicher Erfolgsfaktor für das Management von Krisensituationen.

Mein Dank gilt den Autoren, die mit diesem Buch einen ganz wichtigen Beitrag für bessere Kommunikation in Sondersituationen liefern.

Veit Mathauer

Veit Mathauer ist Gründer und Geschäftsführer der Sympra GmbH (GPRA) Agentur für Public Relations, Stuttgart

Vorwort der Autoren

Seit Dutzenden von Jahren beschäftigen wir uns mit der faszinierenden Thematik der Kommunikation in der Praxis und beratend für Unternehmen und Organisationen. Dabei steht stets eine Frage immer im Fokus: Wie kann Kommunikation besser werden?

Die Entwicklungen der letzten Jahre zeigen: Gerade in Krisensituationen ist es entscheidend, richtig zu reagieren. Es gibt Beispiele, da gewinnt trotz »Panne« das Image – dank guter Kommunikation. Das Gegenteil ist leider immer häufiger zu beobachten.

Die Welt ist nicht stehen geblieben: Tempo und Erwartungen der Öffentlichkeit nehmen zu, die sozialen Medien setzen offizielle Kommunikationskanäle unter Druck, Menschen sind dünnhäutiger geworden und zeigen weniger Loyalität gegenüber einem Unternehmen, einer Partei, einer Organisation.

Während eines gemeinsamen Vortrags entstand die Idee, die realen Erfahrungen und das in der Zwischenzeit große, auch theoretische Rüstzeug in eine praktische und gut umsetzbare Buchform zu setzen. Dieses Sachbuch lebt genau von diesem Crossover-Ansatz von uns beiden mit den unterschiedlichen Blickrichtungen und Erfahrungen.

Glaubwürdigkeit ist gerade in der Krise die Währung für Vertrauen – und Vertrauen ist das eigentliche Kapital des Sinngrundes eines Unternehmens oder einer Organisation. Vielleicht kann man das zusammengefasst in fünf Kurzstichworte setzen:

- Vertrauen schaffen!
- Glaubwürdig sein!
- Hör-, spür- und sichtbar sein!
- Alles, was Sie sagen, muss wahr sein!
- Kernbotschaften platzieren!

Das Buch ist im Teamwork entstanden, bei dem an und in sich schon viel kommuniziert werden muss. Gerade auch in einem solchen Projekt gibt es Höhen und Tiefen. Diese im Team immer wieder zu klären, war ein wenig »Kleinkrisenkommunikation im Mikrokosmos«. Zur Beruhigung aller: Jede Diskussion gab der Gesamtqualität einen Booster. So soll es sein.

Wir bedanken uns hier bei vielen, die uns in irgendwelcher Art unterstützt haben. Insbesondere aber bei:

- *Hans-Peter Nehmer* (Chief Communications Officer CCO und Mitglied der Direktion Allianz Versicherungen, Präsident Schweizer Harbour Club), der uns als Interviewpartner zur Verfügung stand und auch ein praktisches Fallbeispiel aus der tragischen Tsunamikatastrophe zur Verfügung gestellt hat.
- *Patrik Forster* (Leiter Verkauf und Marketing, Mitglied der Geschäftsleitung der Meier Tobler AG). Er zeigte uns als Betroffener im Fallbeispiel im zweiten Teil, wie die Kommunikation in Phasen eines größeren Cyber-Angriffs eine entscheidende Rolle in der Bewältigung spielte.
- *Ulf Dittmann*, der mit akribischer Recherchier- und fleißiger Schreibarbeit viel an textlicher Substanz beigetragen hat.
- *Dr. Simone Richter* und *Tanja Weber*, die mit ihren Textüberarbeitungen und Recherchen das Kernteam immer wieder unterstützt haben.
- *Johannes Lott* mit der wundervollen Gabe, die Kapitel dank seiner zeichnerischen Künste zu illustrieren.

Wir wünschen Ihnen viel Einsichten dank Ansichten und pflegen Sie weiterhin Ihre Kommunikation.

Meilen und Gossau, im Oktober 2024

Marco Cortesi, Stefan Häseli

Zur Einleitung ein Fallbeispiel

Das nun folgende Fallbeispiel wird uns durch das gesamte Buch begleiten. Wir werden in den nachfolgenden Kapiteln immer wieder darauf zurückkommen und das in den einzelnen Kapiteln vermittelte Wissen mit Referenz auf diesen Fall einordnen und erläutern.

»Der Cyberangriff: Schattenspiele im Netzwerk«

Der Auftakt

Der Tag beginnt wie immer bei TechDynamics, einem führenden Technologieunternehmen. Mitarbeitende strömen in das hochmoderne Glasgebäude, bereit für eine neue Arbeitswoche. Doch bereits in den frühen Morgenstunden melden sich erste Mitarbeitende bei der IT-Abteilung und berichten, dass das System langsam sei und einige Applikationen sich nicht starten lassen. Die IT-Support-Mitarbeitenden erhalten bald darauf Screenshots von Mitgliedern der Geschäftsleitung, die auf ihren Bildschirmen anstatt des schicken Firmengebäudes in feinstem Sommerwetter nun plötzlich kryptische Buchstaben entdecken.

Der Schock

Langsam wird klar: Dies ist kein gewöhnlicher Systemfehler. Eine nicht zu löschende Meldung in fehlerhaftem Englisch erscheint auf den Bildschirmen: »Darkness is coming, dear company TechDynamics, no datas are safe.« Schnell breitet sich Panik aus. Dr. Martin Schneider, der CEO und ein renommierter Informatiker, versammelt sofort sein Krisenteam. »Das ist ein gezielter Angriff. Wir müssen Ruhe bewahren und strategisch vorgehen«, sagt er, während er die Nachrichten auf seinem Smartphone liest. Kunden beginnen sich zu melden und berichten, dass ihre Daten verschwunden seien, Lieferanten haben doppelte Rechnungen erhalten.

Der Gegenschlag

Die IT-Abteilung arbeitet fieberhaft daran, den Ursprung des Angriffs zu lokalisieren. Das Netzwerk ist so gründlich kompromittiert, dass jede Sekunde zählt. Die Angreifer haben eine raffinierte Ransomware namens »Black Shadow« verwendet, die bisher unbekannte Schwachstellen ausnutzt.

Die Verhandlungen

Während die technischen Ermittlungen laufen, erhält Dr. Martin Schneider als CEO eine anonyme E-Mail von den Angreifern. »Dies ist Ihre letzte Chance. Wir beobachten jeden Ihrer Schritte. Jeder Versuch, uns zu finden, wird mit der endgültigen Löschung Ihrer Daten beantwortet.« Die Situation wird immer heikler. Die Aktienkurse von TechDynamics beginnen zu schwächeln. In einem geheimen Treffen mit den Führungskräften wird diskutiert, ob sie die Lösegeldforderung erfüllen sollten.

Der CEO entscheidet sich, mit den Angreifern in Kontakt zu treten, um mehr Zeit zu gewinnen. Die Verhandlungen sind zermürbend und gefährlich. Er muss seine Worte mit Bedacht wählen, um die Hacker nicht zu provozieren. »Wir sind bereit zu verhandeln, aber wir brauchen einen Beweis, dass Sie die Daten wirklich entschlüsseln können«, schreibt er. Die Antwort kommt schnell: »Sie haben 24 Stunden, um zu zahlen. Danach wird alles gelöscht.«

Der Wettlauf gegen die Zeit

Während die Verhandlungen laufen, arbeiten Laura und Michael, zwei IT-Spezialisten bei TechDynamics, unter

Hochdruck an einer Lösung. Jede Sekunde zählt. »Wir müssen die Ransomware analysieren und eine Schwachstelle finden«, sagt Michael entschlossen. In einer dramatischen Wendung gelingt es ihnen, einen kleinen Fehler im Code der Ransomware zu entdecken, der ihnen einen Weg zur Entschlüsselung der Daten bietet.

Der Durchbruch

Nach schlaflosen Nächten und endlosen Stunden des Codens finden Laura und Michael endlich einen Hinweis. Eine winzige Anomalie in den Logdateien führt sie zu einem Server in Osteuropa. Es stellt sich heraus, dass einer der ehemaligen Mitarbeitenden von TechDynamics, ein brillanter, aber rachsüchtiger Programmierer namens Ivan Petrov, hinter dem Angriff steckt. Ivan ist vor einem Jahr entlassen worden und hat seitdem seine Fähigkeiten genutzt, um sich zu rächen.

Die finale Konfrontation

Die Behörden haben inzwischen Ivan Petrov lokalisiert und planen einen Zugriff. Es ist ein riskantes Unterfangen, da jede falsche Bewegung zur endgültigen Zerstörung der Daten führen kann. In einer koordinierten Aktion stürmen sie Ivans Versteck und nehmen ihn fest. Gleichzeitig gelingt es Laura und Michael, die Ransomware zu entschlüsseln und die Daten zu retten. Der Jubel im Büro von TechDynamics ist grenzenlos.

Der Showdown

Mit den gesammelten Beweisen wenden sich Laura und Michael an die Behörden. Während eine koordinierte Aktion zwischen Interpol und den lokalen Polizeibehörden zur Festnahme von Ivan und seinem Team führt, gelingt es dem IT-Team von TechDynamics parallel dazu, eine

Hintertür in der Ransomware zu finden und die Daten zu entschlüsseln. Der Schaden ist groß, aber das Unternehmen kann gerettet werden.

Der Wiederaufbau

Nachdem die unmittelbare Gefahr gebannt ist, beginnt für TechDynamics die mühsame Arbeit des Wiederaufbaus. Neue Sicherheitsprotokolle werden implementiert und die gesamte IT-Infrastruktur wird erneuert. Dr. Martin Schneider hält eine bewegende Rede an die Mitarbeitenden: »Dieser Angriff hat uns gezeigt, wie verwundbar wir sind, aber auch, wie stark wir gemeinsam sein können. Wir haben nicht nur unsere Daten zurückgewonnen, sondern auch unsere Entschlossenheit.«

Die Aufarbeitung

Die Wiederherstellung der Daten ist nur der Anfang. Das Unternehmen muss den Vertrauensverlust bei Kunden und Partnern bewältigen. Intensive PR-Kampagnen und Transparenz bei der Aufklärung des Vorfalls helfen, das Vertrauen langsam wieder aufzubauen. »Wir haben aus unseren Fehlern gelernt und werden stärker zurückkommen«, verspricht Dr. Schneider.

Ein neuer Anfang

Der Angriff hat TechDynamics verändert. Neue, strengere Sicherheitsmaßnahmen werden eingeführt und regelmäßige Sicherheitsüberprüfungen werden zur Norm. Laura und Michael entwickeln ein umfassendes Schulungsprogramm für Mitarbeitende, um die Wachsamkeit gegenüber Cyberbedrohungen zu erhöhen. Der Angriff hat gezeigt, dass ein Unternehmen nur so stark ist wie seine schwächsten Glieder, und TechDynamics ist entschlossen, nie wieder so verwundbar zu sein.

Die Geschichte von TechDynamics wird zu einem Lehrbuchbeispiel für Cyberabwehr und Krisenmanagement. Der Angriff hat nicht nur das Unternehmen verändert, sondern auch die gesamte Branche. Cyberangriffe sind eine reale und ständige Bedrohung, aber TechDynamics hat gezeigt, dass mit Entschlossenheit und Teamarbeit jede Krise überwunden werden kann.

Lehren aus dem Schatten

Der Cyberangriff auf TechDynamics ist ein Weckruf für die gesamte IT-Branche. Unternehmen weltweit beginnen, ihre Sicherheitssysteme zu überdenken und zu verbessern. Laura und Michael werden als Helden gefeiert. Ivan Petrov wird zu einer langen Haftstrafe verurteilt, aber der Schatten seines Angriffs wird noch lange über TechDynamics hängen.

Die Welt hat sich verändert. Die Bedrohungen aus dem Cyberspace sind real und allgegenwärtig. Doch aus der Krise entsteht eine neue Wachsamkeit und ein unerschütterlicher Wille, solchen Angriffen entschlossen entgegenzutreten.

Die Kommunikation in der Krise

Der Kommunikation in dieser Krise gehört eine Schlüsselaufgabe. Hier entscheidet sich, neben den technischen Reparaturarbeiten, ob, wie und wie schnell das Vertrauen von Lieferanten, Kunden, Mitarbeitenden, Öffentlichkeit, Aktionären wieder hergestellt, aufgebaut und nachhaltig gehalten werden kann. Unterm Strich ist gelungene Kommunikation eine Existenzfrage für das gesamte Unternehmen.

Krisenkommunikation ist eine vielschichtige Angelegenheit, sie darf nie unterschätzt werden und wird in den nachfolgenden Kapiteln beschrieben. Die Kommunikation im Krisenfall dieser fiktiven Geschichte wird in jedem Kapitel beleuchtet und begleitet Sie, lieber Leser, durch die Fachkapitel.

1 Die Krise kommt, der Notfall ist da

Professionelle Krisenkommunikation spielt eine zentrale Rolle im Management eines Unternehmens, insbesondere in herausfordernden Zeiten. Sie dient primär dem Schutz der Reputation, indem sie sicherstellt, dass Informationen schnell, transparent und effektiv an die Öffentlichkeit gelangen.

Dies ist entscheidend, da die Wahrnehmung eines Unternehmens in Krisenzeiten schnell negativ beeinträchtigt werden kann.

Durch eine gezielte Kommunikation lassen sich potenzielle Schäden minimieren und das Vertrauen von Kunden, Investoren und anderen wichtigen Stakeholdern bewahren oder sogar wiederherstellen.

Ein wichtiger Aspekt professioneller Krisenkommunikation ist die Vermeidung von Fehlinformationen. Gerade in Krisensituationen können Gerüchte und falsche Informationen schnell entstehen und sich verbreiten.

Eine durchdachte Kommunikationsstrategie hilft daher Unternehmen, korrekte Informationen zu verbreiten und damit Klarheit zu schaffen sowie zur Beruhigung beizutragen.

Darüber hinaus hat die Art und Weise, wie ein Unternehmen kommuniziert, oftmals auch rechtliche Implikationen. Professionelle Krisenkommunikation kann helfen, rechtliche Risiken zu minimieren, indem sie sicherstellt, dass alle kommunizierten Inhalte den rechtlichen Anforderungen genügen.

Dies schützt das Unternehmen vor möglichen rechtlichen Konsequenzen, die aus unsachgemäßer Kommunikation resultieren könnten.

Ein weiterer Punkt ist die Sicherstellung der operativen Kontinuität. Effektive Krisenkommunikation informiert Mitarbeiter, Kunden und Partner klar und deutlich über die Situation und potenzielle Auswirkungen auf die Geschäftsabläufe. Dies trägt dazu bei, Verwirrung und Unsicherheit zu reduzieren, die sonst zu weiteren Betriebsunterbrechungen führen könnten.

Langfristige Wettbewerbsvorteile können ebenfalls durch professionelle Krisenkommunikation erzielt werden. Unternehmen, die Krisen gut managen und effektiv kommunizieren, stärken das Vertrauen in ihre Marke und fördern eine Loyalität, die weit über die Krisensituation hinausgeht. Dies kann ihnen einen signifikanten Vorteil gegenüber Wettbewerbern verschaffen, die in Krisenzeiten weniger effektiv kommunizieren.

1 Die Krise kommt, der Notfall ist da 27

Schließlich spielt die Krisenkommunikation eine wichtige Rolle bei der Mitarbeiterbindung und -moral. Klare und transparente Kommunikation während einer Krise kann dazu beitragen, dass sich Mitarbeiter gut informiert und unterstützt fühlen, was wiederum ihre Bereitschaft erhöht, durch schwierige Zeiten zu navigieren und einen Beitrag zum allgemeinen Krisenmanagement zu leisten.

Zusammenfassend ist professionelle Krisenkommunikation ein unverzichtbares Instrument im Risikomanagement und der strategischen Planung eines jeden Unternehmens. Sie ermöglicht es, auf Herausforderungen schnell und effektiv zu reagieren, den Schaden zu begrenzen und die Grundlagen für eine erfolgreiche Bewältigung der Krise zu legen.

Merke:
Erst die Handlung macht die Kommunikation glaubwürdig!

2 Ist das jetzt eine Krise oder ein Notfall?

»Jedes noch so große Problem hätte gelöst werden können, als es klein war!«

Laotze (chinesischer Philosoph)

Krisen, Notfälle und Katastrophen

Notfälle können Krisen auslösen und Krisen können in einer Katastrophe gipfeln, die dann zahllose Notfälle beinhaltet. Beides sind Situationen, die ein umsichtiges und möglichst auch schnelles Agieren erfordern. Sie unterscheiden sich aber gravierend im Hinblick auf die Dauer und den Umfang einer Lösungsumsetzung.

Wenn wir den Begriff Krise beschreiben, ist die Definition immer eng damit verbunden, welche Auswirkungen eine Situation haben würde und ob diese das Potenzial hat, negativ auf Einzelne, auf Organisationen oder Unternehmen oder gar auf die gesellschaftliche Struktur eines Landes einzuwirken.

Leider aber auch, ob die Situation das Potenzial hat, über die eigenen Landesgrenzen hinaus noch zu eskalieren, und in einem Kriegsfall zwischen zwei oder mehreren Staaten mündet.

Die Blickrichtung über die eigenen Landesgrenzen hinaus könnte unter Umständen auch erkennen lassen, ob es in den politischen Abläufen anderer Staaten ein solch großes Konfliktpotenzial gibt, das schlussendlich das eigene Land in eine Eskalationssituation zwingt.

Krisen haben als Unterscheidungsmerkmal zu Notfällen immer eine gewisse Langfristigkeit, denn sie können Wochen, Monate oder sogar Jahre dauern. Es gibt sogar den Ausdruck »Dauerkrise«, wie dieser zum Beispiel auf die stets schwelende Konfliktsituation zwischen Taiwan und der Volksrepublik China anzuwenden ist – auch wenn dies eine aus westlicher Sicht recht einseitige Stimulanz hat.

Aber diese beispielhafte Dauerkrise beinhaltet wiederum etwas, was man auch als Krisenkomplexität verschlagworten kann. Denn hierbei handelt es sich um vielschichtige und miteinander verwobene Themen, die auch außerhalb der reinen Besitzansprüche eines Landes angesiedelt sind.

Denn die Ursache dieser speziellen Dauerkrise liegt in der Geschichte der chinesischen Revolution und dem sich daraus ergebenden Bürgerkrieg zwischen der roten Armee (Mao Zedong) und der Kuomintag-Partei (Tschiang Kai Shek).

Ebenfalls als Synonym einer Krise kann man die anzuwendende Lösungsstrategie betrachten, denn diese beinhaltet meist eine umfassende Vorgehensweise und ist tunlichst drauf angelegt, eine langfristige Lösung zu bieten, die keine Wiederholung erfährt.

Auch bezogen auf ihre Auswirkungen lassen sich Krisen recht klar definieren. Denn egal ob es sich um eine politische, eine soziale und/oder um eine wirtschaftliche Krise handelt, die eventuellen Auswirkungen können tiefgreifend und entweder negativ oder auch positiv zu nachhaltigen Veränderungen führen.

Ein *Notfall* hingegen ist eine unmittelbar aufschlagende Situation, deren Lösung und Entschärfung nur durch eine sofortige Maßnahme erfolgen kann.

Nach unmittelbarer Beruhigung durch eine entsprechende Aktion in der jeweiligen Situation sind meist keine weiteren Maßnahmen mehr notwendig.

Somit wird bei einem Notfall, der ja immer die (Aus-)Wirkung einer Ursache ist, die Wirkung behoben, ohne die Ursache zukünftig ganz ausschließen zu können (Beispiel: Verkehrsunfälle).

Resümierend lässt sich also festhalten, dass Notfälle immer akut sind, während Krisen meist in ihrer Auswirkung eine langfristige Komponente haben.

Um auf Notfälle zeitnah reagieren zu können, in der Regel also sofort und kurzfristig, sind gänzlich andere Maßnahmen erforderlich als in einem Krisenfall, der zumeist eine längerfristige Komponente hat.

Weil die Vorgehensweisen unterschiedlich sind, ist es wesentlich, die Unterscheidung glasklar vornehmen zu können, um mit der richtigen Strategie auf die Situation antworten zu können.

Der Begriff der Krise aus unterschiedlichen Perspektiven

Da unser Thema die Krisenkommunikation ist, müssen wir so eindeutig wie möglich definieren, was in den unterschiedlichsten Bereichen als Krise bewertet wird.

Das Wort Krise kommt aus der griechischen Sprache (»Krisis«) und hat dort die Bedeutung: »die Entscheidung, das Urteil«.

Zugang in die deutsche Sprache fand das Wort ab dem 16. Jahrhundert – zunächst nur im medizinischen Bereich, in dem es den Höhepunkt respektive den Wendepunkt, dann jedoch zu einem besseren Verlauf, einer Krankheit beschrieb.

Ab dem 18. Jahrhundert etablierte sich dieser Begriff dann allmählich im allgemeinen Sprachgebrauch und wurde dort ein wenig zweckentfremdet, um eine »schwierige Situation« zu beschreiben.

War diese Zuschreibung damals noch fast eindeutig, ist er inzwischen für viele Beschreibungen gebräuchlich, so dass wir hier einige mögliche Interpretationen aufzeigen müssen.

Konsens dürfte sein: Krisen können als Störungen aufgefasst werden. Sie sind eine Unterbrechung eines vormals geordneten, regelmäßigen Zustands[1] und stellen ein Ereignis dar, welches im Folgenden die Aufmerksamkeit auf sich zieht.

Aus dem sozialen Blickwinkel sind Krisen die (Aus-)Wirkungen nicht gelöster Konflikte. Aus dieser Sicht entstehen Krisen durch das Aufeinandertreffen unterschiedlicher Standpunkte.

In der Betriebswirtschaft bezieht sich der Begriff der Krise im Allgemeinen auf ein betriebswirtschaftliches Versagen eines Unternehmens, welches in der Folge dazu führen kann, das Unternehmen nachhaltig zu schwächen und/oder substanziell zu gefährden.

Auch der Begriff der Imagekrise wird in diesem Bereich verortet, da die Auswirkungen einer Imagekrise ebenso zu substanziellen Problemen führen können.

In dem betriebswirtschaftlichen Teilbereich Marketing und Publik Relations, zu dem dann auch der Bereich Unternehmenskommunikation gehört, wird der Begriff Krise etwas anders betrachtet, zumal hier ja auch die Krisenkommunikation als Feuerlöscher des Brandherdes einer Krise betrachtet wird, die verhindern soll, dass es zu einem Flächenbrand kommt.

Als Krisenauslöser werden betrachtet: menschliches Versagen, Verunreinigung von Lebensmitteln, Produktionsfehler, gravierende Schädigung der Umwelt, Störfälle, Erpressungen, Produktionsfehler, Aktionen feindlicher Interessengruppen, Datenverlust, Dateninfiltrationen, IT-Ausfälle, Korruptionsvorwürfe, Verstöße gegen den Datenschutz, Unterlaufen der internen Compliance-Bestimmungen mit externer Relevanz.

Aus volkswirtschaftlicher Sicht wird der Begriff Krise hauptsächlich in Verbindung mit einer Konjunkturabschwächung im Sinne einer Depression verwendet.

Werden Krisen nicht gelöst und entwickeln sie sich dynamisch, kann eine Krise in einer »Katastrophe« münden. Auch dieses Wort hat seinen griechischen Ursprung und bedeutet: »das Umwenden, Zerstören, Unterjochen.«

Für viele Menschen ist zunächst noch (etwas nebulös) die Künstliche Intelligenz (KI) etwas, was in seinen Auswirkungen das Potenzial für eine zukünftige Krise haben könnte.

Für diejenigen, die sich qua Beruf schon damit auseinandergesetzt haben, birgt die Nutzung der KI zunächst einmal einen zeitlichen und in Verbindung damit einen Recherche-Vorteil.

Dass die Möglichkeiten, die eine KI bieten kann, momentan noch nicht zu überblicken sind, der Gesetzgeber aber schon bei Fuß steht, um das Schlimmste zu verhindern, deutet für die Zukunft auf einen interessanten Wettlauf hin.

Noch sind wir der Meinung, dass die Künstliche Intelligenz auch in der Nutzung für die Krisenkommunikation durchaus interessante Potenziale hat.

Damit wir nicht nur darüber reden, haben wir eine KI beauftragt, uns die Hauptarten der Krisen zu systematisieren, denn Definitionen hierzu gibt es zu viele. Und weil es so viele gibt, wollten wir wissen, was eine KI auf Basis der fulminanten Such-Algorithmen liefern würde. Denn wir gingen davon aus, dass das Ergebnis dann die mehrheitsfähige Definition erbringen könnte. Das Ergebnis, das wir natürlich dann überprüft haben, führen wir nun hier auf.

Mit dieser Vorgehensweise kann man auch erahnen, wie diese Technologie zukünftig in einer Krisenkommunikation genutzt werden könnte.

Hier sind einige der *Hauptarten* von Krisen:[2]

- Wirtschaftskrisen:
  - Finanzkrise: Zusammenbruch von Finanzsystemen, Bankenkrisen, Börsencrashs.
  - Rezession: länger anhaltende wirtschaftliche Abschwächung, hohe Arbeitslosigkeit, Rückgang der Produktion und des Konsums.
  - Inflation: rascher Anstieg der Preise, Kaufkraftverlust.
- Politische Krise:
  - Regierungskrise: Instabilität oder Zusammenbruch von Regierungen, politische Unruhen.
  - Internationale Konflikte: Krieg, militärische Auseinandersetzungen, diplomatische Spannungen.
  - Revolutionen und Putsche: Sturz bestehender politischer Systeme durch Aufstände oder Militäraktionen.
- Umweltkrise:
  - Naturkatastrophen: Erdbeben, Tsunamis, Überschwemmungen, Wirbelstürme.

- Klimakrise: langfristige Veränderungen des Klimasystems, globale Erwärmung.
- Umweltverschmutzung: Verschlechterung von Luft, Wasser und Boden durch menschliche Aktivitäten.

• Gesundheitskrise:
- Pandemien: weit verbreitete Ausbrüche von Krankheiten, wie COVID-19, Influenza-Pandemien.
- Epidemien: regionale Ausbrüche von Infektionskrankheiten.
- Öffentliche Gesundheitsnotstände: Überlastung von Gesundheitssystemen, Medikamentenknappheit.

• Soziale Krise:
- Migration und Flüchtlingskrisen: Massenbewegungen von Menschen aufgrund von Krieg, Armut, Klimawandel.
- Soziale Unruhen: Proteste, Aufstände, Bürgerkriege.
- Ungleichheit und Armut: Weit verbreitete soziale Ungleichheit und wirtschaftliche Benachteiligung.

• Technologische Krise:
- Cyberkrisen: große Cyberangriffe, Datenlecks, IT-Systemausfälle.
- Technologische Unfälle: nukleare Katastrophen, Industrieunfälle.

• Organisationskrise:
- Reputationskrise: Skandale, negative Berichterstattung, Verlust des öffentlichen Vertrauens.
- Betriebsstörungen: Unterbrechungen der Geschäftstätigkeit durch externe oder interne Ereignisse.
- Führungsprobleme: Rücktritt oder Tod wichtiger Führungspersonen, interne Konflikte. Krisen erfordern oft multidisziplinäre Ansätze und Zusammenarbeit über verschiedene Sektoren hinweg, um wirksam bewältigt zu werden. Sie können auch Chancen für grundlegende Veränderungen und Verbesserungen bieten, wenn sie richtig gehandhabt werden.

Ablauf einer Krise und die Kategorisierung in einzelne Stufen

Der dynamische Ablauf einer Krise kann in mehrere Phasen unterteilt werden. Die Definitionen dieser Phasen sind unterschiedlich verschlagwortet, so dass wir uns im Folgenden an einer eigenen Kategorisierung, die auch unseren Praxiserfahrungen entspricht, orientieren:

Jede Krise hat einen Vorlauf. In dieser Phase, der sogenannten *Frühwarnphase*, signalisieren erste Anzeichen, dass es Abweichungen von einem definierten, nicht gefühlten Normalzustand oder Indikatoren dafür gibt, dass es dies kurzzeitig geben wird.

Wohl der Organisation, die es schafft, diese Anzeichen so zu bewerten, wie es in dem Eingangs-Zitat des Laotze beschrieben wurde. Aber dies ist ehrlicherweise eher selten der Fall.

Diese ersten Anzeichen können Abweichungen bei wirtschaftlichen Kennziffern sein oder politische Verwerfungen oder sich anbahnende Umweltveränderungen wie zum Beispiel die sehr erkennbaren Auswirkungen der sogenannten Klimakrise.

Treten solche Anzeichen nun auf, müssen diese analysiert und richtig bewertet werden. Haben sie das Potenzial für eine Bedrohung des Status quo, oder sind es vorübergehende Randerscheinungen, die unglücklichen Situationen oder sofort zu ändernden Abläufen geschuldet sind?

Sollte die Bewertung ein gewisses Bedrohungspotenzial ergeben, gibt es drei wesentliche Möglichkeiten:

1. Es wurden bereits geeignete Maßnahmen definiert, um die sich anbahnende Krise im wahrsten Sinne des Wortes im Keime zu ersticken. Das ist die Königsdisziplin und deshalb kommt sie auch so selten vor.

2. Trotz des Erkennens einer sich aufbauenden Bedrohungslage tut man ... nichts, oder wesentlich zu wenig. Gibt es nicht? Gibt es doch, siehe Klimakrise!

3. Man hat zwar erkannt, dass sich eine Krise drohend aufbaut, aber die Analyse führt zu nicht geeigneten Gegenmaßnahmen. Unglücklicherweise haben genau diese Gegenmaßnahmen das Potenzial, die Krise in der zeitlichen Dynamik zu befeuern. Es wird somit Öl in das Feuer gegossen.

Aber es gibt noch eine vierte Variante: Es wurde richtig erkannt, dass die analysierte Situation das Potenzial hat, sich zu einer Krise zu entfalten. Ob die nun sofort ergriffenen Gegenmaßnahmen diese Situation so entschärfen, wie man es sich vorgestellt hat, ist jedoch noch nicht mit absoluter Gewissheit zu erkennen. Deshalb beginnt man mit der Vorbereitung und Planung, um im möglichen, dann eintreffenden Fall der Krise gewappnet zu sein.

An dieser Stelle wird nun der hoffentlich vorhandene Krisennotfallplan aus der Schublade geholt und dieser beinhaltet optimalerweise auch die Vorgehensweise der Krisenkommunikation.

Mit dem Ausbruch einer Krise beginnt die *Eskalationsphase*.

Möglichkeiten der Ereignisse eines solchen Auslösers gibt es viele. In Erinnerung geblieben sind bei den meisten Lesern sicherlich die Krisen, die auch in das tägliche Leben der jeweils Betroffenen eingriffen, wie zum Beispiel die Finanzkrise (Ablaufkriterien siehe unten), die Naturkatastrophen, die COVID-19-Pandemie (Ablaufkriterien siehe unten) und die Kriegsfallkrise (»militärische Spezialoperation«) in der Ukraine.

Darüber hinaus gibt es natürlich auch noch den bunten Strauß an Unternehmenskrisen, die von einer Imagekrise bis hin zum Super-Gau einer Unternehmenspleite reichen können.

Ein auslösendes Ereignis ist nun so eingetreten, dass die Definition der *akuten Krise* zutrifft.

Jetzt beginnen die sofortigen Maßnahmen der Schadensbegrenzung, die auch unser Hauptthema, die Krisenkommunikation, beinhaltet. Die Notfallpläne werden aktiviert, die Krisenteams kommen zusammen oder schließen sich online kurz. Evakuierungen und andere Sofort-Rettungsmaßnahmen werden umgesetzt. Um das Vertrauen herzustellen beziehungsweise zu erhalten, wird die Öffentlichkeit und/oder die betroffene Zielgruppe informiert.

Mit der Einleitung von Maßnahmen, die die Situation stabilisieren sollen, beginnt nun die *Deeskalationsphase*.

Diese beinhaltet Maßnahmen, die dafür sorgen sollen, dass einerseits die akute Situation durch Unterstützungen nicht weiter expandiert und andererseits erkennbare Maßnahmen zur Vermeidung einer Wiederholung ergriffen werden.

Wesentlich in dieser Phase ist eine stabile Informationslage, in der die Öffentlichkeit transparent über die weiteren Entwicklungen und über erfolgreiche Maßnahmen auf dem Laufenden gehalten wird.

Wenn die Situation sich erkennbar beruhigt hat und eine weitere Eskalation nahezu ausgeschlossen ist, beginnt die *Regenerationsphase* (Nach-Krisen-Phase). Infrastrukturen sind wieder aufgebaut worden, es beginnt eine wirtschaftliche Erholung; kurz, es läuft alles wieder normal.

Nun beginnt die *Evaluierungsphase*, die sach- und fachgerechte Bewertung der Krise von Alpha bis Omega (A-Z). Nicht nur die auslösenden Faktoren einer Krise werden untersucht, sondern auch die Wirksamkeit der getroffenen Maßnahmen. Im Ergebnis werden dann in der Regel die Risikomanagementstrategien noch einmal nachjustiert.

Beispielhaft lassen sich die Phasen anhand der COVID-19-Pandemie darstellen:

- *Frühwarnphase*: erste Berichte über ein neuartiges Virus in Wuhan, China.
- *Eskalationsphase*: schnelle weltweite Ausbreitung des Virus, Lockdowns, Gesundheitsnotstände.
- *Deeskalationsphase*: Impfkampagnen, Anpassung an neue Normen wie Social Distancing und Maskenpflicht.
- *Evaluierungsphase*: Wiedereröffnung von Wirtschaft und Gesellschaft, Nachbereitung und Analyse der Pandemieabläufe und der Reaktionen darauf.

Als abschließendes Beispiel bezogen auf die einzelnen Phasen wollen wir die Finanzkrise aus dem Jahre 2008 etwas detaillierter einsortieren. Diese Krise entwickelte sich zu einer weltweiten und führte zu großen wirtschaftlichen und sozialen Verwerfungen. Zudem ist sie auch ein Beispiel für eine recht langfristige und hochkomplexe Krise.

Frühwarnphase:

Der Signale gab es viele in den Jahren vor 2008. Die Immobilienpreise stiegen (zu) rasant und es wurden reichlich Hypotheken-Kredite vergeben (Subprime-Hypotheken), die nicht die notwendige Deckung aufwiesen. Die Banken sonnten sich in ihren Erfolgen und erste Rufer in der Wüste, die auf die betriebswirtschaftliche Unseriosität dieses Tuns hinwiesen, wurden nicht ernstgenommen.

Stattdessen sattelten die Banken gewinngierverblendet neue Finanzprodukte, wie Mortgage-Backed Securities (MBS) und Collateralized Debt Obligations (CDOs), auf dem Markt hype auf, obwohl diese genau auf diesen risikobehafteten, weil nicht gedeckten Hypotheken basierten.

Eskalationsphase:

Akut: Die ersten Hypothekenausfälle wegen nicht mehr zu leistenden Rückzahlungen begannen bereits 2007. Als diese eine Höhe erreicht hatten, die auch den Banken nicht mehr normal erschien, ergaben dann die ersten bankinternen Analysen, dass diese Außenstände nur eine leichte Welle, die zu einer riesigen Brandung führen würde, waren.

Investoren und Banken erlitten schnell so massive Verluste, dass generell das Vertrauen in die Finanzmärkte rapide nachließ und die ersten Bankkunden versuchten, zu retten, was noch zu retten war.

Als dann im September 2008 die Investmentbank Lehman Brothers den Geschäftsbetrieb einstellen musste, kam es zu einer weltweiten Panik auf den Finanzmärkten. In der Folge brachen die Aktienmärkte ein und die Anleger versuchten in Panik, noch schnell zu verkaufen.

Weltweit mussten nun Regierungen Stabilisierungsmaßnahmen zur Stütze des Finanzsystems ergreifen, um die Bevölkerung zumindest im Ansatz zu beruhigen. Kurzfristig wurde Liquidität durch die Zentralbanken zur Verfügung gestellt, die Zinsen mussten gesenkt werden und für einige Banken musste ein Rettungsschirm durch die Regierungen aufgespannt werden.

Chronische Phase:

Diese Krise hatte mittel- bis langfristige Auswirkungen auf einen großen Teil der wirtschaftlichen Lage in den Ländern und war der Taktgeber für nationale und regionale Krisen. Zunächst gab es eine globale Rezession.

Unternehmen wurden insolvent. In der Folge stieg die Arbeitslosigkeit an. Viele Menschen, die bis dato in einem Lohn-Empfangsverhältnis noch ihre Kredite bedienen konnten, wurden zahlungsunfähig und es kam zu Zwangsversteigerungen.

Nicht wenige Regierungen mussten kurzfristige Konjunkturprogramme aufsetzen und durch diverse Unterstützungsmaßnahmen der heimischen Wirtschaft unter die Arme greifen. Ein besonderes Augenmerk lag dabei auch auf Spareinlagen, die durch staatliche Unterstützungen weitestgehend abgesichert wurden. Bei der ein oder anderen Bank führte dies dann dazu, dass plötzlich der Staat der größte Anteileigner war.

Natürlich hatten viele Bürger das Vertrauen in die Branche der Banken und Immobilienfonds verloren. Andererseits aber war es der Staat, der durch seine Maßnahmen das Vertrauen der Bürger wieder aufleben ließ. Dennoch ließen sich teils gravierende Auswirkungen bezogen auf die soziale Situation vieler Bürger nicht verhindern.

Deeskalationsphase:

Da es sich um eine globale Krise handelte, waren einige Länder stärker betroffen als andere. Dementsprechend gestaltete sich auch die Regeneration unterschiedlich. Es gab Volkswirtschaften, die sich relativ schnell erholten, und andere, die noch Jahre danach die Nachwirkungen der Krise nicht überwunden hatten.

Als logische Konsequenz aus dem Geschehen wurden in einigen Ländern umfassende Reformen bei Banken und speziell der Bankenaufsicht durchgeführt. Die Finanzmärkte obliegen seit dieser Krise richtigerweise einer wesentlich umfassenderen und strengeren Kontrolle.

Sicherlich war die Finanzkrise 2008 mit ihren weltweiten Auswirkungen eine der komplexen Krisen, die tiefgreifende Auswirkungen auf die Weltwirtschaft, die Politik und letztlich auf die gesamten Gesellschaftsstrukturen hatte.

Auch bezogen auf die Dauer der Auswirkungen lässt sich sagen, dass die langfristigen Konsequenzen noch jahrelang andauerten.

Die Finanzkrise von 2008 zeigt, wie tiefgreifend und komplex eine Krise sein kann und wie wichtig es ist, sowohl präventive Maßnahmen als auch effektive Krisenmanagementstrategien zu entwickeln und umzusetzen.

Beispielhafte Phasen-Einsortierung für den Ablauf der Finanzkrise 2008:

- *Frühwarnphase*: Warnungen vor riskanten Hypotheken und Überbewertung des Immobilienmarktes
- *Eskalationsphase*: Zusammenbruch von Lehman Brothers und Panik an den Finanzmärkten
- *Deeskalationsphase*: Rettungspakete für Banken, wirtschaftliche Stabilisierungsmaßnahmen
- *Chronische Phase*: langsame wirtschaftliche Erholung
- *Evaluierungsphase*: Reformen im Finanzsektor

Fallbeispiel als Leitfaden: »Grundlagen der Krisenarten«

Im Fall des Unternehmens TechDynamics handelt es sich um eine komplexe und vielschichtige Situation, die verschiedene Kategorien von Ereignissen und Reaktionen umfasst. Die Expertengruppe hat den Vorfall detailliert untersucht und konnte folgende Definitionen und Erkenntnisse festlegen:

1. *Krise:* Der Angriff auf TechDynamics entwickelte sich schnell zu einer ausgewachsenen Krise. Die Kombination aus systemweiten Ausfällen, Datenverlust bei Kunden und der Bedrohung durch die Hacker führte zu erheblichem Druck auf das Unternehmen. Eine Krise ist definiert als eine Situation, die akuten Handlungsbedarf erfordert und potenziell gravierende Auswirkungen auf die

Organisation und ihre Stakeholder hat. Dies war hier eindeutig der Fall, da die Funktionsfähigkeit des Unternehmens, das Vertrauen der Kunden und die Stabilität des Aktienkurses auf dem Spiel standen.

2. *Zwischenfall:* Der erste Hinweis auf die Problematik war der initiale Bericht über langsame Systeme und nicht startende Applikationen. Dies kann als IT-Zwischenfall klassifiziert werden. Ein Zwischenfall bezeichnet ein Ereignis, das den normalen Betrieb stört, aber nicht zwingend zu einer Krise eskaliert. Hier war der Zwischenfall der erste Indikator für das umfassendere Problem.

3. *Unfall:* Der Angriff selbst, ausgeführt durch die Ransomware »Black Shadow«, kann als sicherheitsrelevanter IT-Unfall betrachtet werden. Ein Unfall im IT-Bereich ist ein unerwartetes und unerwünschtes Ereignis, das durch menschliches Versagen, technisches Versagen oder böswillige Handlungen verursacht wird. In diesem Fall war es eine böswillige Handlung eines ehemaligen Mitarbeiters.

4. *Personelle Maßnahmen:* Die Ermittlung ergab, dass ein entlassener Programmierer hinter dem Angriff steckte. Dies erforderte spezifische personelle Maßnahmen, einschließlich seiner Verhaftung und der seines Teams. Zudem wurden die internen Sicherheitsprotokolle verschärft und ein Schulungsprogramm für die Mitarbeitenden entwickelt, um zukünftige Vorfälle dieser Art zu verhindern.

Die Experten fanden heraus, dass der Angriff auf eine Schwachstelle in der Netzwerksicherheit abzielte, die von den internen IT-Mitarbeitern übersehen wurde.

3 Gut, nun sind wir bestens vorbereitet, oder?

Generelle Prävention und Vorbereitung

Die Vorbereitung auf eine Krisenkommunikation ist ein komplexer Prozess, der eine umfassende Planung und Strategieentwicklung erfordert. Krisen sind kapitale Ereignisse, die von außen gesteuert werden und großes öffentliches Interesse hervorrufen, besonders dann, wenn sie außergewöhnlich sind.

Solche Ereignisse können zu langanhaltender negativer Berichterstattung führen, die dem Ansehen einer Organisation schaden kann.

Um in Krisensituationen effektiv zu kommunizieren, ist es essenziell, nicht nur zu reagieren, sondern auch aktiv Vorbereitungen zu treffen. Dazu gehört das intensive Üben und Entwickeln von Krisenbewältigungsstrategien und das Erstellen von Entscheidungsgrundlagen, die über einzelne Bereiche hinausgehen.

Ein gründlich vorbereitetes Krisenmanagement macht den Unterschied, ob man aus einer Krise gestärkt hervorgeht oder in der Krise untergeht.

Ein wichtiger Aspekt ist die praktische Umsetzung eines Krisen-Instrumentariums. Es ist ratsam, sich auf die drei bis fünf wichtigsten Krisenszenarien zu konzentrieren, anstatt Dutzende möglicher Szenarien zu diskutieren.

Wie im normalen Leben ist oftmals weniger mehr, und eine Konzentration auf die wesentlichen Risiken kann effektiver sein. Die Auswahl dieser Szenarien sollte idealerweise durch ein Risiko-Assessment im Team erfolgen, um die Szenarien objektiv zu bewerten und zu definieren.

Schließlich ist es wichtig, sich darauf zu konzentrieren, wie man auf die Auswirkungen einer Krise reagiert, anstatt sich primär auf deren Ursachen zu fixieren. Das kommt auch, aber später.

Durch eine gut vorbereitete Krisenkommunikation kann eine Organisation nicht nur die Herausforderungen einer Krise bewältigen, sondern auch das Vertrauen und die Glaubwürdigkeit bei ihren Stakeholdern erhalten oder sogar stärken.

Checkliste für die proaktive Vorbereitung in der Vorkrisenzeit

Die nachfolgende Checkliste zeigt, was alles bei einer proaktiven Vorbereitung berücksichtigt werden sollte, und kann Ihnen bei Ihrer Vorbereitung helfen.

1. *Issue-Management*
   - Was beschäftigt uns in den nächsten 12 Monaten?
   - Portfolioanalyse
   - Aktualisierung alle drei bis vier Monate
2. *Risikoanalyse*
   - Wo bestehen welche Risiken?
   - Was kann uns passieren?
   - Wo gibt es Risiken technischer oder »gesellschaftlicher« Natur? Welche Anspruchsgruppen sind für uns relevant?
3. *Prävention*
   - Identifizierte Risiken minimieren
   - Angriffsflächen vermeiden, sich korrekt verhalten: rollenkongruentes Verhalten
   - Ökologie, Marketingversprechen, Behandlung von Mitarbeitern, Gehälter etc. Dialog mit Anspruchsgruppen führen: offen und ernsthaft diskutieren, Kritik entgegennehmen und substanziell beantworten, Dialog institutionalisieren, direkte Kanäle für Krisenfälle vorbereiten (Handynummern), Topmanagement involvieren
4. *Mediendruck trainieren*
   - Realitätsnahe Szenarien entwickeln und durchspielen. Medientraining absolvieren.
5. *Permanentes Monitoring*
   - Medienmonitoring inklusive Alternativzeitungen
   - News und Websites von Anspruchsgruppen
   - Kunden- und Publikumsbriefe

6. Management sensibilisieren
   - Sicherstellen, dass das Management ein notwendiges Bewusstsein für adäquate Krisenbewältigung hat.
   - Klarheit über Rollenverteilung in außerordentlicher Situation
7. *Organisation für Notfall sicherstellen*
   - Definition Krisenorganisation (Organigramm): Alarmierungskaskade > Kontaktverzeichnis > Hotline > Care-Team, Spezialisten an die Front
   - Rollen-bezogene Funktionsbeschreibungen
   - Dokumentation Krisenmanagement und Führungsphasen
   - Empfehlungen bezüglich Umgang mit Medienvertretern
   - Ausarbeitung eines realistischen Krisenszenario-Drehbuches
   - Durchführung einer realitätsnahen Krisenstabsübung mit Einbindung aller Krisenstabsmitglieder, Blaulichtorganisationen miteinbeziehen
   - Auswertung der Übung: Stärken-Schwächen-Analyse > *optimieren*, weitere Übungen planen und durchführen

Vorbereitungs-Checkliste für den konkreten Fall

Auch diese Checkliste kann Ihnen bei der Vorbereitung auf den konkreten Fall ein Hilfe sein:

- Ruhe bewahren und keine Panik aufkommen lassen.
- Keine Informationen an die Öffentlichkeit geben, bevor Sie sich nicht ein klares Bild von der Situation gemacht haben.
- Kommunizieren Sie eingangs, wann und wo Sie informieren werden und auf welchen Abklärungen Ihre Informationen beruhen.
- Bereiten Sie (wenn möglich) vorgängig eine Medienmitteilung vor. Halten Sie sich bei Ihren Aussagen sinngemäß an diesen Text.

- Nicht ablesen, wenn möglich.
- Zwischen Dialekt und Schriftsprache differenzieren
- Ziehen Sie (wenn nötig) Fachleute hinzu, damit Sie passend argumentieren können.
- Einheitssprache finden, einfache Sprache > kurze Sätze, circa 10 bis 20 Sekunden
- Setzen Sie, wenn immer möglich, nur einen Mediensprecher ein, damit die Journalisten nur aus einer Quelle Auskunft erhalten. Alle Anfragen zur Beantwortung oder Koordination an diesen sofort weiterleiten.
- Sicherstellen und überprüfen, dass alle Informationen nur über die verantwortlichen Stellen an die Öffentlichkeit gelangen.
- Zuerst intern kommunizieren
- Drücken Sie Ihr Bedauern aus, wenn Menschen betroffen sind. Bitte auch so, dass es auch wirklich aufrichtig herüberkommt.
- Alle Medien sind strikt gleich zu behandeln.
- »Interviewfolge« > wenn möglich, zuerst kleinere Sender und erst dann die großen Stationen
- Vermeiden Sie Schuldzuweisungen.
- Nur über verifizierte Fakten informieren. Nur was Sie mit Sicherheit wissen, gehört an die Öffentlichkeit.
- Informationen sofort und ohne Verzögerung weitergeben.
- Informationsfluss nicht abbrechen lassen. Sie müssen den Informationsfluss und -rhythmus selbst bestimmen.
- In Krisenzeiten ist es die Aufgabe des Chefs, persönlich zu informieren.
- In Entscheidungsprozessen auf jeden Fall Informationsspezialisten einbeziehen.
- Es kann nur einen geben. Nur einer spricht.
- Nur eine Botschaft – keine Widersprüche.

- Die Wahrheit sagen: »Just Facts«. Alles, was Sie sagen, muss wahr sein – aber Sie müssen nicht alles sagen, was Sie wissen!
- Fragen so ehrlich wie möglich beantworten und keinesfalls ausweichen. So rasch, so offen und so transparent wie möglich.
- Emotionen zeigen, betroffen sein – aber nicht gespielt.
- Kernbotschaften festlegen und wenn möglich personalisieren
- Vertrauen und gutes Image zur Krisenvorsorge in guten Zeiten aufbauen
- Krisenmanagement aktiv üben
- Spezialisten an die Front
- Zuerst intern informieren (wenn möglich)
- Mit Zeitfenstern arbeiten (10 bis 15 Minuten-Rhythmus): > Betroffene > Vorgesetzte > Gewerkschaft > Öffentlichkeit, so wie weiter unten auch abgebildet
- Firmen-Hotlines vorbereiten, die technisch eingerichtet und funktionsfähig sind. Sammelstellen definieren > Hotline einrichten > Zeitplan nächste Info bekannt geben > Ausweichstandorte und Partnerfirmen suchen > Ansprechpartner sind 24 Stunden am Tag erreichbar
- Vorbereitet sein auf tragische Fälle: Tote oder schwer verletzte Mitarbeiter. Prüfen Sie, ob Sie in diesen Fällen Spezialisten von Care-Teams hinzuziehen wollen und ob Sie eine sogenannte »Dark Page« auf der Firmenhomepage einrichten wollen. Sofort direkten Kontakt zu Betroffenen suchen. Zeit haben und zuhören können!

Beispielhafter Aufbau eines Krisenmanagements

Die nachfolgenden Abbildungen, Darstellungen und Checklisten stammen aus der Praxis der Stadtpolizei Zürich und zeigen beispielhaft den Aufbau eines Krisenmanagements.

Generelle Gefährdungs- und Risikoanalyse der Stadt Zürich

Diese Darstellung spricht insofern für sich, weil sie die Häufigkeit einer Krisenlage in einen Zusammenhang zum erwartenden Schadensausmaß darstellt und somit eine Kategorisierung der Schwere einer Krise erlaubt.

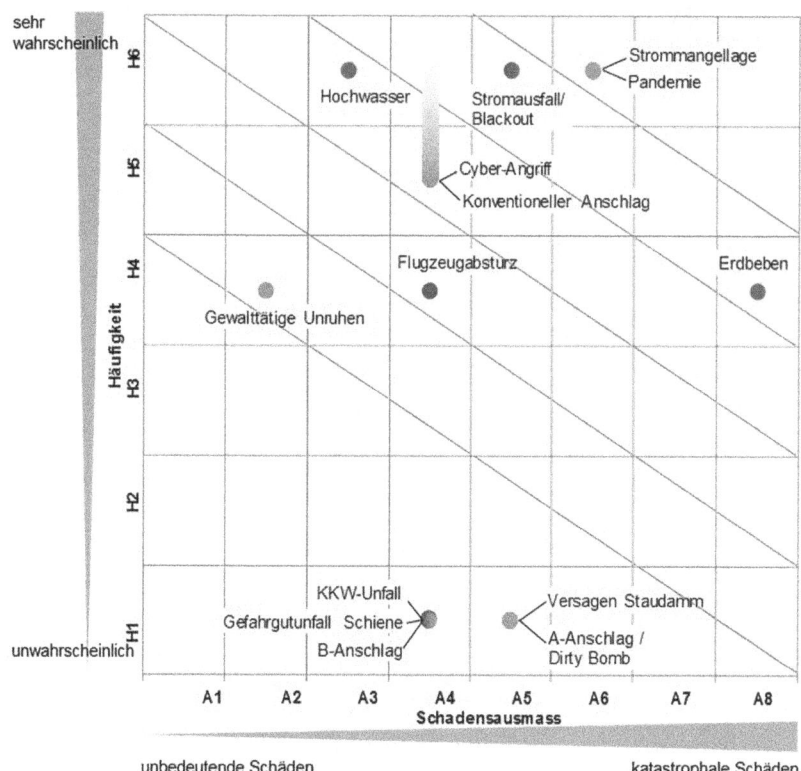

Abbildung 3.1: Generelle Gefährdungs- und Risikoanalyse der Stadt Zürich

Informationskaskade

Abbildung 3.2 zeigt einen Überblick über die Informationskaskade. Die Farbzuteilung der Dienste in der Informationskaskade wird durch Abbildung 3.3 verdeutlicht.

Das folgende Beispiel veranschaulicht, wie größere Organisationen ihre Kommunikationsstrukturen aufbauen und vorbereiten.

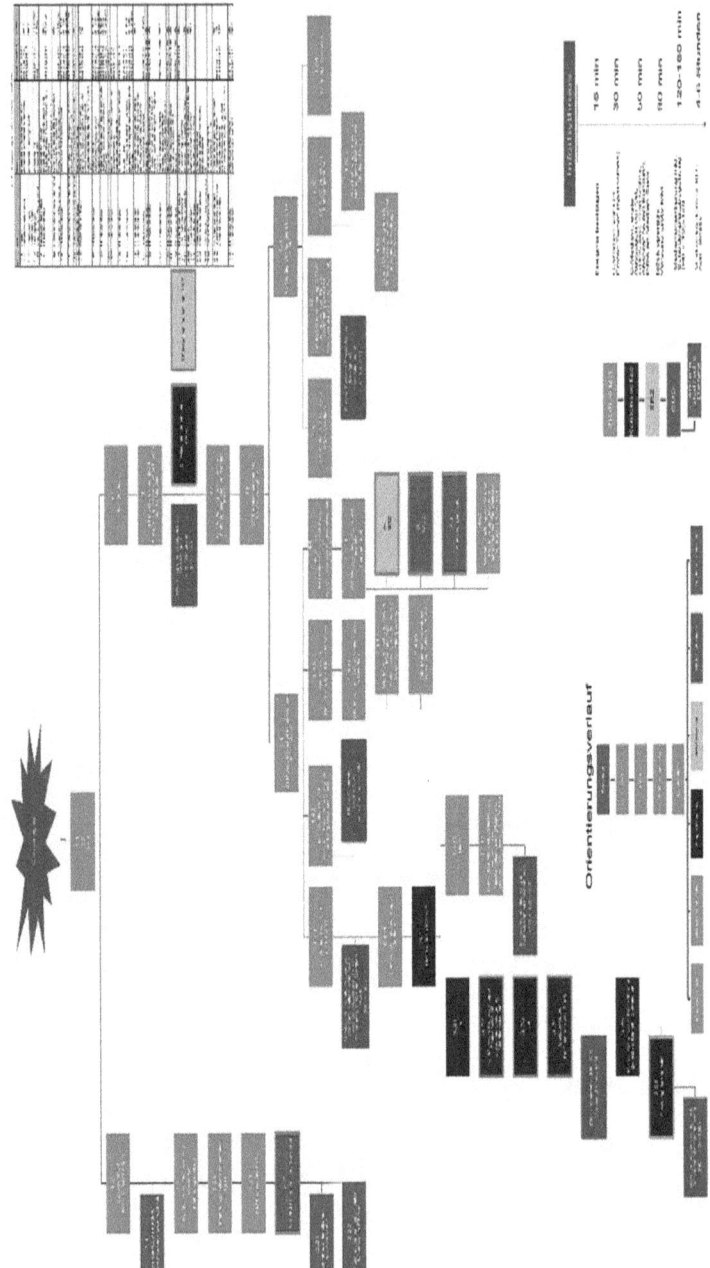

Abbildung 3.2: Informationskaskade

Beispielhafter Aufbau eines Krisenmanagements

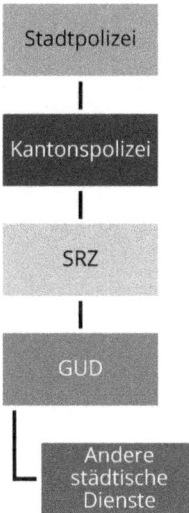

Abbildung 3.3: Farbzuteilung der Dienste in der Informationskaskade

Alle relevanten Bezugsgruppen müssen dabei eingebunden werden, die Maßnahmen sollten auf einer klaren Zeitachse angeordnet und die Kommunikationswege (wer informiert wen?) übersichtlich dargestellt werden. Für die Krisenphase hat sich eine großflächige Visualisierung, beispielsweise auf einer Tafel oder Wand, als besonders effektiv erwiesen. Diese Form der Darstellung ermöglicht es, schnell und umfassend einen Überblick zu gewinnen, was auf einem Bildschirm unter Umständen schwieriger realisierbar ist.

Informationsrhythmus

In Bezug auf den Informationsrhythmus stellt sich die Frage, welcher Rhythmus unter welchen Bedingungen und für wen geeignet ist. Die nachfolgenden Schaubilder und Ausführungen zeigen dies beispielhaft und schließen an das Beispiel der Stadtpolizei Zürich in den vorherigen Abschnitten an.

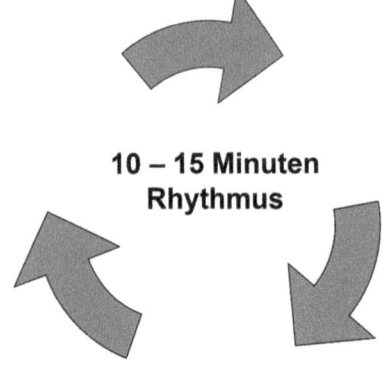

Abbildung 3.4: Informationsrhythmus, beispielhaftes kurzes Intervall

Im *kurzen Intervall* an

1. Direkte Vorgesetzte
2. Angehörige? Nicht in jedem Fall.
3. Kader
4. Andere Mitarbeitende
5. Belegschaft
6. Politik
7. Gewerkschaft
8. Öffentlichkeit 60 Minuten später

Vororientierung:

- Mittels Kurz-Medienmitteilung (SOME) und gleichzeitiger Einladung zur Medienkonferenz, ein bis drei Stunden
- Medienmitteilung an Medienkonferenz abgeben und gleichzeitig verbreiten (Schadenplatzbegehung mit Terminangabe anbieten)
- Interviewer Reihenfolge: je nach Tageszeit, > Online > Radios > TV > Print

Nächsten Medientermin bekannt geben: Den Rhythmus von ein bis drei Stunden beibehalten.

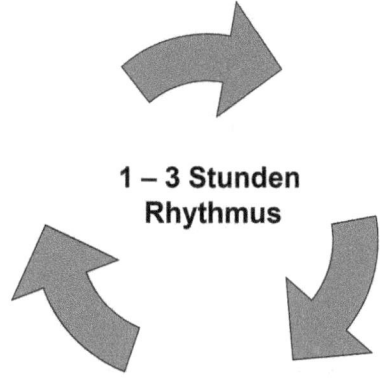

Abbildung 3.5: Informationsrhythmus, beispielhaftes längeres Intervall[1]

Praxisbeispiel: Katastrophenbewältigung der Stadt Zürich

Aufgrund der freundlichen Genehmigung der Stadt Zürich können wir Ihnen nun einen kleinen, natürlich nicht ins Detail gehenden Überblick über einige Kategorisierungen zwecks Einordnung und auch Anordnung darstellen.

- Katastrophe
  - 1 bis 3 Stunden
- Unfall/Großereignis
  - überraschend,
  - begrenztes Schadenereignis,
  - mit eigenen Mitteln bewältigen.

Das erklärte Ziel der Katastrophenbewältigung der Stadt Zürich:

»Unsere Bemühungen sollen sich darauf ausrichten, durch vorbereitende und organisatorische Maßnahmen zu erreichen, dass das Ausmaß in Grenzen bleibt und eine Katastrophe optimal bewältigt werden kann.«

Die Ereignisstufen geben die Einbeziehungen der erforderlichen Stellen vor:

3 Gut, nun sind wir bestens vorbereitet, oder?

		Front		Rück	
	Normale Lage				
Tagesereignis					
mittleres Ereignis	Besondere Lage	KP Front	Stapo SRZ Werke	Einbezug Teilstäbe möglich	
		KP Front	Stapo SRZ Werke	Fhr Stab Stapo Fhr Stab SRZ	Stapo SRZ Werke
Grossereignis					
Katastrophe	Ausserordentliche Lage	KP Front	Stapo SRZ Werke	"FIBAL Stadt Zürich"	Stapo SRZ Werke

Stadt Zürich
Stadtpolizei

Abbildung 3.6: Beispielhafte Ereignisstufen bei der Stadt Zürich

Die Schadenraumorganisation gibt die Vorgabe, was innerhalb welchen Umkreises durchzuführen ist:

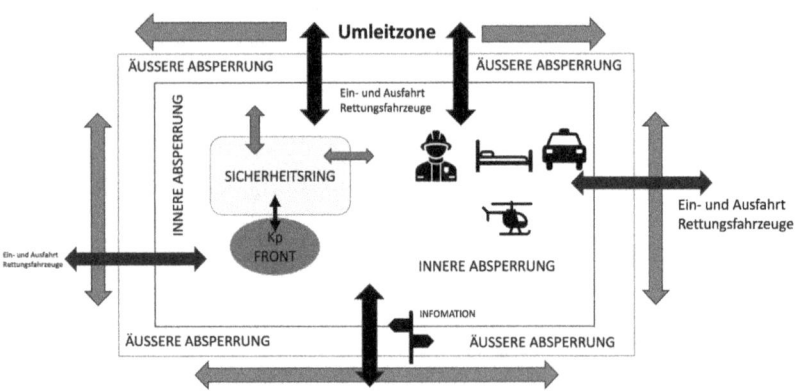

Abbildung 3.7: Beispielhafte Schadenraumorganisation

Schadenplatz Bahnhof Oerlikon Fläche dient als Beispiel, um zu sehen, wie weitflächig abgesperrt werden kann oder soll:

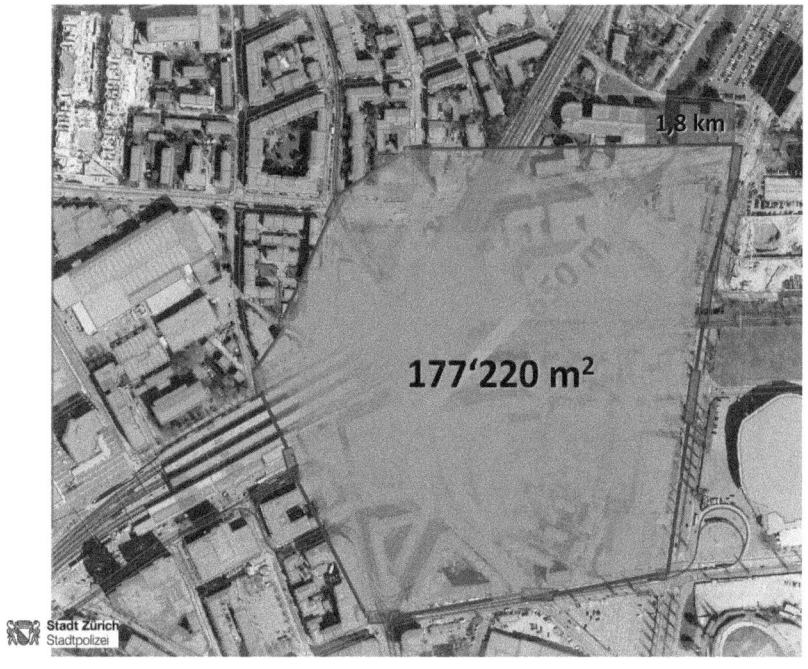

Abbildung 3.8: Beispielhafte weiträumige Absperrung[1]

Diese Aufstellung zeigt an, in welchem Umfang Fahrzeuge im Krisenfall zur Verfügung stehen könnten:

3 Gut, nun sind wir bestens vorbereitet, oder?

Fahrzeug	Organisation	Anzahl
	Polizei	48
	Feuerwehr	41
	Sanität	28
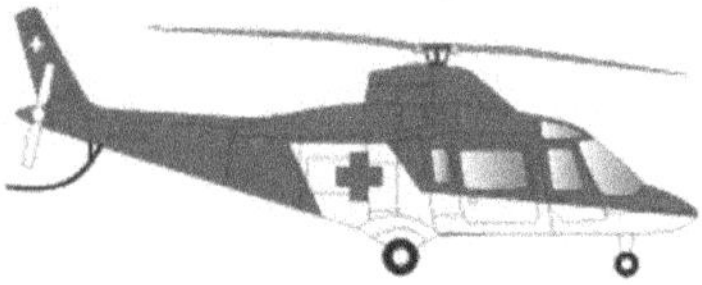	Rega	2 Helikopter
		117 Fahrzeuge

Abbildung 3.9: Schadenraumorganisation, Anzahl Fahrzeuge

Fallbeispiel als Leitfaden: »Prävention und Vorbereitung«

Das Unternehmen TechDynamics hat seine Krisenkommunikation gut vorbereitet.

Im Vordergrund stand die *Etablierung eines Krisenteams*, das sofort aktiviert werden konnte. Es gab einen klaren Plan, wer im Krisenfalle wen informiert und wer involviert werden muss. Konkret waren folgende Maßnahmen bereits vordefiniert:

1. Frühwarnsysteme und Monitoring:

TechDynamics hat ein umfassendes Frühwarnsystem implementiert, das rund um die Uhr die IT-Infrastruktur überwacht. Es nutzt KI-Algorithmen, um ungewöhnliche Aktivitäten oder potenzielle Bedrohungen zu erkennen. Sobald eine Anomalie entdeckt wird, werden automatische Benachrichtigungen an das Krisenteam gesendet.

2. Notfallkommunikationsteam:

Das Unternehmen hat ein dediziertes Notfallkommunikationsteam eingerichtet, das aus IT-Sicherheitsexperten, PR-Fachleuten und Rechtsberatern besteht. Dieses Team traf sich regelmäßig zu Schulungen und Simulationen, um auf verschiedene Krisenszenarien vorbereitet zu sein.

3. Kommunikationsprotokolle und Eskalationspläne:

TechDynamics hat detaillierte Kommunikationsprotokolle und Eskalationspläne entwickelt. Diese Pläne definieren, wer wann und wie informiert wird. Es gibt klare Anweisungen für die interne Kommunikation (an Mitarbeiter und Management) sowie für die externe Kommunikation (an Kunden, Partner und Medien).

4. Multikanal-Kommunikation:

Für den Fall eines Krisenereignisses hat TechDynamics mehrere Kommunikationskanäle eingerichtet. Dazu gehören E-Mail, SMS, Push-Benachrichtigungen über eine spezielle Unternehmens-App, eine Krisen-Hotline und ein geschütztes Online-Portal. Auf diese Weise wird sichergestellt, dass alle relevanten Parteien sofort und zuverlässig informiert werden können.

5. Vorbereitete Vorlagen und Botschaften:

Das Unternehmen hat eine Reihe von vorbereiteten Vorlagen und Botschaften für verschiedene Krisenszenarien erstellt. Diese umfassen Pressemitteilungen, interne Memo-Schreiben und Social-Media-Posts. Dadurch kann das Krisenteam schnell und effizient reagieren, ohne Zeit mit der Erstellung neuer Inhalte zu verlieren.

6. Transparenz und regelmäßige Updates:

TechDyamics hat sich zur Transparenz verpflichtet. Im Krisenfall werden regelmäßige Updates an alle Stakeholder gesendet. Das Unternehmen hat einen speziellen Krisen-Update-Bereich auf seiner Website vorbereitet, wo aktuelle Informationen und Fortschritte zur Krisenbewältigung veröffentlicht werden.

4 Pressetermin und Kamera ein

»Oft findet Überraschung statt, wo man sie nicht erwartet hat.«

(Wilhelm Busch)

Interventionsstrategien[1]

Da in der Krisenkommunikation Fehler schwerwiegende Auswirkungen auf den Ruf und die Glaubwürdigkeit eines Unternehmens oder einer Organisation haben können, betrachten wir hier zunächst die Fehler, die vermieden werden sollen, aber leider oft gemacht werden.

Wenn wir diese Fehler betrachtet und verinnerlicht haben, werden wir uns der Vorgehensweise widmen, die man zur Fehlervermeidung bespielen sollte.

Noch eine Anmerkung im Sinne des ganzen Werkes. Die zu erwartenden Fehler werden mehrfach in diesem Buch bezeichnet. Nicht, um Seiten zu füllen, sondern um Bewusstseinsbildung zu betreiben. Es liegt auch daran, dass entweder Fehler unterschiedliche Vermeidungsansätze haben oder dass gleiche Situationen unterschiedliche Fehler generieren können. In diesem Sinne: Hier zunächst die häufigsten Fehler in der Krisenkommunikation:

Kein Plan! Keinen Plan zu haben beweist eine mangelnde Vorbereitung. Es ist bisher noch immer gut gegangen, und wenn überhaupt, wird es die Nichtwettbewerber YXY in der nächsten Schlucht treffen, aber nicht uns.

Da viele Unternehmen gänzlich unvorbereitet in eine Krise stolpern, kommt es erwartbar im Krisenfall zu unkoordinierten und ineffizienten Reaktionen.

Man sollte meinen, dass dies für zuständige Behörden bei öffentlichen Krisen nicht zutrifft, aber leider beweisen die Reaktionen (siehe weiter unten beispielhaft die Ahrtal-Überschwemmungskatastrophe in Deutschland) das Gegenteil.

Kein Plan heißt meistens dann auch: *Kein Team!* Ohne ein benanntes und im Unternehmen oder der Organisation bekanntes Krisenteam, das für die Kommunikation und das Krisen-Management verantwortlich ist, fehlt es an klaren Verantwortlichkeiten und Zuständigkeiten.

Ein Faultier reagiert in der Regel deshalb langsam, weil es den klimatischen Bedingungen durch einen Energiesparmodus Rechnung tragen muss. Eine langsame Reaktion in der Krisenkommunikation ohne die Notwendigkeit eines Energiesparmodus kann allerdings dazu führen, dass eine Hyperreaktion der Öffentlichkeit derart ins Spekulative abdriftet, dass die Krise schon verschärft ist, bevor Sie auch nur ein Wort gesagt haben.

Wenn Sie nun etwas sagen, dürfen keine bekannten Informationen zurückgehalten werden und nicht verifizierte Botschaften verkündet werden. Unzureichende Transparenz und/oder unvollständige Informationen, die dann mit Informationen aus anderen Kanälen zusammenprallen, wird das Vertrauen der Stakeholder und der Öffentlichkeit nicht fördern.

Das Thema fehlende Empathie zieht sich wie ein roter Faden durch dieses Buch. Dennoch auch an dieser Stelle: Eine Krisenkommunikation ist kein Pokerspiel. Eine kalte oder unpersönliche Reaktion wird an der Stelle der öffentlichen Kommunikation als unsensibel wahrgenommen und die Situation verschlimmern.

Der Bereich eventueller Schuldzuweisungen und ein Angriff auf Kritiker, die ernsthafte Bedenken haben, ist eine ganz schlechte Vorgehensweise, zumal in einer akuten Krise. Selbst wenn es so wäre, sind Sie gut beraten, das zunächst für sich zu behalten.

Wenn kein Plan vorhanden ist, aber schnell reagiert werden soll, ist der Kakophonie durch verschiedene Unternehmensvertreter oder durch Behördendarsteller Tür und Tor geöffnet. Eine inkonstante Kommunikation wird auch zu widersprüchlichen Aussagen führen.

Solche unterschiedlichen Botschaften stiften Verwirrung und befeuern eine Situation, anstatt sie zu beruhigen. Dies gilt insbesondere für unterschiedliche Updates zu der Krisensituation. Der Öffentlichkeit und den Betroffenen ist dann schnell klar, dass das Unternehmen den Überblick verloren hat. Dies ist die beste Möglichkeit, um Aktienkurse ins Bodenlose zu jagen.

Eine alte Metapher besagt: »Der Usus der Barbarismen ist auf ein Minimum zu reduzieren«. Um wie viel mehr gilt dies für Überfrachtung durch technische Begriffe, die ohnehin nur Eingeweihte verstehen. Die Verwendung von Fachjargon oder einer technischen Sprache kann dazu führen, dass die Botschaft, die vermittelt werden sollte, nicht verstanden wird. Informationen müssen aber klar und verständlich präsentiert werden, um effektiv zu sein.

Stellen Sie sich vor, es gibt eine drohende Krise und keiner wird gewarnt! Das kann zwei Ursachen haben: Entweder haben die zuständigen Behörden (siehe Ahrtal-Beispiel) oder das betroffene Unternehmen es nicht gemerkt, oder aber es wurde bemerkt und auch kommuniziert, aber leider an die falschen Kommunikationskanälen adressiert (siehe ebenfalls Ahrtal-Beispiel). Trifft es große Unternehmen, müssen die Stakeholder informiert werden und man sollte wissen, wie diese zu erreichen sind.

Inzwischen ist es auch nicht mehr möglich, die Social-Media-Kanäle zu ignorieren. Wenn Sie diese nicht einbinden, wird sich die Krise so schnell hochschaukeln, dass ein Einfangen kaum noch möglich ist.

Natürlich gibt es in einer Krisenkommunikation immer die Möglichkeit der Überreaktion oder das Gegenteil, die wahre Bedeutung in einer etwaigen Auswirkung herunterzuspielen. Bleiben Sie bei den Fakten und sagen Sie, wie es ist, und nicht, wie es hätte sein können oder wie es so schön ... war.

Für die Nachbereitung einer Krise bieten sich zwei gravierende Fehler an:

- Wenn eine Krise nachträglich nicht perfekt analysieren wird, um Lehren daraus zu ziehen, kann eine Wiederholung drohen.
- Wenn Sie es unterlassen, bei eigener Verantwortung (und manchmal auch ohne in der eigentlichen Verantwortung gestanden zu haben) Wiedergutmachungen oder Entschädigungen für die Betroffenen vorzunehmen, wird das Ihr Renommee nachhaltig schädigen.

Wir haben also in der Summe zur Kenntnis genommen, dass effektive Krisenkommunikation eine sorgfältige Planung, schnelle und transparente Reaktion, empathische Kommunikation und konsistente Botschaften erfordert.

Kommen wir nun zu den effizienten Vorgehensweisen:

Kommunikations- und Bewältigungsstrategie

Die Kommunikations- und Bewältigungsstrategie fassen wir in einem Dreiermerksatz (3Be) zusammen:

- *Be*stätigung und Zusammenfassung:
  Es wird bestätigt, was zweifelsfrei vorgefallen ist. Dazu rollt man das bisher Geschehene noch einmal auf und hinterlegt es mit den bekannten Daten (Tag, Uhrzeit, Personen).
- *Be*troffenheit:
  Da in der Regel Personen zu Schaden gekommen sind oder noch zu Schaden kommen können, egal ob physischer Art oder psychischer Art, wird an dieser Stelle authentische Betroffenheit gezeigt. Worthülsen wie »Wir sind in unseren Gedanken bei den Betroffenen und deren Angehörigen« kommen an dieser Stelle zwar immer wieder vor, sind aber reflexartige und schon tausendmal gehörte Plattitüden, bei denen schon der erste Augenroller einsetzt.
  Wenn Sie betroffen sind, merkt man es und es bedarf nur weniger Worte.
  Wenn Sie nicht betroffen sind, hilft auch ein Politikerrepertoire nicht. Die Öffentlichkeit wird es merken. Und Sie persönlich sollten in der Krisenkommunikation nicht kommunizieren. Es sei denn, Sie wollen durch Ihre Kommunikation den Beweis antreten, dass Krisen auch eine eigene Dynamik bekommen, die man durchaus hätte verhindern können (die eigene Dynamik!).
- *Be*wältigung:
  Die nun von Ihnen eingeleiteten und verkündeten Maßnahmen und deren Abläufe müssen signalisieren: Diese Situation ist keine Lappalie und wir haben den Ernst der Lage erkannt. Was wir nun umsetzen, wird auch in der Zukunft Weiteres oder Ähnliches verhindern.

In der Frühwarnphase, wenn sich bereits die Hinweise verdichten, dass ein größeres Ungemach droht, muss schon eine offene und wahrheitsgetreue Informationsverkündung erfolgen. Diese hat vollständig transparent zu sein und darf auch Unangenehmes nicht ausschließen. Legen Sie also alle Karten offen auf den Tisch. Wenn Sie das nicht tun, wird es Ihnen früher oder später auf die Füße fallen und der Schmerz kann unerträglich werden.

Wer diese Frühwarnphase verschlafen hat und erst in Krisenlagen zu informieren beginnt, informiert zu spät! Ein Brunnen wird auch nicht erst dann gebohrt, wenn die Dehydrierung bereits sichtbar und bemerkbar ist.

Die Macht der Medien

Es sind die Medien, die letztlich dafür sorgen, ob ein Ereignis in der Frühwarnphase zu einer Krise ausartet oder nicht. Wie es von Ihnen transportiert wird, ist entscheidend dafür, ob die Medien mit ihrer Berichterstattung zu einer Deeskalation oder zu einer Eskalation beitragen. Manches eskaliert erst dann zu einer handfesten Krise, wenn es in der Kommunikation nach *innen* (sehr wichtig!) und außen bereits gekriselt hat.

Eine Krise kann sich schleichend entwickeln oder unmittelbar hereinbrechen. Wenn sie sich schleichend entwickelt, wird es bald Gerüchte geben. Dummerweise ist dort, wo Rauch ist, meist auch ein Feuer oder in vielen Fällen gar ein schon länger wirkender Schwellbrand.

Gerüchte sind die Rauchfahnen der Wahrheit.

Essenziell in der Frühwarnphase ist ein gewissenhaftes Monitoring der Unternehmenssituation, insbesondere unter Berücksichtigung der Erwartungen bei sämtlichen Stakeholdern. Eigentlich ist dies sogar eine permanente Selbstverständlichkeit, die tagtäglich auf den Prüfstand gehört. Das Monitoring findet an 365 Tagen während 24 Stunden statt. Eine Krise hält sich weder an Bürozeiten noch an Feiertage.

Wer nicht handelt, wird behandelt (und zwar meist sehr unsanft). Das Schreiben eines Krisendrehbuchs darf nicht den Medienschaffenden überlassen werden. Deren Intensionen sind gänzlich anders als das, was Sie wollen.

Die Medien wollen die Geschichte verlängern und Tag für Tag mit neuen Aspekten aufwärmen – Skandalisierung, Personalisierung, Kampagne, Forderung nach Rücktritt, Eskalation, Schmutz (Diffamierung). Sie jedoch wollen diese Geschichte möglichst rasch beenden.

Doch das wird nur dann funktionieren, wenn Sie das Heft des Handelns in der Hand haben und die Informationen, die es zu verkünden gilt, so transparent wie möglich (und so transparent wie nötig) vorgeben. Sie müssen die Deutungshoheit für sich so reklamieren, dass es nichts außer Ihrer Version zu deuten gibt, und Sie dürfen keine Zweideutigkeit aufkommen lassen.

Planspiele

Zu überlegen, welche Krisenfälle denkbar und möglich sind, ist eine zwangsläufig begrenzte Aufgabe. Unwahrscheinliche Ereignisse sind denkbar, alleine schon deshalb, weil sie als unwahrscheinlich kategorisiert wurden.

Das Unwahrscheinliche bezieht sich ja darauf, dass an dieser Stelle eine Situation entstehen könnte, diese aber gemäß allen Statistiken und besonders der Empirie eher nicht auftreten wird.

Dennoch kann man diese Denkansätze nutzen, um Planspiele durchzuführen. Frühwarnsituationen und Abläufe in Betracht zu ziehen für eine lebensbedrohliche Invasion durch Koalas in Zürich, ist nicht wirklich zielführend (siehe auch die Ausführungen zu den Risikoanalysen)[2].

Wir möchten darauf hinweisen, dass sich die Abläufe bei Behörden und Unternehmen grob in Kategorien einteilen lassen. Bei Behörden zählen dazu beispielsweise Naturkatastrophen, Kriege, atomare Bedrohungen, Chemieunfälle oder Aufstände, die durch unterschiedliche Ursachen ausgelöst werden können. Für Unternehmen ergeben sich typische Krisenszenarien wie Cyberangriffe, Produktionsfehler, IT-Ausfälle, Datenlecks, Insolvenzen oder Übernahmen. Letztere können ebenfalls Krisen auslösen – manchmal sogar von existenzieller Tragweite, häufig jedoch erst nach ihrer Umsetzung.

Das reicht in der Regel für das Aufsetzen eines Krisenplans, der diesen Namen auch verdient.

In diesem Zusammenhang ist es auch nicht von Schaden, sich die Beispiele von gut bewältigten Krisen (auch in der Kommunikation) und desaströsen Vorfällen (auch und immer wieder gerne in der Kommunikation) intensiv anzusehen.

Jede Krise hat einen anderen Verlauf, einen andern Strichcode, eine andere DNA. Insbesondere ist es wesentlich, die Social-Media-Kanäle hierzu in Augenschein zu nehmen, denn ein *Shitstorm* (Online-Empörungswelle) ist in seiner schwer zu kontrollieren Dynamik genau das, was Sie nicht in einer Krise brauchen.

Permanenz

Wenn die Sonne scheint, benötigen Sie in der Regel keinen Regenschirm. Sie sollten aber wissen, wo sich dieser befindet und wie man ihn aufspannt, wenn ein Gewitter plötzlich aufzieht. Mögliche Krisenfälle können periodisch geübt werden und eine Pikettorganisation für die Bewältigung von Krisenfällen ist vorzubereiten (Alarmierung, Kontaktadressen, Infrastruktur, Räume). Es ist ein üblicher Fehler der Menschen, bei Sonnenschein nicht an das Gewitter zu denken.

Zeitdruck

Die akute Phase einer Krise schafft einen gewaltigen Zeitdruck. Unaufgeregt, rein an Fakten orientiert und mit ruhiger Hand den Überblick gewinnen, den Nebel der Ungewissheit lichten, den Informationsgleichstand aller verschaffen und allenfalls den Krisenstab einsetzen (Rückblick, Überblick, Ausblick) ist das Gebot der Minuten und Sekunden.

Lassen Sie von der ersten Sekunde an protokollieren (Krisen-Logbuch, ist auch für das Debriefing wichtig)! Wenn Entscheidungen gefordert sind, entscheiden Sie, auch wenn Sie noch nicht alle Fakten kennen, insbesondere dann, wenn Menschenleben in Gefahr sind.

Sie wollen sich nicht wirklich im Nachgang vorwerfen lassen (insbesondere durch die Medien), dass Sie gezögert und gezaudert haben und deshalb dieses und jenes passiert ist, was hätte vermieden werden können, wenn Sie entschieden hätten.

Auch bei optimaler Faktenlage kann eine Entscheidung die falsche sein. Aber keine Entscheidung ist keine Entscheidung.

Geschwindigkeit

Zu Beginn der akuten Phase ist Geschwindigkeit (oft) wichtiger als Vollständigkeit – zum Beispiel genügt es zunächst, einen Vorfall zu bestätigen (zumindest ganz am Anfang). Gleichwohl gilt der Grundsatz »richtig vor schnell«.

Auch hier gilt: Oft ist ein falscher Entscheid besser als kein Entscheid! »Zaudern und harren macht manche zum Narren«, sagt der Volksmund nicht umsonst. Es muss darstellbar sein, dass Sie und/oder Ihr Team die Situation angenommen haben und versuchen, sie in den Griff zu bekommen. Das ergibt eine positive Dynamik, die einen wesentlichen Vorteil im weiteren Ablauf bringen wird.

Ein Beispiel für schnelles Handeln und Entscheidungsfreudigkeit zeigte während der Sturmflut 1962 der damalige Hamburger

Innensenator Helmut Schmidt. Er entschied schnell, ohne auf die formelle Genehmigung der Bundesregierung zu warten (auf die er hätte warten müssen). Er organisierte sofort die Rettungsaktionen ohne jede Abstimmung und setzte alle verfügbaren Mittel ein, um die Stadt zu schützen und zu retten.

Weiterhin forderte er auch die Unterstützung der Bundeswehr an, was in dieser Form ohne vorherige Genehmigung des Bundes ein Novum und eigentlich gar nicht erlaubt war. Durch den Einsatz der Bundeswehr, und dies unter Schmidts Führung (als ehemaliger Offizier wusste er allerdings auch, wie es geht), wurden Hubschrauber und Boote eingesetzt, um Menschen aus den überfluteten Gebieten zu evakuieren. Dies war ein entscheidender Faktor bei der Rettung vieler Menschenleben.

Kommunikationslead

Bei Unfällen, Amokläufen oder sonstigen Verbrechen übernehmen meist die Untersuchungsbehörden (Polizei, Staatsanwaltschaft) den Kommunikationslead. Wenn jedoch eigene Mitarbeiter betroffen sind, ist öffentliches Mitgefühl auszudrücken. Die Kommunikation muss aber mit den Behörden abgestimmt sein.

Bei hausgemachten Krisen liegt die Kommunikationsverantwortung alleine bei den Verantwortlichen des Unternehmens, des NGO oder der Behörde.

Care-Team

Ein *Care-Team* muss abrufbereit sein. Es betreut Mitarbeitende und Angehörige. Diese Betreuung ist im Rahmen der Sorgfaltspflicht des Unternehmens wichtig, unter anderem auch, um die Betreuten von eventuellen Verzweiflungsaktionen abzuhalten.

Aktivierung des Krisenstabs

Der von Ihnen verfasste Krisenplan beinhaltet die Aktivierung der Mitwirkenden der Bereitschaft. Deren Kontaktdaten sind jederzeit verfügbar und vor allem stets aktuell. Wie sich ein solches Notfallteam zusammensetzt und in welche Abläufe es eingebunden ist, war zunächst eine Planung.

Dann aber haben Sie gemäß der Planung geprobt und haben anhand der gewonnenen Erkenntnisse nachjustiert. Nun stehen sowohl die Mitglieder als auch deren Rollen fest. Jedes Teammitglied kennt seine Rolle und ist über sämtliche Schnittstellen informiert.

Es gibt einen klaren Chef de Mission, bei dem sämtliche Fäden zusammenlaufen. Optimalerweise ist dies auch derjenige, der die Situation nach außen vertritt.

Zusätzlich gibt es eine Notfallliste der Personen oder Organisationen, die nun als Erstes zu informieren sind.

Chefsache

Krisenkommunikation ist (fast) immer Chefsache. Nur einer hat das Sagen und sagt es dann auch, klar und unmissverständlich.

Kommen wir hierzu nochmal auf Helmut Schmidt zurück: Er hielt die Bevölkerung und die Medien ständig über die Lage informiert, was dazu beitrug, dass Panik vermieden wurde und dies wiederum die Koordination der Hilfsmaßnahmen verbesserte.

Wer im Krisenfall abstrakt, empathielos und nicht durchsetzungsstark auftritt, hat bereits verloren.

Entscheidungsvollmacht

Eine Krise ist keine Situation für basisdemokratische Entscheidungsfindungsprozesse. Der Krisenstab muss die Entscheidungen, die anstehen, treffen und durchführen. Diskussionen können, wenn überhaupt nötig, später stattfinden.

Deutungshoheit

Den Medienschaffenden immer um eine Nasenlänge voraus sein, ist das Gebot der Minute, Stunde. Nur nicht zum Getriebenen werden, der nichts anderes mehr tut, als Stellung zu den Gerüchten XY und den Behauptungen QW zu nehmen.

Sie haben den Taktstock in der Hand und es liegt an Ihnen, ob das ganze orchestral oder als Kakophonie herüberkommt.

Sofort zu kommunizieren, was den Bestand der Zweifelsfreiheit erfüllt, lässt Sie die Nase vorn haben.

Salamitaktik bezüglich Informationen, die sich nun nicht länger verleugnen lassen, ist keineswegs zielführend.

Ein wesentlicher Punkt ist, dass Sie keine Interpretationen, Verurteilungen, Wertungen vornehmen und nicht auf den Gerüchteexpress aufspringen. Im Falle der akuten Phase müssen längst nicht alle sieben News-W (Wer, wie, was, wann, wo, wieso, welche Quelle?) sofort beantwortet werden. In diesem Stadium genügen die zwei oder drei W, die die Situation charakterisieren.

Fokussierung

Dass der Krisenstab losgelöst vom operativen Tagesgeschäft handelt, muss eine Selbstverständlichkeit sein. Der Umsatz kann warten, denn sonst gibt es unter Umständen bald überhaupt keinen mehr.

Für Behörden stellt sich die Frage ohnehin nicht, denn es ist im wahrsten Sinne des Wortes ihre Bürgerpflicht, sich hier zu fokussieren.

Der Krisenstab hat auch nichts in den Medienbereichen zu suchen. Und umgekehrt haben die Medienvertreter die Arbeit des Krisenstabes nicht zu stören. Damit das auch so bleibt, muss es zwischen diesen beiden Epizentren eine klare räumliche Trennung geben.

Empathie ... einmal mehr

Der Vorgang wird absolut ernst genommen. Das muss man Ihnen abnehmen. Zur Kommunikation gilt hierzu: Der Fakt oder Vorgang als solches ist zu bestätigen und das Bedauern hierüber auszudrücken.

Kommunizieren Sie kurz und klar, was geschehen ist (und gestehen Sie Fehler ein, falls Fehler passiert sind). Stellen Sie dann erste Konsequenzen dar, die aus dem Vorfall gezogen werden – in Form von Maßnahmen, Handlungen oder einschneidenden Entscheidungen!

Ein Beispiel: »*Ich bedaure außerordentlich, dass X vorgefallen ist, und ich bin darüber zutiefst erschrocken.* (Allenfalls auch Anteilnahme aussprechen, wenn es Opfer gegeben hat.) *Wie es dazu kommen konnte, ist noch völlig unklar. Wir nehmen X jedoch sehr ernst. Die Staatsanwaltschaft/der forensische Dienst der Polizei/ ETH-Fachleute sind bereits dabei, der Ursache auf den Grund zu gehen. Ich hoffe zuversichtlich, dass bis um Y Uhr/in einigen Tagen erste Zwischenresultate vorliegen. Es ist mir ein wichtiges Anliegen, aus X die nötigen Lehren ziehen zu können, damit X nicht mehr passieren kann. Es sind folgende erste Entscheide getroffen worden: ...*«

Dies sollte, wenn es eine Behörde tangiert, mit dieser abgesprochen sein.

Klartext

Eine Krise lässt sich niemals wegschwatzen. Mit Verharmlosungen, Rechtfertigungen, Verteidigungen, Schönfärbereien, Ausflüchten (Dementis oder unangebrachtes Schweigen à la »No comment!«) gießt man lediglich Öl ins Feuer. Die Wahrheit kommt früher oder später an den Tag! Somit ist Klartext der Text, der von der ersten Sekunde an gesprochen werden muss.

Verantwortung übernehmen

Die Krise ist da und Aktion ist erforderlich. Erst wird das Problem gelöst. Reden, vermuten, verurteilen wird ohnehin später auf der Liste stehen. Entweder in Eigenregie oder getrieben durch die Medien. Analyse und Aktion ist der Ablaufplan und nicht verurteilen, kritisieren oder Schuld zuweisen.

Die Medien werden die Menschen in den Mittelpunkt stellen – erst der Mensch, dann die Sache. Deshalb befüttern Sie auch als Erstes »wer ist zu Schaden gekommen«, bevor »was ist zu Schaden gekommen« dargestellt wird.

Dann werden die Maßnahmen aufgeführt und unter Umständen sofortige Konsequenzen benannt.

Die Medien ... mache deinen Kunden zu deinem Freund

Im Krisenfall sind Medienschaffende wie Kunden zu behandeln: Sie benötigen die Ware der Information. Die Informationen müssen allerdings wahr und klar sein. Durch regelmäßige Information werden Ungewissheit und Sorgen verkleinert und der Durst nach Schlagzeilen gestillt.

Sagen Sie den Medien auch gerne, dass diese nun mit im Boot sitzen und es auch an den Medienvertretern liegt, die Krise nicht eskalieren zu lassen. Hilfreich ist, sich schon im Vorfeld für eine faire Berichterstattung zu bedanken. Attackieren, wenn dies nicht der Fall sein sollte, können Sie später immer noch.

Hilfreich wäre es auch, wenn in Ihrem Krisenplan die Einrichtung eines Medienraumes mit aufgeführt wurde.

Intern ... extern

Interne Informationen sind je nach Krisenart ergiebiger als externe. Außer im Katastrophenfall kann es hierbei auch schnell erkennbar werden, wo der Hase im Pfeffer lag. Haben Sie dann die Courage, zu Fehlern, die erkannt wurden, zu stehen!

Kommunikationsplan

Der Kommunikationsplan ist Bestandteil des Krisenplans. Er beinhaltet Entwürfe für Medienmitteilungen, die je nach Medium unterschiedlich sein dürfen, jedoch mit derselben klaren Kernbotschaft versehen sein müssen.

Dass die entsprechenden Kontaktstellen so erfasst wurden, dass man sie auch kontaktieren kann, ist wesentlich. Um das zu überprüfen, bietet sich mindestens ein Jahresturnus an. Das schafft auch Vertrauen, denn wenn dies eingespielt ist, ist der Medienvertreter sicher, dass er »just in time« die richtige Mitteilung erhält.

Jede Krise ist auch eine Chance

Die umfängliche Analyse der Krise hilft, die nötigen und richtigen Lehren zu ziehen.

Hier steht die Sorgfalt an erster Stelle. Tunlichst setzt man die Analyse erst auf, wenn nach einiger Zeit die Köpfe wieder frei sind und Emotionen möglichst keine Rolle mehr spielen. Distanz zu dem Vorgefallenen führt zu einer faktischen Sicht.

Nach Bewältigung der Krise sollte das Unternehmen stärker dastehen als vorher. Souveränes Krisenmanagement verbessert das Image (siehe zum Beispiel den Fall von Johnson & Johnson in Kapitel 5).

Ein Praxisbeispiel: Die Ahrtal-Flutkatastrophe

Weiter oben haben wir zwei Mal das negative Beispiel der Ahrtal-Flutkatastrophe angesprochen. Deshalb bringen wir hier das ganze damalige Desaster »in a nutshell« einmal als kurze Zusammenfassung und einmal als minutiösen Ablaufplan.

Welche Fehler machten die Behörden während der Ahrtal-Flutkatastrophe?

Die Ahrtal-Flutkatastrophe im Juli 2021 war eine der verheerendsten Naturkatastrophen in Deutschland in den letzten Jahrzehnten und kostete 135 Menschen das Leben. Die Sachschäden betrugen mehrere Milliarden Euro und sind bis heute noch nicht alle beseitigt. Die verantwortlichen Behörden standen und stehen stark in der Kritik. Verschiedene Untersuchungen und Aufarbeitungs-Berichte haben schwere Fehler und Mängel im Umgang mit der Katastrophe aufgedeckt:

Missachtung von Warnungen: Warnungen des Europäischen Hochwasserwarnsystems (EFAS) und des Deutschen Wetterdienstes (DWD) wurden nicht ausreichend ernst genommen oder weitergeleitet, obwohl sie bereits Tage vorher die zuständigen Behörden auf das Risiko hinwiesen.

Desaströse Frühwarnung: Obwohl es Wetterwarnungen und Vorhersagen über starke Regenfälle gab und vor einem starken Anstieg des Flusspegels gewarnt wurde, wurden viele Bürger nicht rechtzeitig oder gar nicht gewarnt.

Kommunikationsprobleme: Die Warn-App NINA und andere Warnsysteme erreichten nicht alle betroffenen Personen. Zusätzlich fielen diese Systeme auch noch teilweise ganz aus. Die benötigte Infrastruktur war vollkommen unzureichend.

In den betroffenen Gebieten fielen oft Kommunikationsnetze aus, was die Koordination der Rettungsmaßnahmen erschwerte und die betroffenen Personen von wichtigen Informationen abschnitt.

Mangelhafte Koordination: Die Kommunikation zwischen verschiedenen Behörden und den Rettungskräften war unzureichend koordiniert, was eine Effizienz der Hilfsmaßnahmen beträchtlich unterminierte.

Mangelhafte Vorbereitung (Kein Plan!): Die Notfall- und Katastrophenpläne waren unzureichend und nicht auf solch extreme

Ereignisse ausgelegt. Das heißt, es gab zwar Pläne, aber diese bewegten sich eher an leichten Überschreitungen der Normdaten der Pegel. Somit ist ein schlechter Plan eben kein Plan! Da der Plan kein Plan war, setzte sich die (vermeidbare) Fehlerkette konsequent fort. Es fehlte an notwendiger Infrastruktur und Ausrüstung, um schnell und effektiv auf die oder generell eine Flutkatastrophe reagieren zu können.

Die Evakuierungen und Schutzmaßnahmen für die betroffenen Gebiete wurden viel zu spät eingeleitet, was zu vermeidbaren Verlusten und letztlich zu Schäden in Milliardenhöhe führte.

Dies alles ging einher mit einem Mangel an öffentlicher Information. Die Bevölkerung wurde nicht ausreichend über die Risiken und notwendigen Schutzmaßnahmen informiert. Viele Menschen wussten nicht, wie sie sich in einer solchen Situation verhalten sollten.

Beinahe wäre auch noch aus der Nachkrisensorge eine neue Krise entstanden.

Die Hilfe und Unterstützung für die Betroffenen nach der Flut war oft langsam und bürokratisch. Die Aufräumarbeiten wurden oft von privaten Organisationen übernommen. Viele Betroffene warteten lange auf finanzielle Unterstützung und Wiederaufbauhilfen. Einige Betroffene auch heute noch!

Diese Ereignisse im Ahrtal zeigten den Behörden die Notwendigkeit für bessere Frühwarnsysteme, effektivere Kommunikationsstrategien und eine umfassendere Vorbereitung auf extreme Wetterereignisse auf.

Kurz nach der Flut wurden sämtliche Anrainer von Flussverläufen mit Hochwasserprognosen im wahrsten Sinne des Wortes überschwemmt. Ob aber nun auch hinreichend Vorsorge bezüglich der Erstellung profunder Krisenpläne und vor allem auch deren Funktionsfähigkeit (siehe Kommunikationsnetze) verabschiedet wurden, steht auf einem anderen Blatt. Die nächste Krise, die bestimmt kommt, wird es zeigen.

Zum Abschluss dieses Kapitels folgt nur die Chronologie der Abläufe im Ahrtal mit freundlicher Genehmigung des WDR. Sie können inzwischen sicher selbst die richtigen Schlüsse daraus ziehen, deshalb kommentieren wir dies nicht weiter:

Die Ahrtal-Katastrophe in ihrem chronologischem Ablauf:

Das Europäische Flutwarnsystem EFAS warnte die deutschen Behörden bereits am *10. Juli* vor »Überschwemmungen im Einzugsgebiet des Rheins«.

Schon am *12. Juli* warnte die Behörde die Bevölkerung vor »großen Regenmengen« in »den nächsten Tagen« – und informierte die Hochwasserzentralen der Länder.

Am Morgen des 14. Juli 2021 warnt der Deutsche Wetterdienst (DWD) vor »extremem Unwetter« mit Dauerregen und Starkregen in weiten Teilen von Nordrhein-Westfalen und Rheinland-Pfalz.

Etwa 11.00 Uhr am 14.7.: Der Hochwassermeldedienst des Landesumweltamtes Rheinland-Pfalz ruft die zweithöchste Warnstufe aus.

11.17 Uhr: Das Landesumweltamt gibt die zweithöchste Warnstufe (rot, »hohe Hochwassergefährdung«) über die Katwarn-App heraus. Es soll die Bevölkerung und andere Behörden vor »schnell ansteigenden Wasserständen« warnen.

14.30 Uhr: Der Wasserstand am Pegel Altenahr ist bereits auf 1,38 Meter angestiegen. Normalerweise liegt er deutlich unter einem Meter.

14.34 Uhr: Die Kreisverwaltung Ahrweiler warnt die Bevölkerung über die Katwarn-App, es sei »örtlich mit Überschwemmungen zu rechnen«. Man solle »bei Überschwemmungsgefahr nicht in Keller und Tiefgaragen« gehen.

15.26 Uhr: Das Landesumweltamt prognostiziert, dass bei diesem Hochwasser ein bedrohlicher Höchststand erreicht werden könnte: 5,19 Meter am Pegel Altenahr. Der höchste Stand in den vergangenen zwei Jahrzehnten wurde dort 2016 mit 3,71 Metern gemessen.

16.20 Uhr: Die Bürgermeisterin der Verbandsgemeinde Altenahr ruft beim Landratsamt dazu auf, den Katastrophenfall auszurufen. Doch das geschieht noch lange nicht.

17.17 Uhr: Das Landesumweltamt ruft über die Katwarn-App die höchste Warnstufe aus: violett. »*An der Ahr und ihren Zuflüssen ist die Hochwassergefahr sehr groß. Innerhalb der nächsten 24 Stunden ist mit Sturzfluten und Überflutungen zu rechnen.*«

17.40 Uhr: Die Kreisverwaltung Ahrweiler ruft die *zweithöchste* Alarmstufe aus, obwohl die Hochwasser-Warnstufe des Landesumweltamtes da schon die *höchste* ist. In einer Pressemitteilung des Kreises heißt es:

»Die technische Einsatzleitung (Feuerwehr, Technisches Hilfswerk, DRK, Polizei und Verwaltungskräfte der Kreisverwaltung) unterstützt den Brand- und Katastrophenschutz-Inspekteur des Kreises, der um 17:40 Uhr die überörtliche Einsatzleitung übernommen hat, da *Alarmstufe 4* ausgerufen wurde.«

Mittlerweile hat die Kreisverwaltung in ihrem Gebäude in Bad Neuenahr-Ahrweiler einen Krisenstab eingerichtet.

18.25 Uhr: Das Landesumweltamt senkt seine Pegelstand-Prognose auf vier Meter, gibt allerdings keine Entwarnung. Vorausgegangen ist eine reduzierte Regenprognose des Deutschen Wetterdienstes.

Später wird sich der Landrat des Kreises Ahrweiler auf diese gesunkene Pegel-Prognose berufen, um zu erklären, warum der Kreis erst spät weitreichende Maßnahmen ergriffen hat.

19.20 Uhr: Der rheinland-pfälzische Innenminister trifft in der Einsatzzentrale des Krisenstabs ein. Dort ist auch der Landrat.

Gegen 19.30 Uhr: Der Innenminister verlässt die Einsatzzentrale. Später wird er sagen, er habe bei seinem Besuch den Eindruck gehabt, dass im Krisenstab »ruhig und konzentriert« gearbeitet werde. Die rheinland-pfälzische Ministerpräsidentin reagiert auf die Krisensituation im Ahrtal an diesem Tag nicht – die *Landesregierung verzichtet auf eine eigene Warnmeldung* über die Medien.

19.30 Uhr: Der Pegelstand in Altenahr hat den Höchststand von 2016 nun tatsächlich übertroffen.

19.57 Uhr: Das Landesumweltamt hebt seine Pegelstand-Prognose wieder deutlich an: auf *5,30 Meter.*

20.43 Uhr: Das Landesumweltamt erhöht seine Pegelstand-Prognose auf *6,81 Meter.*

20.45 Uhr: Der Pegel in Altenahr zeigt bereits einen Wasserstand von 5,75 Metern an. Es ist das letzte Mal bei diesem Hochwasser, dass für Altenahr ein genauer Wert vorliegt. Danach fällt offenbar zunächst der Strom aus. Die Messstation liefert keine Daten mehr. Später zeigt sich: Die Pegellatte ist irgendwann zusammen mit dem kleinen Häuschen, an dem sie angebracht war, von den Wassermassen abgerissen und weggeschwemmt worden.

20.56 Uhr: Die Kreisverwaltung Ahrweiler schreibt bei Twitter, dass mit weiteren »Sturzfluten und Überflutungen« zu rechnen ist. Als »aktuellen Pegelstand« in Altenahr nennt sie 5,09 Meter – *mehr als einen halben Meter unter dem jüngsten Messwert.*

Etwa 22.00 Uhr: Der Krisenstab in Bad Neuenahr-Ahrweiler bemerkt mutmaßlich erst jetzt, dass sich der Pegel in Altenahr nicht mehr verändert.

23.09 Uhr: Der Kreis Ahrweiler löst über die Katwarn-App die höchste Warnstufe und damit den *Katastrophenalarm* aus. Die Verwaltung ruft zur Teil-Evakuierung auf:

> »Aufgrund der starken Regenereignisse sollen die Bewohnerinnen und Bewohner der Städte Bad Neuenahr-Ahrweiler, Sinzig und Bad Bodendorf, die *50 m rechts und 50 m links* von der Ahr wohnen, ihre Wohnungen verlassen.«

Der Aufruf reicht bei Weitem nicht aus. Auch in anderen Orten gibt es große Überschwemmungen. Wie Satellitenbilder später zeigen, werden sogar Häuser im Umkreis von 250 Metern überflutet.

Donnerstag, nachts und früher Morgen

0.22 Uhr: Vielerorts im Ahrtal hat es längst aufgehört zu regnen. Der Deutsche Wetterdienst warnt jedoch schon wieder vor starken Regenfällen.

Im Ahrtal herrscht mittlerweile Chaos. Überall, wo es möglich ist, versuchen Einsatzkräfte, Menschen vor der Flut zu retten.

Seit der Katastrophenfall ausgerufen wurde, helfen auch *Bundeswehr und Bundespolizei* mit. Nicht wenige Menschen verbringen die Nacht auf dem Dach.

In der Nacht liegt der Wasserstand in Altenahr nach Schätzungen des Landesumweltamtes über 7,00 Metern. »Waren es acht oder neun Meter? Es kann keiner sagen«, wird ein Sprecher der Behörde später sagen. Mit Hinweisen aus der Bevölkerung und Abflussdaten aus anderen Messstationen will das Amt den Höchststand *im Nachhinein* berechnen.

6.39 Uhr: Der Kreis Ahrweiler verschickt über die Katwarn-App eine weitere Hochwasser-Warnung. Darin ist von einer Trinkwasserknappheit die Rede:

»In der Ortslage Bad Bodendorf kommt es derzeit durch die extreme Hochwasserlage zu massiven Einschränkungen in der Trinkwasserversorgung. Die Bevölkerung wird aufgefordert, mit dem Trinkwasser äußerst sparsam umzugehen.«

Bei Tageslicht werden die immensen Überflutungen im Ahrtal deutlich sichtbarer. Das Einsatzgebiet erstreckt sich über 40 Kilometer links und rechts der Ahr.

Donnerstag, morgens bis abends

10.27 Uhr: Die Kreisverwaltung Ahrweiler teilt bei Twitter mit, dass sie derzeit von rund 1300 Vermissten ausgehe. Etwa 3500 Menschen seien in Betreuungseinrichtungen untergebracht.

Am Vormittag gibt es eine Pressekonferenz mit dem Landrat, dem Innenminister und anderen (nicht jedoch mit der Ministerpräsidentin). Dabei stellt der Landrat fest:

»Dieses Hochwasser ist die größte Katastrophe im Kreis Ahrweiler seit dem Zweiten Weltkrieg.«

Die Ministerpräsidentin des Bundeslandes Rheinland-Pfalz trat *drei Jahre später* zurück! Der Landrat einen Monat später, aber aus gesundheitlichen Gründen und somit unter voller Bezugsberechtigung seiner Beamtenpensionen.

Die Staatsanwaltschaft Koblenz leitete zwar ein Ermittlungsverfahren gegen den Landrat, stellte dieses ab dann wieder ein. Hierzu die Begründung:

> »Die Staatsanwaltschaft Koblenz hatte nach der Flutkatastrophe im Ahrtal gegen den ehemaligen Landrat des Kreises Ahrweiler und ein weiteres Mitglied der Technischen Einsatzleitung wegen des Verdachts der fahrlässigen Tötung und fahrlässiger Körperverletzung im Amt durch Unterlassen ermittelt.
>
> Jetzt hat sie die Ermittlungen eingestellt. Es könne ›nicht mit an Sicherheit grenzender Wahrscheinlichkeit‹ nachgewiesen werden, dass ein anderes Vorgehen einige der 135 Todesopfer hätte verhindern können.«

Es war eine der größten Herausforderungen beim Verfassen dieses Buches, sich zu diesem Ablauf jedes weiteren Kommentars zu enthalten!

Fallbeispiel als Leitfaden: »Interventionsstrategien«

Nach dem Vorfall, bei dem innerhalb von Minuten Daten verschlüsselt und wichtige Systeme lahmgelegt wurden, gingen die ersten Alarmmeldungen ein, und das Notfallkommunikationsteam trat sofort in Aktion.

Interventionsstrategien:

1. *Sofortige Aktivierung des Krisenkommunikationsplans:*
   TechDynamics hatte einen detaillierten Krisenkommunikationsplan entwickelt, der nun in Kraft trat. Das Krisenteam wurde sofort benachrichtigt und versammelte sich im eigens eingerichteten Krisenraum.

2. *Schnelle und klare interne Kommunikation:*
   Alle Mitarbeiter erhielten innerhalb von Minuten eine Push-Benachrichtigung über die Unternehmens-App, die sie über den Angriff informierte und ihnen

Anweisungen gab, sich nicht mit den betroffenen Systemen zu verbinden. Es wurden regelmäßige interne Updates versendet, um die Belegschaft auf dem Laufenden zu halten und Panik zu vermeiden.

3. *Transparente und proaktive externe Kommunikation:*
   Das Unternehmen veröffentlichte umgehend eine erste Stellungnahme auf seiner Website und den Social-Media-Kanälen. Darin wurde der Angriff bestätigt, und es wurden erste Maßnahmen erläutert, die zur Schadensbegrenzung ergriffen wurden. Eine Krisen-Hotline wurde eingerichtet, um Anfragen von Kunden und Partnern schnell und effizient zu beantworten.

4. *Zusammenarbeit mit externen Experten:*
   TechDynamics holte sofort externe IT-Sicherheitsexperten hinzu, um die technischen Aspekte des Angriffs zu analysieren und Gegenmaßnahmen zu ergreifen. Dies wurde in den externen Kommunikationstexten transparent gemacht, um das Vertrauen der Kunden zu stärken.

5. *Nutzung von vorbereiteten Vorlagen und Botschaften:*
   Das Krisenteam nutzte die bereits vorbereiteten Vorlagen und Botschaften, um schnell und konsistent zu kommunizieren. Pressemitteilungen, Kundeninformationen und interne Memos wurden umgehend angepasst und verbreitet.

6. *Regelmäßige öffentliche Updates:*
   Um Transparenz zu gewährleisten, veröffentlichte TechDynamics stündlich Updates auf ihrer Website und in den sozialen Medien. Diese Updates informierten über den aktuellen Stand der Untersuchungen, die Fortschritte bei der Wiederherstellung der Systeme und die Maßnahmen zum Schutz der Daten.

7. *Direkter Kundenkontakt:*

   Das Kundenserviceteam von TechDynamics kontaktierte proaktiv alle betroffenen Kunden telefonisch und per E-Mail. Den Kunden wurde versichert, dass ihre Daten höchste Priorität haben und dass sie regelmäßig über den Stand der Wiederherstellungsarbeiten informiert werden.

8. *Einführung eines Feedback-Mechanismus:*

   Ein spezielles Online-Formular wurde eingerichtet, über das Kunden und Partner Feedback zur Krisenkommunikation und -bewältigung geben konnten. Diese Rückmeldungen wurden in Echtzeit ausgewertet und flossen in die laufenden Maßnahmen ein.

5 Personen kamen zu Schaden und Todesfälle werden befürchtet

Das zweischneidige Schwert der Empathie

Empathie spielt bei der Übermittlung der zu transportierenden Botschaft die zentrale Rolle in der Krisenkommunikation.

Die Stabilität der Empathiebrücke, über die die eigentliche Botschaft getragen wird, ist entscheidend dafür, wie die Nachricht von der Öffentlichkeit wahrgenommen wird. So weit, so klar, oder?

Aber was genau versteht man denn unter Empathie?

Befragte werden in der Mehrzahl dazu antworten: Das ist die Fähigkeit, Gefühle anderer ernst zu nehmen. Das ist schon einmal gut gesprungen, aber eben noch nicht weit genug.

Betrachten wir also die Facetten der Empathie, die wir ja möglichst perfekt in unsere Krisenkommunikation einbauen sollten, um ein optimales Ergebnis zu erhalten.

Die gültige Definition von Empathie lautet: »Empathie ist die Fähigkeit, die Gefühle, Gedanken und Sichtweisen anderer Menschen nachzuvollziehen zu können«.

Ein empathischer Mensch betrachtet ergo eine Situation aus der Sicht der Betroffenen und kann somit nachempfinden, was diese anlässlich dieser speziellen Situation empfinden werden.

Dieses Mit- und Nachempfinden beinhaltet somit sowohl emotionale als auch kognitive Komponenten. Da Emotionen meist der Treibstoff des sozialen Miteinanders sind und zwischenmenschliche Beziehungen sowohl in die eine als auch in die andere Richtung befeuern können, ist das Verständnis dafür wichtig, wenn man in diesen Bereichen punkten will.

Das Mitempfinden, also die Befähigung, die Gefühle einer anderen Person zunächst wahrzunehmen (können nicht viele) und sich dann in die Situation der Person so zu versetzen, dass man deren Emotion selber verspürt (können noch weniger), ist die Königsdisziplin der Empathie, wenn sie denn wirklich echt ist.

Weniger kryptisch formuliert: Wenn jemand traurig ist, empfindet eine empathische Person ebenfalls Traurigkeit.

Tatsächlich gibt es dies auch in einer Gruppendynamik und man spricht dann von einer emotionalen Ansteckung: Dies ist ein Vorgang, bei dem die Emotionen anderer aufgenommen werden und man sich als Gemeinschaft damit identifiziert.

Bei der wissenschaftlich so titulierten kognitiven Empathie handelt es sich schlicht um die Übernahme der Perspektive der betroffenen Person.

Da dies das bewusste Nachdenken über die Gedanken und Gefühle der anderen Person voraussetzt, ist hierzu eine gewisse Reife und auch Lebenserfahrung notwendig.

Die Fähigkeit zu erkennen, dass andere Menschen eigene Überzeugungen, Wünsche und Absichten haben, die sich von den eigenen unterscheiden können, ist weiterhin die Grundvoraussetzung, um sich überhaupt in die Situation hineinversetzen zu können, was denn eine Verletzung dieser Werte bedeuten kann.

Mitgefühl steht nicht umsonst ganz hoch auf der Agenda ostasiatischer Philosophien, denn letztlich gipfelt dieses Gefühl in dem Wunsch, anderen zu helfen, die in Not sind.

Man kann mitleiden und dies als befreienden Akt in Hilfeleistung transferieren, oder man kann sich mitfreuen, was aber per se schon eine hohe Egodezentralisierung voraussetzt.

Wohlgemerkt, wir sprechen hier nicht über diese unsäglichen Worthülsen wie: »Wir sind in unseren Gedanken bei den Betroffenen und deren Angehörigen« oder »wir drücken hiermit unser aufrichtiges Mitleid aus«.

Diese Stereotypen sind nichts weiter als Ausdrücke der Hilflosigkeit der Personen, die diese verkünden, weil ihnen die Empathie fehlt (oder dem Schreiber dieser unsäglichen Plattitüden), wirklich etwas ungekünstelt Mitfühlendes zu sagen.

Wahre Empathie kann zwischenmenschliche Beziehungen fördern und hilft, die zarten Pflanzen des Vertrauens und des Verständnisses zwischen den Beteiligten wachsen zu lassen.

Denn durch das bessere Verstehen der Sichtweisen und der Gefühle anderer können Missverständnisse, die bei falscher empathischer Behandlung schnell in Konflikte münden, vermieden werden.

Um das Thema der Empathie hier abzuschließen, loten wir schlussendlich kurz die Felder aus, in denen empathisches Verhalten auch eine soziale und/oder berufsbegleitende Rolle spielt.

Man kann sagen, dass Empathie für die moralische Entwicklung einer Gesellschaft eine wichtige Rolle spielen könnte, da sie sowohl Mitgefühl als auch den Gerechtigkeitssinn bei Verstößen gegen die moralische Instanz der Empathie fördert.

Empathische Menschen sind eher bereit, zu helfen und sich für das Wohl anderer einzusetzen, auch wenn sie mit dieser Selbstlosigkeit bei den ausschließlich auf sich selbst fokussierten Menschen nicht immer auf Verständnis, ja oft sogar auf Ablehnung stoßen.

In der Psychologie und den damit verbundenen Therapieformen benutzen Therapeuten Empathie, um eine vertrauensvolle Beziehung zu ihren Klienten aufzubauen und ihnen zu helfen, ihre Gefühle und Gedanken zu verstehen und zu verarbeiten.

Im Bereich der Erziehung und Bildung könnten Lehrer und Eltern durch ihr vorbildliches, empathisches Verhalten das emotionale und soziale Lernen von Kindern immens fördern. Tatsächlich steht es auf der Agenda vieler Lehrinstitute, scheitert aber genauso häufig an der Interaktion zwischen der Bildungseinrichtung und den Eltern.

Auch im Gesundheitswesen ist die Kraft der empathischen Kommunikation zwischen Gesundheitspersonal und den Patienten dahingehend bekannt, dass diese die Heilung und das Wohlbefinden der Patienten erhöhen kann. Dass dies (wie hinlänglich bekannt) in diesen Bereich jedoch nicht immer optimal umgesetzt wird, ist der oft (zu) stark unternehmerischen Ausprägung dieser Heilanstalten geschuldet.

Da aber empathisches Verhalten sozusagen von Natur aus nur wenigen Menschen gegeben wurde, ist die gute Nachricht, dass man Empathie tatsächlich durch Schulungen und Übungen an seinem eigenen Verhalten fördern kann.

Hilfreich sind hierbei die bewusste Wahrnehmung der eigenen Emotionen und deren Analyse. Dies setzt natürlich voraus, dass man sich dessen bewusst ist, dass das eigene Verhalten zum einem weit außerhalb des empathischen Sollwertes war/ist, und dass die dann folgende Analyse zumindest so tiefgehend ist, dass man erkennt, dass es an einem selber liegt, sich aufzuregen oder eben nicht.

Da viele Menschen aber die Sklaven ihrer Emotionen sind und deshalb gerne die anderen als Auslöser betrachten, beginnt hier schon die Schwierigkeit der Übung.

Die sogenannte Perspektivübernahme-Übung ist nichts anderes, als sich in die Situation des Gegenübers zu versetzen. Was würde ich empfinden, wenn mir dies passiert wäre, ist eine Nachempfindung, die das Verständnis für den anderen immens erweitern kann.

Nach dieser Darstellung sollten wir nun grob auch abschätzen können, inwieweit das Feld der Empathie tatsächlich bedient wurde bei einer vernünftigen Krisenkommunikation.

Betrachten wir es aus Sicht der Kommunikatoren und schauen auf die Punkte, die Sie berücksichtigen und umsetzen sollten.

Kommunikation sollte vertrauensbildend sein. Krisenkommunikation muss es sein!

Dazu bedarf es einer zu vermittelnden Empathie, die aufzeigen muss, dass eine Organisation oder ein Unternehmen die Sorgen und Ängste der Betroffenen versteht und ernst nimmt.

Bei Organisationen, zumal staatlicher Art, hegen die Betroffenen ohnehin immer den latenten Verdacht, dass das Kommunizierte eher der nächsten Wahl geschuldet ist und in den allseits bekannten Worthülsen nur abgeliefert wird.

Bei Unternehmen ist der ewig und oft zu Recht gehaltene Vorwurf, dass das Ganze nur deshalb passierte, weil im Lichte der Gewinnmaximierung der Schatten der Risiken nicht wahrgenommen wurde. Leider ist es oft genug ja auch genauso.

Deshalb ist es an diesem Punkt wesentlich, dass die Empathie authentisch vermittelt und nicht dargestellt wird und als wirklich echt vom Publikum, zumal von den Betroffenen, wahrgenommen wird.

Viele Unternehmen und auch Organisationen machen an dieser Stelle den Fehler, jemanden in das Scheinwerferlicht zu stellen, der das größte Drama wie eine Zugverbindung aus dem Kursbuch verkündet, anstatt dort jemanden zu installieren, bei dem die Zuhörer Standing Ovation vornehmen würden, wenn er nur die Bilanz der AG XYZ vorliest.

Nicht jeder absolut fachlich beste CEO oder Vorstandschef ist trotz einer eventuell sogar vorhandenen Empathie dazu in der Lage.

Die Empathie muss eine belastbare Brücke bilden zwischen den Betroffenen und den Organisationen. Diese Verbindung kann dazu beitragen, die Bereitschaft zur Zusammenarbeit und Unterstützung zu erhöhen und interaktiv zu gestalten.

Da gerade Krisensituationen Spannungen und Konflikte auslösen können, die die Krise noch vergrößern können, ist es wichtig, durch Verständnis und Mitgefühl dafür zu sorgen, dass die Beteiligten sich ernstgenommen und verstanden fühlen.

Ein Hamburger Innensenator wurde auf der Woge der nationalen Begeisterung in das Bundeskanzleramt gespült und zum Bundeskanzler gewählt.

Dies ist ein Beispiel dafür, dass der Umgang mit Krisen oft langfristige Nach- und Auswirkungen auf das Image und die Reputation einer Organisation oder dessen »Macher« hat. So war es bei Helmut Schmidt, denn er hatte verantwortlich gehandelt und stets seinen Respekt gegenüber den Betroffenen und seine Betroffenheit anlässlich der Todesopfer sehr glaubhaft vermittelt.

Selbstredend kann man nur Empathie vermitteln, wenn man auch wirklich weiß, wo der Schuh drückt. Dazu muss man den

Betroffenen aktiv zuhören, sich in ihre Lage versetzen und ihr Leiden und ihre Sorgen ernst nehmen.

Dies sollte der eigentliche Grund für das relativ schnelle Erscheinen von Politikern in den Katastrophengebieten sein und nicht die Überlegung, schneller vor Ort und in den Scheinwerfer zu gelangen als der Politiker von der ungeliebten Gegenpartei.

Nun ist die Krise da und wird offen und schonungslos angesprochen. Die Missstände werden klar benannt, die weiteren Vorgehensweisen lassen an Klarheit und Zielstrebigkeit nichts zu wünschen offen.

Wenn das so gelingen sollte und auch so vermittelt werden kann, wird mit absoluter Sicherheit das Vertrauen der Betroffenen und der noch nicht Betroffenen gestärkt.

Sollte allerdings eine Diskrepanz zwischen dem Gesagten und den folgenden Handlungen entstehen, wird es schwierig, den Topf nicht explodieren zu lassen. Offene und ehrliche Kommunikation über die Situation ist das A und O in jeder Krise.

Dass nicht nur schnell kommuniziert, sondern auch schnell reagiert wird, ist manchmal zwar gewollt, geht aber oft auch wegen nicht geklärten Kompetenzen unter.

Dann kommt die nächste Konferenz, in der man erklären muss, warum die Dinge nicht schnell genug umgesetzt wurden, und schon ist es mit dem gerade aufgebauten Vertrauen wieder vorbei.

Besser ist es, wenn Sie einen Situationsbericht geben und die Maßnahmen verkünden, von denen Sie sich sicher sind, dass sie zügig umgesetzt werden, weil dies auf der Liste der turnusmäßig vorzunehmenden Überprüfungen positiv vermerkt wurde.

Eine sogenannte Führungsperson ist dies deshalb, weil sie führen können sollte. Für Krisenzeiten bedeutet dies, dass sie sichtbar als der Kopf der Problemlösung (und als Übermittler der schlechten Botschaften) wahrgenommen wird und dass sie vor allem stets ansprechbar ist und nicht in den privaten Urlaub nach Mallorca mit der Tochter nach der Pressekonferenz fliegt – mit dem dezenten Hinweis, dass sie ja einen Stellvertreter habe (das gab es in der Landesregierung eines Bundeslandes in Deutschland wirklich).

Das Problem mit der empathischen Darstellung und dem Auftreten der Verantwortlichen ist immer, dass diese echt transferiert werden muss.

Eine erkennbar aufgesetzte Empathie mit der Flucht in gängige Allgemeinphrasen wie »Wir können Ihnen versichern, dass die Täter mit aller Härte des Gesetzes bestraft werden« bewirkt das Gegenteil des Gewollten. Es kann sogar dazu führen, dass die Bevölkerung und/oder die Betroffenen gänzlich desillusioniert werden und das Vertrauen verlieren.

Wenn aber Resignation um sich greift und die letzten Funken eines Antriebs verglimmen, weil man ohnehin nicht glaubt, dass sich etwas verbessern wird, führt dies automatisch zu einer Verschlimmerung der Situation.

Das Problem ist das Finden der richtigen Balance. Denn einerseits muss Emotion als Mitgefühl mit den Betroffenen glaubhaft vermittelt werden, aber andererseits muss eine Sachlage, eine Situation auch klar und rational dargestellt werden und darf nicht in Emotionalität ertränkt werden.

Empathische Kommunikation kann je nach kulturellem Kontext unterschiedlich wahrgenommen werden. Es ist wichtig, kulturelle Unterschiede zu berücksichtigen und die Kommunikation entsprechend anzupassen.

Als Beispiel für die erfolgreiche empathische Krisenkommunikation schlechthin und die Balancefindung zu der Kommunikation der rationalen Managemententscheidungen gilt die Reaktion des amerikanischen Konzerns Johnson & Johnson auf die Zyanidvergiftungen durch das Schmerzmittel Tylenol in den 1980er-Jahren.

Durch transparente und empathische Kommunikation einerseits sowie entschlossene Maßnahmen anderseits konnte das Unternehmen das Vertrauen der Öffentlichkeit zurückgewinnen und ging letztlich sogar gestärkt aus dieser Krise hervor.

Körpersprache

Gerade im Krisenfall, bei dem (wie fast meistens) Emotionen eine wichtige Rolle spielen, kommt man um die Aspekte und Wichtigkeit der Körpersprache nicht herum. Sie vermittelt mehr als Worte allein, weil sie die Botschaft verstärkt, Vertrauen aufbaut und die emotionale Verbindung mit dem Publikum fördert.

Hier sind einige *Gründe*, warum sie so wichtig ist:

In Krisenzeiten ist es entscheidend, dass Führungskräfte und Sprecher als vertrauenswürdig wahrgenommen werden. Eine offene, ruhige und kontrollierte Körpersprache vermittelt Selbstvertrauen und Kompetenz, was das Vertrauen der Öffentlichkeit stärkt.

Körpersprache beeinflusst, wie Menschen auf eine Botschaft emotional reagieren. Ein angespannter, nervöser oder geschlossener Körperausdruck kann Unsicherheit und Panik auslösen, während eine offene, ruhige Haltung beruhigend wirkt.

Die nonverbalen Signale müssen mit den gesprochenen Worten übereinstimmen. Wenn es Diskrepanzen gibt – zum Beispiel wenn jemand beruhigende Worte spricht, aber seine Körpersprache Unsicherheit zeigt –, kann das Misstrauen erzeugen und die Glaubwürdigkeit untergraben.

In Krisenzeiten wollen Menschen wissen, dass ihre Sorgen ernst genommen werden. Eine offene Körperhaltung, Augenkontakt und angemessenes Nicken können zeigen, dass der Sprecher empathisch ist und die Sorgen des Publikums versteht.

In einer Krise ist es wichtig, als handlungsfähig und kontrolliert wahrgenommen zu werden. Eine entspannte und souveräne Körpersprache signalisiert, dass die Situation unter Kontrolle ist, was beruhigend auf das Publikum wirkt.

Der Tylenol-Fall

Am 30. September und am 1. Oktober 1982 starben sieben Menschen in der Region Chicago nach der Einnahme von Extrastark Tylenol, einem beliebten Schmerzmittel von Johnson & Johnson.

Es wurde festgestellt, dass die Tylenol-Kapseln mit dem 10 000-Fachen einer tödlichen Dosis des Atemgiftes Zyanid vergiftet waren. Innerhalb einer Woche verlor das Mittel 87 Prozent seines Marktanteils.

Der Börsenwert des Pharmakonzernes Johnson & Johnson, dessen Tochtergesellschaft McNeil Consumer Products Tylenol produziert, ist um mehr als eine Milliarde US-Dollar gefallen. Die vermeintlichen Experten der Branche gingen nun davon aus, dass über die Marke Tylenol das Todesurteil gefällt worden sei.

Krisenbewältigung, wie sie sein muss

Die unmittelbare Maßnahme, die James E. Burke, zu dieser Zeit Vorstandsvorsitzender von Johnson & Johnson, ergriff, war die Bildung eines Krisenteams. In diesem wird David Collins, Vorstandsvorsitzender von McNeil Consumer Products, also der Produzent des Schmerzmittels, zum Krisenmanager ernannt. Die drei *Prioritäten*, die Collins ausruft, sind:

1. Die sofortige Beendung der Todesfälle
2. Die Identifizierung der Ursachen der Todesfälle
3. Eine sofortige Unterstützung der betroffenen Familien

Der Tylenol-Fall

Johnson & Johnson ergreift mit der Umsetzung dieser Prioritätenliste sofort die Initiative, denn bereits am Abend des 1. Oktober 1982 werden sämtliche 93 400 Tylenol-Flaschen aus den betroffenen Läden genommen. Unverzüglich wird auch die Werbung für das Schmerzmittel und die Produktion vollständig eingestellt.

Schon am 1. Oktober 1982 finden Videokonferenzen mit allen großen Agenturen, Zeitungen, Fernseh- und Radiosendern des Landes statt – mit der klaren Zielsetzung, die Öffentlichkeit umfassend zu informieren und hierzu die Medien als Partner zu gewinnen.

Da zu diesem Zeitpunkt nicht auszuschließen ist, dass noch mehr Ampullen betroffen sein könnten, werden noch am 1. Oktober 1982 eine halbe Million Telegramme an Ärzte, Krankenhäuser und Händler versandt, um diese zu warnen.

Zusätzlich wird eine Krisentelefonauskunft eingerichtet. Diese wird im Verlauf der Krise über 30 000 Mal kontaktiert werden.

Die Polizei kann ermitteln, dass die Zugabe des Giftes in verschiedenen Supermärkten im Großraum Chicago extern herbeigeführt wurde. Das Unternehmen lobt noch an demselben Tag des Ermittlungsergebnisses ein Kopfgeld von 100 000 US-Dollar auf den Mörder aus (der bis dato nicht ermittelt werden konnte).

Trotz dieses Ermittlungsergebnisses, das mit hoher Wahrscheinlichkeit auf keine weiteren Vergiftungen schließen lässt, ruft Johnson & Johnson am Tage nach der Verkündung des Ermittlungsergebnisses landesweit sämtliche Tylenol-Kapseln zurück – nicht nur aus der Region, in der die Vergiftungen aufgetreten sind, sondern aus den gesamten Vereinigten Staaten.

In Zahlen bedeutet dieser gänzliche Ausschluss eines weiteren Falles, dass 31 Millionen Flaschen »Tylenol Extrastark« mit einem Marktwert von mehr als 100 Millionen US-Dollar vernichtet werden.

Damit signalisiert das Unternehmen eindeutig, dass die Sicherheit der Kunden Vorrang vor allem hat – selbst in Anbetracht eines gewaltigen Verlustes.

Mit dieser Entscheidung schafft es das Unternehmen auch auf die Titelseite der Washington Post: »Johnson & Johnson sets example in crisis«.

Die Bewältigungskampagne

Intern arbeitet das Unternehmen fokussiert an der Lösung der Frage: Welche Verpackung kann gewährleisten, dass ein missbräuchliches Öffnen vor der eigentlichen Benutzung auffallen wird?

Schon am 11. November 1982, also weniger als sechs Wochen nach den Todesfällen, gibt das Unternehmen dann auf einer Pressekonferenz in New York die Wiedereinführung des Schmerzmittels Tylenol bekannt.

Es sind zwei Dinge, mit denen das Unternehmen diesen Schritt begründet: Die Aussage, dass man den Mörder nicht gewinnen lassen wolle, zeigt sozusagen emotional verklärt an, dass man gewillt ist, diesen Kampf zu gewinnen. Eine Vorgehensweise, die in Amerika immer gut ankommt.

Zudem erhielt jeder der anwesenden Medienvertreter eine der neuen, dreifach versiegelten Tylenol-Packungen, die ab Dezember im Handel erhältlich waren. Das Unternehmen hatte eine manipulationssichere Verpackung entwickelt, die mittels einer Dreifach-Sicherung zum neuen Standard wurde.

Dadurch, dass die Konferenz per Satellit in 30 Städte übertragen wurde, erreichte sie mehr als 3000 Journalisten in allen Bundesstaaten.

Und dann tat der Vorstandsvorsitzende des Mutterkonzerns Johnson & Johnson, James E. Burke, etwas, was sowohl ihm als auch der ganzen Aktion zusätzliche Pluspunkte einbrachte:

Er bedankte sich bei allen Medien dafür, dass sie mit ihrer fairen Berichterstattung geholfen hatten, Menschenleben zu retten. Dass die Medienvertreter ihm diese Danksagen als authentisch abnahmen, hatte auch etwas mit seinem Auftritten während der Krise zu tun.

Diese ehrlich gemeinten Danksagungen sorgten im Prinzip dafür, dass nun die Presse als Marketingmaschinerie für die Marktrückkehr des Schmerzmittels fungierte.

Der gesamte Vertrieb des Unternehmens wird aktiviert, um mittels Telefonakquisition Apotheken, Krankenhäuser und Ärzte davon zu überzeugen, das Schmerzmittel Tylenol wieder in das Sortiment aufzunehmen.

50 Millionen Gratiskapseln werden zusätzlich versandt und Händler erhalten 25 Prozent Nachlass, wenn sie dieselbe Menge des Schmerzmittels bestellen wir vor der Krise.

Das Unternehmen erweist sich in der Nachbearbeitung der Krise als absolut professionell und zieht alle Register einer erfolgreichen Markteinführung, auch wenn es in diesem Falle ein unverschuldeter Wiedereintritt in den Markt ist.

Die Kosten, die durch die Tylenolkrise entstanden, summierten sich auf über 500 Millionen US-Dollar. Aber bereits sechs Monate nach der Krise stieg der Umsatz um 24 Prozent über das Vorkrisenergebnis. Es wurde also nicht nur das Vertrauen der ehemaligen Kunden zurückgewonnen, sondern die Anzahl der Neukunden stieg ebenfalls gewaltig.

Und so fiel auch der kurze Kommentar des Vorstandsvorsitzenden James E. Burke von Johnson & Johnson, befragt nach den Auswirkungen der Krise, richtigerweise wie folgt aus: »We've gotten strength from this, no weakness.«

Fallbeispiel als Leitfaden: »Das Menschliche zuerst«

Erste Schritte:

- *Sofortige Reaktion und Krisenteam-Aktivierung:*

   Das Krisenteam von TechDynamics wurde sofort alarmiert und versammelte sich im Krisenraum. Doch anstatt nur technische Gegenmaßnahmen zu ergreifen, beschlossen die Führungskräfte, die menschliche Dimension der Krise in den Mittelpunkt zu stellen.

- *Menschliche und empathische interne Kommunikation:*

   Die Mitarbeiter erhielten nicht nur technische Anweisungen, sondern auch persönliche Nachrichten von den Führungskräften. In diesen Nachrichten wurde Verständnis für die Sorgen und Ängste der Mitarbeiter gezeigt, und sie wurden ermutigt, ihre Bedenken zu äußern und Unterstützung zu suchen.

Externe Kommunikation mit Empathie:

1. *Erste Stellungnahme:*

   Innerhalb der ersten Stunde nach dem Angriff veröffentlichte TechDynamics eine Stellungnahme auf ihrer Website und in den sozialen Medien. In der Erklärung wurde nicht nur der Angriff bestätigt, sondern auch das Mitgefühl mit den betroffenen Kunden und Partnern zum Ausdruck gebracht. »Wir verstehen, dass dies eine beunruhigende Zeit für Sie ist, und wir sind hier, um Sie zu unterstützen«, hieß es in der Nachricht.

2. *Direkter und persönlicher Kundenkontakt:*

   Das Kundenserviceteam von TechDynamics kontaktierte die betroffenen Kunden persönlich per Telefon und E-Mail. Anstatt standardisierte Antworten zu geben, hörten die Mitarbeiter den Sorgen der Kunden zu, boten Unterstützung an und zeigten echtes Mitgefühl. »Wir sind für Sie da und arbeiten rund um die Uhr, um diese Situation zu lösen«, lautete der Kern der Botschaften.

3. *Regelmäßige Updates mit menschlicher Note:*
Die regelmäßigen Updates auf der Website und in den sozialen Medien wurden mit einer menschlichen Note verfasst. TechDynamics teilte nicht nur technische Fortschritte, sondern auch Geschichten über die Menschen, die unermüdlich daran arbeiteten, die Systeme wiederherzustellen. Die Updates enthielten auch Dankesworte an die Kunden für ihre Geduld und ihr Verständnis.

4. *Psychologische Unterstützung:*
TechDynamics richtete eine Hotline ein, die nicht nur technische Unterstützung, sondern auch psychologische Hilfe für betroffene Kunden und Mitarbeiter anbot. Ein Team von Psychologen stand bereit, um emotionale Unterstützung zu bieten und den Menschen zu helfen, mit der Stresssituation umzugehen.

6 Vorbei ist nicht vorbei

Die Reflexion nach der eigentlichen intensiven Phase ist ein wesentlicher Faktor. Sie hilft nicht nur, sich über die eigene Wirkung bewusst zu werden, sondern auch für künftige Ereignisse unter Umständen noch besser gerüstet zu sein.

Hilfreich ist es, sich an der zeitlichen Achse des Geschehens zu orientieren und im Ablauf zu hinterfragen.

Die Nachbearbeitung einer Krise ist ein unumgänglicher Prozess. Er stellt sicher, dass zukünftige Krisen dadurch besser bewältigt werden können. Für die Nachbearbeitung bietet sich ein bereits mehrfach bewährter Ablauf an:

Eine sofortige *Nachbesprechung* sollte unmittelbar nach der Krise stattfinden, um die noch frischen ersten Eindrücke aufzuzeichnen.

Je nach Krisenart, besonders im Falle von Katastrophen, die viel Leid über Menschen gebracht haben, ist es allerdings erforderlich, einen gewissen Abstand einzuhalten, weil ansonsten emotionale Nachbetrachtungen das gesamte Bild verdecken könnten.

Auf Basis der ersten Nachbesprechung ist es wichtig, ein umfangreiches Protokoll zu erstellen.

Die Ereignisse werden zusammenfasst und mit den ergriffenen Maßnahmen abgeglichen. Es werden alle Beteiligten des Krisenstabs und der eingeschalteten Externen befragt, um deren Erfahrungen und Sichtweisen zu erfassen.

Hierzu wird ein Team zusammengestellt, das aus den Abordnungen aller relevanten Abteilungen gebildet wird und das, wenn möglich, auch externe Experten einbindet.

Es ist wenig zielführend, einen Krisenstab seine eigenen Maßnahmen beurteilen zu lassen.

Auch im Falle einer gut gemeisterten Krise wird eine andere Sicht auf die Dinge, meist durch nicht mit Abteilungsscheuklappen versehene Mitarbeiter, den ein oder anderen Punkt einer erforderlichen Nachjustierung ergeben.

Der nächste Schritt ist die *Datenanalyse*. Dazu werden alle zu dem Vorgang verfügbaren Daten gesammelt, damit ein klares Bild der Abläufe nach der Analyse entstehen kann. Hilfreich sind hierbei die Logbücher des Ablaufes und Interviews mit Beteiligten und Betroffenen.

Es wird ein chronologischer Zeitstrahl erstellt (siehe bespielhaft Kapitel 4: Chronologie der Ahrtal-Katastrophe): Zu der detaillierten chronologischen Abfolge des Geschehenen werden die Abfolgen der Maßnahmen gestellt.

Anhand der Abläufe sollten Sie die Meilensteine identifizieren können: Was waren die Schlüsselmomente und Wendepunkte der Krise?

Jetzt sollten wir genug vorbereitendes Material haben, um in die Ursachenanalyse einsteigen zu können.

Hierzu verwenden wir die *5-Why-Methode*: Diese Technik besteht darin, »Warum?« zu fragen, bis die Wurzelursache eines Problems identifiziert ist. Normalerweise sind dazu fünf Iterationen ausreichend.

Hierzu beispielhaft drei Ansatzmöglichkeiten der ersten W-Frage:

- Warum trat das Problem auf?
- Warum war das System ausgefallen?
- Warum wurde das Problem nicht früher erkannt?

Als hilfreich hat sich die Erstellung der Visualisierung möglicher Ursachen erwiesen (Ishikawa-Diagramm oder Fischgräten-Diagramm). Hierbei wird kategorisiert zwischen den Faktoren Mensch, Maschine, Methode, Material, Milieu (Umwelt) und Messung.

Ein weiteres Hilfsmittel ist die Fehlerbaumanalyse (FTA). Dies ist ein hierarchisches Diagramm, das die Kombination von Fehlfunktionen und Ereignissen darstellt, die zur Krise geführt haben.

Die Ursachen sollten nun unterschieden werden zwischen primären und sekundären Ursachen und bezüglich ihres Einflusses auf die Krise priorisiert werden.

Nun können die Ursachen verifiziert werden. Wenn es möglich ist, sollten die identifizierten Ursachen durch Test oder Simulationen nachgestellt werden, um den genauen Wahrheitsgehalt zu überprüfen. Was genau war der auslösende Punkt? Ist das identisch mit unseren Annahmen, Hypothesen?

Wie beurteilen die Stakeholder dies? Es bietet sich eine Rücksprache mit den beteiligten Personen und Experten an, um die identifizierten Ursachen zu verfestigen und/oder zu detaillieren.

Die Ursache ist nun einwandfrei und nachvollziehbar identifiziert. Nun werden die getroffenen Maßnahmen damit abgeglichen, ob diese tatsächlich einen Einfluss auf die identifizierte Auslösung und deren Auswirkungen hatte.

Priorisieren Sie hierzu die Maßnahmen nach Dringlichkeit und Wirksamkeit.

Die *Prozessanalyse* gibt Ihnen nun einen Überblick, ob die angewandten Prozesse auch effektiv waren.

Hierzu identifizieren Sie Lücken oder Schwachstellen in den bestehenden Prozessen und den zur Verfügung gestandenen Ressourcen.

Nun sollten Sie ein Gesamtbild haben und auf dieser Grundlage erkennen, wo Sie bei etwaigen zukünftigen Maßnahmen nachjustieren müssen.

Wesentlich ist, dass Sie diese Nachjustierungen auch regelmäßig überprüfen und auf Wirksamkeit testen. Die Eingangsvoraussetzungen einer Krise können sich ändern, je nach Krisenart, deshalb gehört in einem gewissen Zeitintervall alles auf den Prüfstand.

Dies gilt natürlich auch, wenn wesentliche Parameter sich plötzlich geändert haben. Auch hierzu sind die geänderten Pegelstufen eines Flusses anhand einer sich ändernden Wetterlage ein gutes Beispiel.

Die Ergebnisse und Erkenntnisse Ihrer Aufarbeitung und die sich daraus ergebenden Maßnahmen müssen dokumentiert und mit allen relevanten Stakeholdern kommuniziert werden.

Schlussendlich können Sie nun die gewonnenen Lehren aus der Krise in den regulären Betriebsabläufen und in den Krisenplänen verankern.

Eine kontinuierliche Verbesserung beziehungsweise Nachjustierung wird verankert durch turnusmäßige Überprüfung und Aktualisierung der Prozesse und Pläne basierend auf den gewonnenen Erkenntnissen.

Durch diese strukturierte Vorgehensweise kann eine fundierte Ursachenanalyse durchgeführt werden, die dazu beiträgt, ähnliche Krisen in der Zukunft zu verhindern und die Resilienz der Organisation zu stärken.

Nun werden wir uns der Nachbearbeitung der erfolgten Krisenkommunikation im Detail widmen. Versuchen wir auch hier, dem gesamten Ablauf der Prüfung eine gewisse Struktur zu geben.

Der Rückblick auf die Krisenkommunikation beginnt mit einer Überprüfung aller vorhandener Protokolle. Dies heißt, alle Kommunikationsprotokolle, Pressemitteilungen, Social-Media-Beiträge und interne Nachrichten werden gesammelt.

Die benutzten (und auch die nicht benutzten, warum?) Kommunikationskanäle werden dahingehend überprüft, wie effektiv sie waren.

Der nächste Schritt ist der der Feedback-Einholung. Es werden alle an der Krisenkommunikation Beteiligten befragt. Dies kann durch Interviews oder Fragebögen geschehen. Inkludiert werden das Krisenteam, Mitarbeiter, Kunden und anderer Stakeholder.

Das Feedback der beteiligten Medienvertreter wird ebenso eingeholt, um deren Sicht auf die Kommunikation und deren Ablauf zu verstehen.

Eine Analyse der Kommunikationsinhalte ist ebenfalls voll umfänglich zu gestalten. Bei dieser Botschaftskohärenz wird überprüft, ob die Kernbotschaften, die zu vermitteln waren, auch klar und konsistent ankamen.

Auch die Analyse, ob die jeweilige Botschaft auch zu der adressierten Zielgruppe gehört, weil sie dementsprechend für diese verständlich war, gehört dazu.

Bei der Reaktionszeit-Prüfung wird bewertet, ob die Reaktionen auf Anfragen und Veröffentlichungen schnell genug im Sinne der gewünschten Zielerreichung waren.

Bezüglich der Zielerreichung ist dies auch die anzulegende Elle bei der Effektivitätsbewertung. Sind die Kommunikationsziele mit den tatsächlich erreichten Ergebnissen deckungsgleich?

Der nächste Analysepunkt: War die Messung der Reichweite der Kommunikationsmaßnahmen und deren Einfluss auf das öffentliche Meinungsbild im Sinne des Gewollten ausreichend?

Nach all den eingeholten Informationen sind Sie nun in der Lage, Schwachstellen in der Vorgehensweise auszumachen.

Identifizieren Sie den Problembereich und stellen Sie fest, wo es zu Verzögerungen in der Kommunikation kam und was die Ursachen dafür waren.

Ebenfalls ist zu bewerten, ob die Informationen inhaltlich alles abgedeckt haben, was sie abdecken sollten, oder ob wesentliche Informationen gefehlt haben oder unklar waren.

Aus diesen Sammelsurium der Abläufe und Inhalte werden nun die relevanten Lehren gezogen und Maßnahmen fein oder grob nachjustiert. Das bedeutet, dass alle Erkenntnisse dokumentiert sind und an den relevanten Stellen mit einem Maßnahmenkatalog versehen wurden.

Der bisherige Krisenkommunikationsplan wird also basierend auf den gewonnenen Erkenntnissen und vorgeschlagenen Verbesserungen aktualisiert.

Diese Aktualisierungen müssen geschult werden, um sicherzustellen, dass alle relevanten Mitarbeiter mit dem aktualisierten Plan vertraut sind.

Schulung der wesentlichen Punkte ist die eine Sache, die andere ist jedoch ein Training, bei dem sichergestellt wird, ob die nun gültigen Abläufe auch abrufbereit und verzahnt umsetzbar sind.

Von daher ist das Durchführen von Krisensimulationen und -übungen, um die Wirksamkeit des aktualisierten Kommunikationsplans zu testen, von nun an zu terminieren.

Da sich die Rahmenbedingungen in der Kommunikationslandschaft jederzeit verändern können, muss ein kontinuierliches Monitoring der Kommunikationsstrategie und dann unter Umständen eine regelmäßige Anpassung des Plans stattfinden.

Nur durch diesen systematischen Überprüfungsprozess kann sichergestellt werden, dass der Krisenkommunikationsplan ständig aktuell ist und somit die Organisation bestens auf eine eventuelle Krise vorbereitet ist.

Fallbeispiel als Leitfaden: »Nachbearbeitung und Analyse«

Nachdem der Angriff eingedämmt und die Systeme wiederhergestellt waren, beschloss TechDynamics, eine umfassende Analyse der Krisenkommunikation durchzuführen.

Detaillierte Analyse und Erkenntnisse:

- *Feedback-Sammlung:*
  TechDynamics sammelte Feedback von Kunden, Mitarbeitern und Partnern. Es wurden Umfragen und Interviews durchgeführt, um die Stärken und Schwächen der Krisenkommunikation zu identifizieren

- *Interne Nachbesprechung:*
  Das Krisenteam führte eine ausführliche Nachbesprechung durch. Jede Phase der Krisenbewältigung wurde analysiert, und es wurden spezifische Fragen gestellt:
  – Was hat gut funktioniert?
  – Wo gab es Verzögerungen oder Kommunikationsprobleme?
  – Welche Informationen fehlten den Beteiligten?

- *Technische Analysen:*
  Die IT-Abteilung analysierte die technischen Maßnahmen und identifizierte Sicherheitslücken sowie Verbesserungspotenziale in der Infrastruktur und im Monitoring.

Abgeleitete Verbesserungen:

1. *Verbesserung der Kommunikationsprotokolle:*
   Die Kommunikationsprotokolle wurden aktualisiert, um klarere Anweisungen und Eskalationspfade festzulegen. Es wurden spezifische Verantwortlichkeiten zugewiesen, um Verwirrung und Verzögerungen zu vermeiden.

2. *Erweiterung der Kommunikationskanäle:*
   Zusätzliche Kommunikationskanäle, wie eine spezielle Krisen-App und ein SMS-Benachrichtigungssystem, wurden eingeführt, um sicherzustellen, dass alle Stakeholder schnell und zuverlässig informiert werden können.

3. *Regelmäßige Krisensimulationen:*
   Es wurden regelmäßige Krisensimulationen eingeführt, um die Mitarbeiter auf verschiedene Szenarien vorzubereiten und die Effizienz der Krisenkommunikation zu testen.

4. *Transparenz und regelmäßige Updates:*

   Es wurde beschlossen, noch transparenter zu kommunizieren und häufiger Updates zu geben. Kunden und Mitarbeiter sollten zu jeder Zeit genau wissen, was passiert und welche Schritte unternommen werden.

5. *Erweiterung des Krisenteams:*

   Das Krisenteam wurde um zusätzliche Spezialisten erweitert, darunter Kommunikationsexperten und Psychologen, um sowohl technische als auch menschliche Aspekte der Krise besser bewältigen zu können.

6. *Schulungsprogramme:*

   Um das Bewusstsein und die Kompetenz im Umgang mit Krisensituationen zu erhöhen, wurden spezielle Schulungsprogramme für alle Mitarbeiter eingeführt.

7 Nutzung von Social Media in der Krisenkommunikation

Von den etwa 8 Milliarden Bewohnern dieses Planeten nutzen 2,3 Milliarden aktiv soziale Medien. Bezogen auf die Anzahl der weltweiten Internet-Nutzer ist dies mehr als die Hälfte der User.

Der Grundstein für diese Netzwerke wurde ab dem Jahre 1995 gelegt (classmates.com und sixdegrees). Von den damaligen ersten Online-Treffpunkten für Studenten bis zum heutigen Meta-Konzern vergingen somit lediglich 20 Jahre.

Als ein soziales Netzwerk versteht man jede Plattform, auf der man ein persönliches Profil erstellen kann, um mit anderen Menschen in Kontakt zu treten und Informationen auszutauschen.

Hierbei ist das Anlegen von Freundeslisten und die Teilnahme an Gruppen typisch für Social Media.

Die dahinterstehende Idee war, sich mit Freunden und Bekannten aus dem realen Leben auch in der digitalen Welt zu verbinden. Dieser Austausch erfolgte bis zur Jahrtausendwende hauptsächlich über die beliebten Instant Messenger.

Seit dieser Zeit haben sich die sozialen Netzwerke rasant und kontinuierlich weiterentwickelt und sind zu einem Bestandteil des täglichen Lebens vieler Menschen geworden.

Meilensteine in der Entwicklung von Social Media waren die Gründungen der folgenden Unternehmen: 2003 LinkedIn und Myspace, 2004 Orkut und XING, 2004 Facebook und 2005 StudiVZ. Eine sehr späte Gründung erfolgte dann noch im Jahr 2011 mit dem Netzwerk google+. Nur war da das Fell des Bären schon verteilt und folgerichtig wurde das Google-Projekt 2019 eingestampft.

Nach wie vor jedoch sind die Unternehmen der Social Media sehr innovativ, wenn es darum geht, einerseits Nutzer zu binden und andererseits im erlaubten Rahmen mit den Daten der Nutzer Werbeeinnahmen zu erzielen.

Gerade hinsichtlich des Datenschutzes haben viele soziale Netzwerke ihre Datenschutzrichtlinien überarbeitet und zum besseren Schutz der Privatsphäre neue, sichernde Funktionen eingeführt. Dazu gehören verbesserte Kontoeinstellungen, verschlüsselte Nachrichten und eine größere Transparenz hinsichtlich der Datenverwendung.

Ein wesentlicher Trend der letzten zwei Jahre ist sicherlich die Einbindung der Möglichkeiten der Künstlichen Intelligenz (KI/AI). Um Nutzer fester an die Plattform zu binden und mehr Verweildauer des Nutzers zu generieren, wird durch die Künstliche Intelligenz das Verhalten der User und deren Interessen quasi personalisiert.

Zu ihrer ursprünglichen Bedeutung zur intensiven Nutzung für die Freizeitgestaltung kommen mehr und mehr sinnvolle (und leider auch weniger sinnvolle) Nutzungsmöglichkeiten hinzu.

Denn bedingt durch die Geschwindigkeit, die eine fast schon Just-in-time-Übermittlung ermöglicht, sind diese Medien auch im Fokus für eine eventuelle Notwendigkeit, schnelle und zielgenaue Informationen im Krisenfall verbreiten zu müssen.

Zudem hat sich zwischen den publizierenden Privatpersonen in diesen Medien und den tradierten redaktionellen Massenmedien eine Wechselbeziehung mühsam und langsam, aber kontinuierlich herausgebildet – wobei nicht immer klar ist, wer hierbei von wem profitiert.

Diese Wechselbeziehung, manche sprechen auch von einer Art der Hass-Liebe, bietet in der Kombination sowohl Chancen als auch, formulieren wir es vorsichtig, Herausforderungen für eine effiziente Krisenkommunikation.

Welches sind die neuen Spielregeln, die ungeschriebenen Gesetze, mit denen man diesen Medien begegnen muss?

Kann Social Media nicht auch selbst Krisenauslöser oder zumindest gewollt oder ungewollt Verstärker sein und muss deshalb mit entsprechender Vorsicht behandelt werden?

Leider lässt sich diese Frage nicht eindeutig beantworten und somit wäre das klassische Jein (Ja und Nein) die richtige Wahl der Beantwortung.

Vorweg: Social Media generiert selbst keine bisher unbekannte Krisenform, auch wenn einige behaupten, dass Social Media selbst die Krise sei.

Nach wie vor haben Krisen ihre tradierten Auslöser und somit sind auch die neuen Medien nicht separiert als Krisenauslöser zu betrachten. Dass dies jedoch nicht für eine erhebliche Krisenverstärkung gelten kann, steht auf einem anderen Blatt.

Somit ist es hilfreich, auf Basis unseres Anliegens Social Media als einen Werkzeugkasten zu betrachten, der es ermöglicht, schnell Informationen zu einer bestimmten Zielgruppe zu transferieren.

Es ist somit ein Muss, Social Media als einen zu integrierenden Bestandteil in den Handlungsablauf einer erfolgreichen Krisenkommunikation einzubinden, denn es erweitert die Möglichkeiten der Verbreitung der notwendigen Ansprachen und Aufklärungen.

Generell können Informationen unmittelbar bei den sozialen Medien aufschlagen und dort eine Krise hervorrufen oder beschleunigen.

Oder aber die Informationen, die das Potenzial für eine Krise gehabt hätten, können dort versanden, ohne zu einer Krise zu werden.

Im schlimmsten Fall jedoch können Informationen zwischen den Pressemedien und den neuen Medien sich gegenseitig so »aufbauen«, dass daraus ein Krisentsunami wird, wenn wir hier den Bereich Imagekrisen inkludieren.

Im ersten Fall wäre zu überlegen, welcher Art die Intervention sein sollte.

Im zweiten Fall sollte man klar festgelegt haben, ab wann ein Thema einen Krisenstatus erreicht hat und somit ein Eingreifen erforderlich macht. Noch besser wäre hier allerdings, schon im Vorfeld das Gespür dafür entwickelt zu haben, dass sich hier etwas aufbaut, was das Potenzial hat, eine Krise auslösen zu können.

Der dritte Fall ist einer intensiveren Verdeutlichung wert, denn hier zeigt sich oft, dass in einem Wechselspiel zwischen den beiden Medienarten ein Thema so hochgepusht wird, dass es tatsächlich zu einer Krise wird.

Hat sich eine Information in Social Media als durchaus krisenauslösend aufgebaut, sich aber nicht zur Blüte entfaltet und verwelkt dann in den tradierten Medien, ist die Auswirkung in Social Media bereits perdu. Das Thema ist also auch für die Presse schon verbrannt.

Der umgekehrte Weg ist der brisantere. Ausgelöst durch eine Berichterstattung im TV oder in der Presse kann ein Thema, das dann von der Social-Media-Community aufgegriffen wird, eine nicht mehr so einfach zu egalisierende Dynamik entfalten.

Resümierend kann gesagt werden, dass Social Media die Herausforderungen an die Krisenkommunikation deutlich erweitert hat.

Bei Notfallsituationen ist es eine mehr als hilfreiche Möglichkeit der klaren Ansprache. Bei Imagekrisen eines Unternehmens kann dies allerdings ein zweischneidiges Schwert werden, wie wir weiter unten in einem Fallbeispiel (United Airlines) aufzeigen werden.

Traditionelle Krisenkommunikation ist auf einen klar definierten Bereich zugeschnitten. Die Ansprechpartner sind bekannt, in der Regel das Verhalten der durch sie vertretenen Organisationen (Presse, Nachrichten et cetera) berechenbar.

Im Web der Privatpersonen wird zumeist ohne die bei solchen Vorgängen notwendige Distanziertheit agiert. Hinzu kommt seitens der Unternehmen auch noch häufig, dass einzelne Bereiche, Abteilungen oder Organisationseinheiten des jeweiligen Unternehmens ebenfalls in Social Media unabhängig voneinander aktiv vertreten sind.

Dadurch kann es den Nutzern auf der Empfänger-Seite einer Botschaft durchaus schwerfallen, zwischen einer von der Unternehmensseite priorisierten Information und einer nur bereichsrelevanten Information zu differenzieren.

Somit ist es für Unternehmen oder größere Organisationen im Falle einer Imagekrise oder deren Anbahnung wesentlich, diese Informationswege in einen strukturierten Kommunikationsablauf einzubetten.

Nach dieser allgemeinen Betrachtung folgt nun ein dezidierter Blick auf die Plattformen zur Nutzung für unser eigentliches Thema. Es wird dabei ersichtlich werden, dass nicht jede Plattform bezogen auf die Verbreitung und Zielgruppe die gleiche Relevanz im Falle einer Krisenkommunikation hat. Dies gilt mehr für die öffentliche Hand, denn bei Unternehmen im Falle einer drohenden oder bereits erfolgten Imagekrise kann dies durchaus anders aussehen und wird sich stark an der Nutzerfrequenz der jeweiligen Zielgruppe orientieren.

Da es entscheidend ist, schnell und effektiv zu kommunizieren, hängt die Wahl der Social-Media-Kanäle wesentlich von der Art der Krise, dem zu erreichenden, relevanten Zielpublikum und, last but not least, von den eigenen verfügbaren Ressourcen ab.

Denn, und dies muss explizit herausgestellt werden, wenn ein Unternehmen im Krisenfall nicht ermöglicht, rund um die Uhr die etwaigen Selbstläufer in den Social-Media-Kanälen zu observieren, um dann gegebenenfalls unmittelbar entgegenzuwirken, ist der Krisennotfallplan kein guter Plan!

Sollten dies die eigenen Ressourcen nicht hergeben, gibt es hinreichend externe, professionelle Anbieter, die dies gewährleisten können.

Die Vorteile der einzelnen Plattformen bezogen auf eine generelle Krisenkommunikation daher »in a nutshell«:

- *Facebook*
  Die Zielgruppe dieser Plattform ist absolut heterogen und deckt den gesamten Nutzer-Bereich von Jugendlichen bis hin zu älteren Erwachsenen ab.
  Der Vorteil, hier zu agieren, ist sicherlich die Erreichbarkeit einer großen Nutzerbasis. Auf Facebook kann man sowohl detaillierte Informationen als auch ausführliche Erläuterungen platzieren sowie Live-Video-Streams einbinden.

- *Instagram*
  Diese Plattform ist vor allem bei jüngeren Nutzern in der Bandbreite von 18-34 Jahre beliebt. Sie ist stark visuell orientiert und ideal für mehr visuell ausgelegte Botschaften. Die Interaktionsrate ist auf dieser Plattform besonders hoch. Hier bietet sich eine Einbindung von Bildern, Videos und Informationsgrafiken an.
- *LinkedIn*
  LinkedIn ist ein professionelles Netzwerk zur Anbahnung und Pflege von Geschäftskontakten und zur zielgenauen Suche von Personal. Hier sind hauptsächlich Fach- und Führungskräfte der größeren und mittelständischen Unternehmen zu finden. Daher ist diese Plattform ideal für das Teilen von Branchen-News, für offizielle Unternehmensmitteilungen, für das Informieren von Geschäftspartnern und Benachrichtigungen mit detaillierteren businessrelevanten Inhalten.
- *Twitter*
  Diese Plattform wird besonders stark frequentiert von Journalisten, Influencern und Branchenexperten. Der Vorteil ist hier sicherlich die rasche Verbreitung von Informationen mit der Möglichkeit von Echtzeit-Updates. Diese Plattform hat eine große Reichweite. Ein (manchmal) weiterer Vorteil ist die Möglichkeit der Echtzeit-Kommunikation und -Interaktion und somit die Möglichkeit des direkten Antwortens auf Fragen.
  Twitter ist ideal für News und deren Updates.
  Ein weiterer Vorteil ist die Nutzung von Hashtags zur Reichweitensteigerung und zur Bündelung von Informationen.
- *YouTube*
  Auch diese Plattform erfreut sich einer breiten Nutzergemeinde, insbesondere bei Video- und Tutorial-Fans.
  YouTube ist nach Google die zweitgrößte Suchmaschine der Welt und alleine deshalb ist es unerlässlich, im Krisenfall hier aufklärerisch tätig zu sein.

Hier lassen sich detaillierte Erklärungen zu der Situation und Pressekonferenzen, auch als Livestreams, einbinden.

- *TikTok*

  TikTok ist vermeintlich ein Exot in dieser Zusammenstellung, denn die Zielgruppe sind junge Nutzer, die in der Mehrheit das dreißigste Lebensjahr noch nicht erreicht haben. Es ist ein zügig wachsendes Netzwerk mit hoher Engagement-Rate und eigentlich ideal für kurze Video-Inhalte. Unternehmen, die diese Zielgruppe auserkoren haben, tun gut daran, gerade in einem Imagekrisenfall diese Plattform einzubinden. Was passieren kann, wenn man diese Plattform vernachlässigt, hat das Ergebnis der jüngsten Europawahl in Deutschland gezeigt. Dadurch, dass die etablierten Parteien dort nicht vertreten waren und dieses Feld absolut ungestört einer Partei überlassen hatten, verzeichnete eben diese Partei einen exorbitanten Zuwachs in dieser Zielgruppe. Die sich nun daraus ergebenden Konsequenzen für die anderen Parteien kann man durchaus schon in die Rubrik »Kurz vor der Krise« einordnen.

- *WhatsApp:*

  Das ist *die* Plattform für direkte Kommunikation mit hohen Öffnungsraten und somit ein Muss bei Massenbenachrichtigungen.

Differenziert man die obigen Plattformen nun nach den unterschiedlichen Zielen zur Gewinnmaximierung der einzelnen Unternehmen, würde sich folgendes Bild ergeben:

Brand Awareness:	Facebook, Instagram, YouTube, TikTok.
Lead-Generierung und B2B-Vertrieb:	LinkedIn, Twitter.
E-Commerce und direkte Verkäufe:	Instagram, Pinterest, Facebook.
Kundensupport und Community-Building:	Facebook, Twitter.

Die Umsetzung aus dem zu erwarteten Nutzen bei der Aktivierung der einzelnen Plattformen spielt dann auch eine wesentliche Rolle bezüglich der Aktivierung bei Krisen für die Unternehmen.

Denn je mehr Follower auf den durch das Unternehmen aktivierten Plattformen den Botschaften folgen, desto größer wird der Erreichungsgrad bei einer Krise sein.

Zur Verdeutlichung folgt hier nun ein Beispiel für eine sehr gelungene Kommunikation über Social Media und weiter unten ein Beispiel, wie man es ungeschickter wohl kaum noch bewerkstelligen kann.

Ein prominentes Beispiel für gelungene Krisenkommunikation über Social-Media-Kanäle ist die Reaktion von *KFC UK* auf die (allerdings selbst durch Lieferantenwechsel hervorgerufene) Lieferkettenkrise im Jahr 2018.

Erhebliche Lieferprobleme führten im Februar 2018 dazu, dass viele Filialen in Großbritannien geschlossen werden mussten, da kein Hühnerfleisch angeboten werden konnte.

Die negativen Reaktionen von Kunden in den sozialen Medien und der Presse ließen nicht lange auf sich warten.

KFC UK reagierte jedoch rasch auf die Krise und informierte die Öffentlichkeit umfassend. Hierzu benutzte das Unternehmen die Social-Media-Kanäle, insbesondere Twitter und Facebook, um die Kunden direkt anzusprechen. Ein Beispiel-Tweet: »*Wir haben ein Hühnerproblem. Wir wissen, dass das nicht ideal ist, und entschuldigen uns aufrichtig bei unseren Kunden für die Unannehmlichkeiten. Wir arbeiten rund um die Uhr daran, das Problem zu lösen.*«

Das Unternehmen entschloss sich, als strategische Maßnahme Humor in die Krisenkommunikation einzubauen.

KFC veröffentlichte eine Anzeige in britischen Zeitungen, in der sie die Buchstaben »KFC« zu »FCK« vertauschten (die meisten Leser werden wissen, wie dies in der englischen Sprache zu interpretieren ist) und sich somit humorvoll und offensiv für die logistische Krise entschuldigten. Die Anzeige wurde in den sozialen

Medien zum absoluten Renner und das Unternehmen gewann viel Sympathie in der Öffentlichkeit.

KFC UK bespielte die Öffentlichkeit mit regelmäßigen Updates und reagierte sofort auf Kundenfragen und -beschwerden in den sozialen Medien. Auch hierzu ein Beispiel auf Facebook: »*Wir wissen, dass viele von euch sich fragen, wann eure lokalen KFCs wieder geöffnet werden. Hier ist eine Liste der Filialen, die momentan geschlossen sind. Wir arbeiten daran, so schnell wie möglich wieder voll betriebsbereit zu sein.*«

Als Franchisegeber arbeitete KFC UK zudem eng mit den vor Ort betroffenen Franchisenehmern zusammen und zeigte Solidarität mit deren Mitarbeitern und Kunden. Dies drückt sich im folgenden Beispiel hervorragend aus: »*Ein riesiges Dankeschön an unsere fantastischen Teams, die unermüdlich arbeiten, um dieses Problem zu lösen. Und ein großes Dankeschön an unsere treuen Kunden für eure Geduld und Unterstützung.*«

Zusammenfassend kann man sagen, dass die humorvolle, transparente und menschliche Art der Kommunikation durch KFC UK die Situation relativ problemlos entschärfte. Das Unternehmen gewann die Sympathie der Öffentlichkeit und konnte die Krise ohne anschließenden Schaden für ihre Marke bewältigen. Weil dies so ist, wird das Beispiel dieser Krisenkommunikation häufig als Best-Practice-Beispiel für Krisenkommunikation in Social Media aufgeführt.

Ergänzend kann man hier noch anfügen, dass Humor ein wahrhaft mächtiges Werkzeug sein kann, um Sympathie zu gewinnen und die negativen Auswirkungen einer Krise zu mildern.

Nun folgt das Beispiel einer komplett misslungenen Krisenkommunikation über Social-Media-Kanäle, die die Geister, die sie hervorrief, teilweise bis heute nicht losgeworden ist.

Auslöser der Krise war die durch das Bordpersonal durchgeführte gewaltsame Entfernung eines Passagiers aus einem überbuchten

Flugzeug der *United Airlines* im April 2017. Der Passagier Dr. David Dao hatte sich geweigert, freiwillig seinen Sitzplatz aufzugeben. Andere Passagiere filmten die Aktion und die Videos verbreiteten sich rasend schnell in den sozialen Medien. Es entwickelte sich ein Empörungstsunamie, der über United Airlines hinweg schwappte.

Die erste Reaktion vom CEO der United Airlines, Oscar Munoz, als öffentliche Erklärung war, dass das Unternehmen sich für die Neubuchung der anderen Passagiere entschuldigte. Den Vorgang als Neubuchung abzutun, wurde generell in den Medien als absolute Verharmlosung bewertet.

Dummerweise wurde dann auch noch unmittelbar nach dieser Erklärung eine interne E-Mail an die Öffentlichkeit durchgestochen, in der sich der CEO über Dr. Dao als »disruptive und belligerent« (störend und streitsüchtig) äußerte und er die Mitarbeiter für ihr radikales Vorgehen lobte.

Nun setzte ein wahrer Tornado der Empörung in der Öffentlichkeit ein und die Social-Media-Kanäle wurden mit Boykottaufforderungen überflutet. Der Aktienkurs von United Airlines brach ein.

Als ob dies alles nicht schon peinlich und unverständlich genug war, dauerte es nun auch noch mehrere Tage, bis United Airlines und der CEO Munoz eine vollständige Entschuldigung im folgenden Wortlaut aussprachen:

»Wir entschuldigen uns bei Dr. Dao, seinen Mitreisenden und unseren Kunden. Dies hätte niemals passieren dürfen, und wir übernehmen die volle Verantwortung.«

Wieder einige Tage später innerhalb dieser ungeschickten Salamitaktik kündigte das Unternehmen schließlich an, dass sie ihre Richtlinien für das Überbuchen von Flügen und den Umgang mit solchen Situationen überarbeiten würden.

Dieses Beispiel wird aufgeführt, weil es wirklich alles beinhaltet, was man in einer Krisenkommunikation, zumal in den Social-Media-Kanälen, unbedingt unterlassen sollte:

Die initialen Reaktionen waren langsam und unsensibel, was die Situation verschärfte und den Eindruck erweckte, dass United Airlines das Ausmaß des Vorfalls – vorsichtig ausgedrückt – anders bewertete als die Masse der User.

Die erste Entschuldigung und die interne E-Mail des CEOs zeigten keine Empathie und keine Einsicht gegenüber der Situation von Dr. Dao und den betroffenen Passagieren.

Und last, but not least: United Airlines reagierte zu zögerlich und ließ wichtige Zeit verstreichen, in der sich die Empörung gewaltig hochschaukelte.

Die negative Berichterstattung und die noch lange anhaltenden Social-Media-Kampagnen führten zu einer Vertrauenskrise, zu einem Reputationsschaden und brachten dem Unternehmen erhebliche finanzielle Einbußen. Zu allem Überfluss wird dieser Vorfall sozusagen als Standard an allen relevanten Universitäten für eine missglückte Krisenkommunikation über die Social-Media-Kanäle präsentiert.

Fallbeispiel als Leitfaden: »Die Rolle von Social Media«

Maßnahmen im Bereich der sozialen Medien in der fiktiven Krisensituation von TechDynamics waren mitentscheidend für das Gelingen der Krisenkommunikation.

Sofortige Reaktion und Informationsverbreitung

Erste Stellungnahme auf allen Plattformen Twitter, Facebook, LinkedIn, Instagram: Eine einheitliche Nachricht wurde veröffentlicht, um die Öffentlichkeit über den

Cyberangriff zu informieren. Diese Nachricht betonte, dass das Unternehmen bereits Maßnahmen ergreift, um den Angriff zu bekämpfen und die Sicherheit der Daten wiederherzustellen:

»*TechDynamics ist Ziel eines gezielten Cyberangriffs geworden. Unsere IT-Experten arbeiten rund um die Uhr an der Lösung. Die Sicherheit Ihrer Daten hat für uns oberste Priorität. Wir halten Sie auf dem Laufenden. #CyberSecurity #TechDynamics*«

Regelmäßige Updates und transparente Kommunikation

Tägliche Updates, kurze Statusberichte: Täglich wurden kurze Statusupdates veröffentlicht, die den Fortschritt bei der Lösung des Problems und den Stand der Verhandlungen mit den Angreifern darstellten, zum Beispiel:

»*Unsere Experten haben Fortschritte gemacht und eine potenzielle Schwachstelle im Angriffscode entdeckt. Wir arbeiten intensiv an der Wiederherstellung der Daten. Danke für Ihr Vertrauen und Ihre Geduld. #TechDynamicsUpdate*«

Engagement und Reaktion auf Anfragen

Aktives Community-Management, Fragen und Bedenken beantworten: Ein spezialisiertes Social-Media-Team beantwortete Fragen und beruhigte besorgte Kunden und Partner. Es wurde besonderer Wert auf Transparenz und Empathie gelegt, zum Beispiel:

Antwort: »*@customername Wir verstehen Ihre Sorge und arbeiten hart daran, Ihre Daten so schnell wie möglich wiederherzustellen. Danke für Ihre Geduld.*«

Nutzung von Videos und Visual Content

Videobotschaften und -updates von CEO und IT-Leitung: Der CEO und der Leiter der IT-Abteilung veröffentlichten regelmäßig Videos, um die menschliche Seite des Unternehmens zu zeigen und direkt mit den Stakeholdern zu kommunizieren. So gab es zum Beispiel ein Video, in dem der CEO den aktuellen Stand erklärt, die Maßnahmen des Unternehmens beschreibt und sich bei den Kunden für ihr Verständnis bedankt.

Zusammenarbeit mit Influencern und Experten

Kooperation mit Cybersecurity-Influencern, vertrauenswürdige Quellen: TechDynamics arbeitete mit bekannten Cybersecurity-Experten zusammen, die die Maßnahmen von TechDynamics auf ihren Kanälen kommentierten und unterstützten, zum Beispiel mit folgendem Post:

»*Cybersecurity-Experte @expertname hat die Maßnahmen von TechDynamics gelobt und betont, wie wichtig Transparenz in solchen Situationen ist. #CyberSecurity #ExpertOpinion*«

Krisenbewältigung und Imagewiederherstellung

Post-Krisen-Kampagnen, Dankbarkeit und Ausblick: Nach erfolgreicher Bewältigung des Angriffs wurden Kampagnen gestartet, um sich bei den Kunden zu bedanken und die neuen Sicherheitsmaßnahmen zu erläutern, beispielsweise mit folgender Kampagne:

»*Wir sind stärker zurückgekommen! Danke für Ihre Unterstützung. Erfahren Sie mehr über unsere neuen Sicherheitsprotokolle und wie wir Ihre Daten schützen. #StrongerTogether #CyberResilience*«

Monitoring und Analyse

Social Listening, Stimmung und Feedback: Nutzung von Social-Listening-Tools, um die öffentliche Meinung zu überwachen und aufkommende Fragen oder Probleme sofort zu adressieren.

- *Aktion:* Schnellere Reaktion auf negative Kommentare und proaktive Bereitstellung von Informationen, um Unsicherheiten zu zerstreuen.
- *Ziele:* Transparenz, schnelle Reaktionen und die Zusammenarbeit mit Experten waren Schlüsselkomponenten dieser Strategie.

8 Die Aussagekraft von Bildmaterial als Stütze in der Krisenkommunikation

»*Ein Bild sagt mehr als 1000 Worte*«

(Schwarmwissen des »Volksmundes«)

Eine vernünftige und professionelle Krisenkommunikation ist nicht möglich, ohne dass man auf die Darstellungskraft der Bilder setzt, um eine Situation zu forcieren. Es sind Bilder, die eine starke emotionale Wirkung hervorrufen und deshalb im Sinne der gewünschten Zielerreichung fördernd eingesetzt werden können.

Komplexe Situationen können in einem einzigen visuellen Rahmen zusammengefasst werden, der Aufmerksamkeit erzeugen und möglichst die kritische Botschaft, die übermittelt werden soll, hervorheben soll. Diese ermöglicht dem Betrachter, unmittelbar die Herausforderung einer Situation zu erkennen, ohne dass er dazu Texte lesen und verstehen muss.

Somit ist bei der Visualisierung einer Krisensituation auch der Faktor Zeit mitbeinhaltet, denn aussagefähige Bilder haben durch ihre Darstellungskraft eine vertiefte und schnell haftende Informationsvermittlung und verbreiten sich schneller als (behördliche) Texte.

Zudem können Bilder sehr starke Emotionen auslösen, die im Sinne der gewollten Botschaft eine gewisse Dringlichkeit für eine Situation erzeugen. Dies geschieht dann meist auf Basis einer erweckten Empathie durch ein besonders ausdrucksstarkes Bild.

Ein weltweit bekanntes Beispiel hierzu war das Bild des ertrunkenen syrischen Jungen *Alan Kurdi*, das kurzzeitig die Aufmerksamkeit der Weltöffentlichkeit auf die Flüchtlingskrise lenkte (etwas detaillierter, siehe unten).

Unter normalen Umständen kann eine visuelle Darstellung dazu dienen, die Glaubwürdigkeit der bereitgestellten Information zu erhöhen.

Der Passus »unter normalen Umständen« bedeutet hier, dass durch Fakes beziehungsweise nachgearbeitete Bilder auf Basis einer Künstlichen Intelligenz (KI) diese unbeschwerte Glaubwürdigkeit mehr und mehr unterwandert wird und verflogen ist.

Allerdings wird dies bei Krisenfällen wie Naturkatastrophen eher eine untergeordnete Rolle spielen, da die Informationsverbreitung in der Regel zentralisiert ist und somit eine Deutungshoheit von dieser Stelle über eventuellen Fakes in den sozialen Medien thront. Gänzlich anders sieht dies leider im Krisenfall eines Krieges oder in der Anbahnung desselben aus. Das aktuelle Beispiel bezüglich der beidseitig gefakten Bilder und der zugrunde liegenden Falschinformationen im russischen Angriffskrieg gegen die Ukraine lässt diesbezüglich im negativem Sinne keine Wünsche offen.

Entscheidend ist hierbei auch das Vertrauen der angesprochenen Gruppe in die autorisierte Kommunikations-Zentrale. Je größer das Vertrauen zu der jeweiligen Organisation und deren Köpfe inklusive eines entsprechend professionellen Auftritts ist, umso glaubhafter wird das präsentierte Bildmaterial angenommen.

Das optimale Zusammenspiel von Bildbotschaften mit der dazugehörenden verbalen Kommunikation ist die wesentliche Verstärkung, die eine Botschaft übermittelt. Entscheidend ist dieses Zusammenwirken gerade bei Naturkatastrophen oder gesundheitlichen Extremsituationen, denn es kann durch eine gelungene Kombination sehr eindrücklich und nachhaltig wahrgenommen werden.

Der allgemein bekannte und richtige Ausspruch »Ein Bild sagt mehr als 1000 Worte« weist deutlich darauf hin, dass visuelle Botschaften eine große Aufmerksamkeit erzeugen und zumindest kurzfristig das Abstraktionsvermögen des Betrachters so stimulieren, dass die Vision länger im Gedächtnis eingebrannt wird als ein Text, auch wenn er das gleiche thematisiert.

Ein weiterer Vorteil einer Bildkommunikation ist die Universalität der Botschaft. Dies kann sowohl in unseren multikulturellen Nationen als auch in der globalen Verbreitung ein eindeutiger Vorteil sein. Es gibt keine Sprachbarrieren, die manchmal mehr verwirren als entwirren.

Für viele von uns ist der Hurrikan Katrina aus dem Jahre 2005 mit den Bildern der Verwüstung noch abrufbar. Es waren diese Bilder, die eine sofortige Welle der internationalen Hilfsbereitschaft ausgelöst hatten.

Eine gänzlich andere Botschaft vermittelten die Bilder von überfüllten Krankenhäusern, medizinischem Personal in Schutzkleidung zur COVID-19-Pandemie und den Leichenwagen, die in langen Schlangen vor den Krematorien standen.

Es waren diese Bilder, die die Lebensbedrohung durch die Pandemie visuell vermittelten und die Menschen mehrheitlich dazu sensibilisierten, die ausgerufenen Schutzmaßnahmen einzuhalten.

Psychologische Aspekte der Bildkommunikation

Lassen Sie uns kurz die psychologische Betrachtung der Prozesse, die durch einprägendes Bildmaterial entstehen können, vornehmen, um das Thema besser zu verstehen.

Die infrage kommenden psychologischen Aspekte einer Bildkommunikation sind komplex. Die Wirkung einprägsamer Bilder auf die menschliche Wahrnehmung und die dadurch auslösenden Emotionen sind das Objekt vieler wissenschaftlicher Studien.

Bilder können beim Betrachter starke emotionale Reaktionen wie Freude, Trauer, Angst oder Wut hervorrufen.

Es sind genau diese emotionalen Wirkungen, die dazu beitragen können, eine Vertiefung der eigentlich zu vermittelnden Botschaft hervorzurufen.

Bilder werden besser und länger im Gedächtnis abgespeichert als ein reiner Text. Die Wissenschaft hat dies verschlagwortet als den »*Pictorial Superiority Effect*«. Dieser Effekt besagt, dass Begriffe wesentlich besser erinnert werden, wenn sie in Bild-Form gelernt wurden anstatt in Textform.

Nachgewiesen wurde dieser Effekt bei dem Wiedererkennen von erlernten Einzelbegriffen, und zwar bei Testpersonen im hohen Erwachsenenalter wie auch bei Testpersonen in jugendlichen Jahren.

Auch bei Kindern hat man diese Untersuchungen vorgenommen und festgestellt, dass das Wiedererkennen mit dem Alter steigt. Warum dies alles jedoch so ist, konnte die Wissenschaft bis dato noch nicht erklärbar darstellen, obwohl es der theoretischen Ansätze viele gibt.

Wie auch immer: Der Volksmund und somit das Schwarmwissen der Menschen hat es schon immer gewusst: Denn »ein Bild sagt mehr als tausend Worte« heißt es, somit recht treffend.

Man sollte vielleicht öfter auf Schwarmwissen und seine einfache Ausdrucksweise zurückgreifen, denn bezogen auf Krisen jeglicher Art sagt der Volksmund im deutschen Rheinland schlicht: »Wat kütt, dat kütt!« (Übersetzung ins Hochdeutsch: »Was passiert, das passiert eben!«) Diese Einstellung impliziert eine gewisse Gelassenheit, auch bei einem größeren Unheil.

Die oben beschriebene Tatsache des bleibenden Eindruckes einer Bildbotschaft machen sich natürlich die Marketingabteilungen der Unternehmen zu Nutze.

Auch in einer Krisensituation kann durch die Eindringlichkeit einer Bildbotschaft eine latente Gefahr besonders gut bei den Betrachtern verinnerlicht werden. Bilder können die wahrnehmende Verarbeitung erleichtern, indem sie komplexe Informationen verständlicher machen. Konzepte können hiermit schneller erfasst werden und die Zusammenhänge sind erkennbarer. Dies ist von Vorteil bei einer Informationsvermittlung, die textlich zu beschreiben zu aufwändig und damit weniger nachhaltig ist.

Bilder können kulturelle und symbolische Bedeutungen transportieren. Sie können Assoziationen anregen und geistige Verknüpfungen mit Ideen oder bereits Erlebtem oder gar sehr Erwünschtem anregen. Werden Bilder von Naturkatastrophen gezeigt, lösen sie Mitleid beim Betrachter aus und triggern die Dringlichkeit, sich selbst zu schützen. Andererseits erweckt die Betrachtung von idyllischen Landschaften Ruhe und Frieden und/oder eine gewisse Sehnsucht danach.

Bilder können in Menschen ein Zusammengehörigkeitsgefühl und eine soziale Identität mit einer Gruppe auslösen. Diese Erkenntnis wird in der Werbung genutzt, um Produkte und Marken gezielt an bestimmte demografische Gruppen zu bewerben.

Schlussendlich: Leider können Bilder sehr manipulativ dazu benutzt werden, um die Wahrnehmung und das Verhalten von Menschen zu beeinflussen.

Durch eine gezielte Auswahl oder das bewusste Weglassen von Bildmaterial, durch bewusste Verfälschungen der eigentlichen, ursprünglichen Bildbotschaft können bestimmte gewollte Reaktionen hervorgerufen werden.

Dieses Mittel wird mehr und mehr bei der politischen Propaganda genutzt und hat sich auch bei demokratischen Parteien etabliert. Bei republikanischen ohnehin, wie uns ja tagtäglich die Trump'sche Fakemaschinerie beweist.

Die psychologischen Aspekte, die bewusst ausgewählte Bildbotschaften auslösen können, sind in einer professionellen Krisenkommunikation von entscheidender Bedeutung.

Auf alle Fälle ist zu vermeiden, dass der Schuss nach hinten losgeht. Deshalb sind die Sichtung und Auswahl des Bildmaterials trotz allem Zeitdruck mit äußerster Gewissenhaftigkeit durchzuführen.

Bekannte Beispiele, bei denen Bilder öffentliches Bewusstsein geschaffen und Aktionen initiiert haben

Der Vietnamkrieg

Es war das Bild des Krieges und ist auch heute noch weltweit bekannt als das »Napalm-Mädchen«. Die Aufnahme des Fotografen Nick Ut vom 28.6.1972 zeigt ein nacktes vietnamesisches Mädchen, das nach einem Napalm-Angriff voller Angst schreiend und weinend mit vier anderen Kindern die Straße hinunter rennt – auf der Flucht vor der qualmenden Feuerwand im Hintergrund.

Diese Aufnahme brachte den Schrecken und die Brutalität des Krieges direkt in die Wohnzimmer der Amerikaner und war ein wesentlicher Auslöser der Anti-Kriegs-Demonstrationen.

Das Mädchen auf dem Bild als Hauptperson hatte Verbrennungen erlitten und wurde später mit diversen Operation wieder zu einem relativ normalen Hautzustand zurückgeführt.

Hunger in Somalia

Das Foto des südafrikanischen Fotographen Kevin Carter aus dem März 1993 im Zusammenhang mit der Illustration eines Berichtes über die Hungersnot in Somalia für die New York Times zeigt einen zusammengekauerten, kurz vor dem Hungertod stehenden Jungen, der nur noch aus Haut und Knochen besteht, und einen Aasgeier, der in nur einem Meter Entfernung hinter dem Kind sitzt und auf dessen Tod wartet.

Es ist ein schockierendes Bild, aber durch dieses Foto gelang es, die globale Aufmerksamkeit kurzfristig auf die Hungersnot in Somalia zu lenken und zumindest die weltweiten Spendensummen in die Höhe zu treiben.

Übrigens: Der kleine Junge auf dem Bild hat überlebt, wie die spanische »El Mundo« berichtete.

Das Leid der syrischen Flüchtlinge

Im September 2015 wurde das Foto aufgenommen. Das Bild des ertrunkenen dreijährigen Alan Kurdi, dessen Leiche an dem türkischen Strand von Bodruman angespült wurde, erregte im September 2015 weltweit Aufmerksamkeit und löste in der Folge eine breite öffentliche Diskussion über das Leiden der Flüchtlinge aus.

Zwar änderte sich nichts an den politischen Auslösern, aber zumindest die möglichen Hilfsmaßnahmen wie Spenden et cetera wurden intensiviert.

Diese Beispiele zeigen, dass Bilder Auslöser sein können, um die Wahrnehmung und Reaktionen der Öffentlichkeit entscheidend zu beeinflussen.

Durch solches Bildmaterial werden Ereignisse prägnant dargestellt. Die dadurch erfolgte Bewusstseinsbildung kann dann dazu beitragen, Hilfsaktionen zu fördern, oder sogar verhindern, dass eine solche dargestellte Situation in der Quantität weiter eskaliert.

Die ethischen Anforderungen in der Bilderkommunikation

Es ist sicher zunächst hilfreich, den Begriff Ethik allgemeingültig zu definieren, sodass man mit einer verlässlichen Bewertung auch einen Vorgang so kategorisieren kann, dass man beurteilen kann, ob er im Sinne der Definition passt oder eben nicht.

Die allgemeingültige Definition ist: Ethik ist die Lehre beziehungsweise Theorie vom Handeln gemäß der Unterscheidung von Gut und Böse. Gegenstand der ethischen Bewertung ist das moralische Handeln der Allgemeinheit.

In diesem Sinne sind die ethischen Maßstäbe, die an die Bildkommunikation anzulegen sind, vielfältig. Sie tangieren speziell die Bereiche Authentizität, Sensibilität, Manipulation, Datenschutz und damit verbunden das Recht auf Privatsphäre.

Gut bedient sind hier alle Handelnden mit dem kategorischen Imperativ des deutschen Philosophen Immanuel Kant: »Handle so, als ob die Maxime deiner Handlung durch deinen Willen zum allgemeinen Naturgesetze werden sollte.«[1]

Bilder können manipuliert werden, um eine bestimmte Botschaft zu vermitteln. Letztlich führt dies dazu, dass die mediale Glaubwürdigkeit verloren geht und die Vertreter der Lügenpresse-Kampagnen das Vertrauen der Öffentlichkeit untergraben können.

In diesen Bereich gehört auch, wenn Bilder aus einem Kontext gerissen und somit missverständlich dargestellt werden. Dieses bewusste Weglassen oder Hinzufügen führt zu einer gewollten Fehlinformation und stellt die tatsächlichen Ereignissen verfälscht dar.

Ein hohe Sensibilität und ein respektvoller Umgang mit dem Leid der betroffenen Personen auf Bildern, die Gewalt, Tod oder Leid zeigen, muss eine Selbstverständlichkeit sein. Dass man dies nicht zur Gänze von einigen Kommentatoren des jeweiligen Bildmaterials erwarten kann, ist leider inzwischen die Regel und liegt an starken psychischen Limitationen der jeweilig Kommentierenden.

Gerade in Krisensituationen zeigt das Bildmaterial oft Menschen in schwierigen und leidvollen Situationen. Deshalb gilt hier: Die Würde und der Respekt gegenüber den abgebildeten Personen müssen gewahrt bleiben.

Bilder werden inzwischen oft gezielt zu Propagandazwecken verfremdet. Um das gewollte Ziel zu erreichen, gibt es hier inzwischen nichts, was es nicht gibt.

Dass dies nicht mit der allgemeinen Ethik übereinstimmt (wenn diese überhaupt in dem jeweiligen Land eine allgemeine ist und nicht eine ausschließliche des jeweiligen Despoten), ist leider so und der menschlichen Fehlprogrammierung eines Machtgier- und Machterhaltungsprogrammes geschuldet.

Ein relativ einfach, zumindest in den Bereichen der Europäischen Union, zu händelndes Thema im Zusammenhang mit Bildveröffentlichungen ist die Einhaltung des gesetzlichen Datenschutzes und des damit einhergehenden Schutzes der Privatsphäre.

Es bedarf in der Regel der Einwilligung der Abgelichteten. Sollten Bilder ohne diese Einwilligung veröffentlicht werden, kann dies ein ernsthaftes finanzielles Nachspiel für den Veröffentlichenden bedeuten.

Eine leider immer größere Verbreitung findet die kommerzielle Ausnutzung von schockierenden Bildern oder Videomaterial.

Inzwischen ist es schon fast bei jedem Unfall üblich, dass Personen – anstatt zu helfen oder den Weg für die Rettungskräfte frei zu machen –, ihre Smartphones betätigen, um ein Sensationsfoto oder -video zu posten.

Über die Abwesenheit von Mitgefühl und Schamgefühl bei diesen Wesen möchten wir uns hier nicht weiter auslassen, aber offensichtlich bedienen sie dennoch einen Zeitbedarf bei ähnlich schwach Strukturierten, denn die Klickraten bei diesen Perversionen sind das Ziel und werden oft sogar erreicht.

Einerseits ist die Kraft der Bilder in der Krisenkommunikation unstrittig, denn sie sind entscheidend für die effektive Verbreitung von Informationen und das Hervorrufen von Reaktionen.

Andererseits muss die Verwendung des Bildmaterials sehr sorgfältig abgewogen werden, denn eine ethisch verantwortungsvolle Bildkommunikation ist essenziell für den Erfolg in der Krisenbewältigung.

Fallbeispiel als Leitfaden: »Die Kraft der Bilder«

Das Krisenteam beschloss, neben den traditionellen Kommunikationsmethoden auch visuelle Mittel einzusetzen, um die Krise effektiv zu bewältigen.

- *Erste visuelle Stellungnahme:*
  Innerhalb der ersten Stunde nach dem Angriff veröffentlichte TechDynamics ein kurzes Video auf ihrer Website und in den sozialen Medien. Der CEO erklärte persönlich die Situation und zeigte auf einem Bildschirm im Hintergrund eine grafische Darstellung des Angriffs. Das Video vermittelte Transparenz und Engagement und beruhigte die Kunden, indem es zeigte, dass das Unternehmen die Kontrolle über die Situation hatte.

- *Infografiken zur Erklärung der Maßnahmen:*
  TechDynamics erstellte eine Serie von Infografiken, die die einzelnen Schritte der Gegenmaßnahmen erklärten. Diese Grafiken wurden in Echtzeit aktualisiert und über die Website und soziale Medien verteilt. Kunden konnten auf einen Blick sehen, welche Maßnahmen ergriffen wurden, um den Angriff zu stoppen und die Daten zu sichern.

- *Visuelle Updates für interne Kommunikation:*
  Auch intern setzte das Unternehmen auf visuelle Kommunikation. In regelmäßigen Abständen wurden interaktive Präsentationen und Diagramme über das Intranet verbreitet, die den aktuellen Stand der Wiederherstellungsarbeiten und die nächsten Schritte zeigten. Dies half, die Mitarbeiter zu informieren und sie auf dem Laufenden zu halten.

- *Einsatz von Animationsvideos:*
  Um komplexe technische Details verständlich zu machen, produzierte TechDynamics kurze Animationsvideos. Diese Videos erklärten, wie der Angriff ablief, welche Schwachstellen ausgenutzt wurden und wie die Wiederherstellung voranschritt. Die Kunden und die Öffentlichkeit erhielten so verständliche und ansprechende Informationen.

- *Visuelle Danksagungen und Anerkennung:*
  Nach dem Angriff veröffentlichte TechDynamics ein Video, das die harte Arbeit und das Engagement des Krisenteams und der Mitarbeiter hervorhob. Es zeigte Bilder und kurze Clips der Menschen, die unermüdlich daran gearbeitet hatten, die Systeme wiederherzustellen. Dieses Video diente nicht nur der Transparenz, sondern stärkte auch den Zusammenhalt und die Moral innerhalb des Unternehmens.

9 Qualität vor Tempo

Die Krisenkommunikation ist oft ein Balanceakt zwischen schneller und qualitativ hochwertiger Information. Denn der Druck, zeitnah kommunizieren zu müssen, kann dazu führen, dass die Qualität und die Genauigkeit der zu vermittelten Informationen leiden. Liegt allerdings der Fokus sowieso auf Offenheit und Wahrhaftigkeit, wird dieser vermeintliche Spagat zu einer leichten Übung.

Hierbei ist dann eher die Herausforderung, trotz aller Schnelligkeit, die Qualität der Informationen zu verifizieren.

Qualität schlägt Tempo in der Krisenkommunikation! Durch die Wahrung von Genauigkeit, Wahrhaftigkeit und Transparenz können Organisationen das Vertrauen der Öffentlichkeit stärken und die langfristigen Auswirkungen der Krise minimieren.

Obwohl der Druck groß sein kann, schnell zu reagieren, zeigt die Erfahrung, dass eine durchdachte und gut vorbereitete Kommunikation entscheidend ist, um die Integrität und Effektivität der Krisenbewältigung zu bedienen.

Genauigkeit der Informationen

Somit ist die alles entscheidende Frage an dieser Stelle: Wie kann die Genauigkeit von Informationen in einer Krise trotz Zeitdruck sichergestellt werden?

Die Grundlage für die Sicherstellung von Genauigkeit in den Informationen in einer Krise trotz Zeitdruck benötigt eine bestens strukturierte Vorgehensweise. Eine chronologische Aufarbeitung dieses Themas würde wie folgt aussehen:

Es ist immer wieder der Krisenplan, der uns bei diesen Betrachtungen auf die Füße fällt. Für unser Thema hier ist es nun der Part, der die Verantwortlichkeiten speziell und die Ressourcen generell festlegt.

Es muss zweifelsfrei identifiziert sein, welche Ressourcen (Personen, Tools, Informationen) zur Verfügung stehen und wie sie im Krisenfall eingesetzt werden können.

Für die erforderliche Schnelligkeit ist ein regelmäßiges Training anhand von Simulationen erforderlich. Die Abläufe müssen so verinnerlicht sein, dass sie quasi automatisiert ablaufen können – natürlich immer unter der Berücksichtigung der schnellen Einstellung auf unerwartete Vorgänge.

Es ist wie bei einem Boxer, der millionenfach Schlagabfolgen am Sandsack trainiert hat und sich deshalb im Kampf auf die jeweilige Situation einstellen kann und dann abruft. Das heißt, er muss sich keine Gedanken über die Schnelligkeit seiner Hände machen, denn er weiß, dass dies so ist. Es geht nur noch darum, wohin er die schnellen Hände platziert.

Wenn Sie das Krisennotfallteam berufen, müssen Sie selbstverständlich sicherstellen, dass dort alle benötigten Fachkompetenzen zusammen kommen, damit Sie auf die verschiedenen Aspekt einer Krise reagieren können. Die Bereiche Kommunikation, Recht, IT, PR sollten auf jeden Fall mit involviert sein.

Innerhalb des Teams muss klar sein, wer welche Rolle und welche Verantwortung hat. Jeder im Team muss seine Aufgaben kennen.

Der nächste Schritt wäre die Einrichtung einer zentralen Stelle oder Plattform für die Sammlung und Verifizierung von Informationen. Hier werden alle verfügbaren Informationen aus zuverlässigen Quellen gesammelt und dokumentiert.

An dieser Stelle hat sich das Sechs-Augen-Prinzip bewährt. Eingehende Informationen sollten durch mehrere Teammitglieder geprüft und bestätigt, bevor sie weitergegeben oder veröffentlicht werden.

Jede Organisation und jedes Unternehmen hat Informationskanäle, die sich etabliert haben und denen man vertrauen kann. Nutzen Sie nun diese Kanäle, aber verifizieren Sie die Nachrichten dennoch. Denn in einer Krise können auch vertraute Informanten oder Kanäle den Überblick verlieren und dann haben Sie den zusätzlichen Schaden.

Gerade im Krisenfalle ist Vorsicht die Mutter der Porzellankiste.

Alle Teammitglieder stets auf dem gleichen Informationsstand zu halten bedeutet, dass es ein mehrfach überprüftes Kommunikationssystem gibt, das die Informationen auch innerhalb des Teams hält.

Zu einem Krisen-Kommunikationsplan gehören auch Checklisten, die Sie abarbeiten, bevor Sie Informationen an die Öffentlichkeit weitergeben (am Ende dieses Kapitels finden Sie das Beispiel einer solchen Checkliste).

Sind die Informationen gemäß der Checkliste relevant, muss dennoch eine Prüfung durch mehrere dafür benannte Fachleute erfolgen, die letztlich durch ihre Genehmigung die Information freigeben. Zu der Prüfung gehört auch, die Konsistenz der Nachricht sicherzustellen. Dies bedeutet, dass die Information mit allen bisherigen veröffentlichten Informationen bezüglich Aussagen im Einklang ist.

Als hilfreich hat sich erwiesen, Tools zur Überwachung von Echtzeitdaten und -informationen einzusetzen, um schnell auf neue Entwicklungen reagieren zu können. Auch die Zusammenarbeit und Kommunikation im Team wird ohne Kollaborations-Tools nicht funktionieren.

Um auf das obige Beispiel noch einmal zurückzukommen: Der Boxer trainiert tagtäglich seine Schnelligkeit, um sie dann im Fight abrufen zu können. Genauso sollte es auch mit der Krisenkommunikation sein. Natürlich nicht tagtäglich, aber schon in überschaubaren Intervallen. Denn je besser Sie durch die jeweiligen Simulationen trainiert sind, umso schneller ist Ihre Reaktionsfähigkeit in der Krise.

Nach jeder Übung (und natürlich auch bei einer realen Krise) wird Feedback eingesammelt, um die Abläufe kontinuierlich zu verbessern.

Wenn Sie informieren, zumal unter Zeitdruck, muss gewährleistet sein, dass Transparenz und Ehrlichkeit gewahrt bleiben. Man kann dies nicht oft genug sagen, denn wenn Sie an dieser Stelle verreißen, wird der Schaden immens. Wenn Informationen unklar sind, weil sie noch nicht vollumfänglich verifiziert werden konnten, Sie sich aber dennoch entschlossen haben, diese zu verkünden, sollte dies offen und klar zum Ausdruck kommen.

In der Retrospektive zu diesen Punkten lässt sich zusammengefasst sagen, dass die Eckpunkte:

- Vorbereitung und Planung,
- Verifizierung und Genehmigung,
- Nutzung von Technologie und
- transparente Kommunikation

berücksichtigt werden sollten.

Durch diese Maßnahmen kann die Genauigkeit von Informationen auch unter hohem Zeitdruck gewährleistet werden.

Überstürzte Kommunikation

In einer Krise kann überstürzte Kommunikation erhebliche Risiken und negative Konsequenzen mit sich bringen. Hier sind einige der wichtigsten Kriterien, die vermieden werden sollten:

Eine zu schnelle und nicht verifizierte Kommunikation kann dazu führen, dass unvollständige und/oder fehlerhafte Informationen verbreitet werden. In der Regel sorgt das für Verwirrung und trägt nicht dazu bei, eine Krise zu beruhigen.

Werden Informationen gegeben, die nicht gründlich genug geprüft wurden, können sich sehr schnell Gerüchte verbreiten, speziell in den Social-Media-Kanälen, die nur äußert mühsam wieder richtig gestellt werden können ... wenn überhaupt.

Die Öffentlichkeit benötigt das Vertrauen in die Maßnahmen und Einschätzungen der Organisation. Dies wird durch ungenaue oder widersprüchliche Informationen unterminiert und beeinträchtigt auch die Stakeholder und die Mitarbeiter bei ihrer Vertrauensbildung.

Unternehmen leben von ihrer Reputation am Markt. Wird diese durch eine unüberlegte, falsche oder zögerliche Kommunikation untergraben, kann dies zu langfristigen Vertrauensverlusten führen. Nicht wenige Unternehmen sind auf diesem Glatteis in die Insolvenz gerutscht.

Falsche oder missverständliche Aussagen können sogar rechtliche Folgen haben, die Klagen oder regulatorische Sanktionen durch Behörden mit sich bringen können.

Auch die Stolperfallen der Vertragsverletzungen lauern hier. Werden beispielsweise Zusicherungen gemacht, die dann nicht eingehalten werden können, wird dies mit absoluter Sicherheit ein juristisches Nachspiel haben.

Unbedachte Äußerungen, zumal in einer emotionalen Ausnahmesituation, können eine Krise verschlimmern und zu panikartigem Verhalten bei Betroffenen führen.

Bei Aktienunternehmen sind es nicht selten gewaltige Kursschwankungen, die durch unbedachte und nicht klare Informationen ausgelöst werden. Gerade in diesem Bereich ist jedes noch so kleine Beiwort, was in Vermutungen gedreht und gewendet werden kann, riskant.

Es ist Tatsache, dass schon ein einmaliger Kommunikationsfehler in einer Krisensituation langfristige Auswirkungen auf das Ansehen und die Marke einer Organisation haben kann. Verlorenes Vertrauen und eine geringe Glaubwürdigkeit am Markt werden zukünftige Geschäftsmöglichkeiten und Partnerschaften erheblich minimieren.

Ergo: Eine überstürzte Kommunikation in einer Krise kann schwerwiegende und weitreichende negative Auswirkungen haben. Von daher ist es essenziel, in der Krisenkommunikation sorgfältig und überlegt vorzugehen, um diese Risiken zu minimieren und die Krise effektiv zu bewältigen.

Qualitätssicherung vor Geschwindigkeitsrausch

Eine Strategie zur Wahrung der Priorisierung von Qualität vor Tempo in einer Krisenkommunikation soll sicherstellen, dass die Informationen korrekt, konsistent und effektiv sind, auch wenn es darauf ankommt, unter Zeitdruck schnell reagieren zu müssen.

Die wesentlichen Bestandteile einer solchen Strategie sind bereits en détail erklärt worden. Der Vollständigkeit halber seien sie aber zumindest als Stichpunkte in dieser Reihenfolge immer wieder aufgeführt, getreu dem Motto: »Steter Tropfen höhlt den Stein.«

Wir werden hier nur noch auf die Punkte ausführlicher eingehen, die außerhalb der von Ihnen ja nun bereits verinnerlichten allgemeinen Vorbereitungen liegen und die spezifisch mit dem Thema des Kapitels zu tun haben. Wir haben diese Punkte hier *kursiv* ausgeführt.

Die Übersicht-Matrix:

- Vorbereitung und Planung
- Krisenkommunikationsplan erstellen
- Krisenteam festlegen
- Vorlagen und Checklisten
- Schulung und Training

Sofortige Bewertung:

Bei einer Krise ist als Erstes eine Bewertung der Situation vorzunehmen, um die Schwere und den Umfang der Krise zu verstehen.

Alle verfügbaren Informationen werden zunächst gesammelt und dann validiert. Erst danach findet eine Kommunikation statt.

Geben Sie auch nicht der Verlockung nach, so schnell wie möglich einen Trend erkennen zu wollen, um diesen zu verkünden.

Schon die nächste Meldung, die Sie noch hätten sichten sollen, kann dies umkehren!

Qualitätssicherung vor Veröffentlichung

Verankern Sie einen glasklaren Genehmigungsprozess so, dass alle diesen kennen und, noch wichtiger, alle diesen auch einhalten. Nachrichten werden durch mehrere Mitarbeiter gesichtet und freigegeben, bevor sie veröffentlicht werden.

Da Sie nicht zeitgleich alle Kanäle bedienen können, müssen Sie priorisieren. Dies gilt vor allem für die Stakeholder. Zum Beispiel werden die eigenen Mitarbeiter vor den Mitarbeitern der Franchisenehmer informiert.

Manchmal sind keine Neuigkeiten auch gute Nachrichten. Erstellen Sie daher regelmäßige Updates, auch wenn es keine Neuigkeiten gibt. Dennoch werden die Stakeholder sich informiert fühlen, wenn Sie genau dies verkünden.

Überwachung und Anpassung

Die Reaktionen der Medien, der Öffentlichkeit und anderer Stakeholder müssen kontinuierlich überwacht werden. Sie müssen wissen, in welche Richtung das Pendel der öffentlichen Meinung ausschlägt. Jederzeit!

Denn je nach Pendelausschlag muss die Kommunikationsstrategie basierend auf dem Feedback und den Reaktionen angepasst werden, um Missverständnisse zu vermeiden und neue Informationen zu integrieren.

Nutzung von Holding Statements

Vorbereitete Statements sind ein wesentlicher Bestandteil eines Krisenkommunikationsplans, da sie sicherstellen, dass die

Nutzung von Holding Statements 147

Kommunikation schnell und vor allem konsistent erfolgt. Dazu einige Beispiele von vorbereiteten Statements für verschiedene Krisenszenarien:

- *Mögliches Statement zu einer Naturkatastrophe:*
»Unsere Gedanken sind bei allen, die von dieser Katastrophe betroffen sind. Die Sicherheit und das Wohl der Bürger, unserer Mitarbeiter und Kunden haben für uns höchste Priorität. Wir arbeiten eng mit den lokalen Behörden zusammen, um die Situation zu bewerten und Unterstützung zu leisten. Weitere Updates folgen, sobald wir mehr Informationen haben. In der Zwischenzeit stehen Ihnen rund um die Uhr unsere Notfallkontakte zur Verfügung, um Hilfe zu koordinieren.«

- *Eine Statement-Variante zu einem Vorfall des Datenverlustes oder einer Datenschutzverletzung:*
»Wir haben einen sicherheitsrelevanten Vorfall festgestellt, bei dem ein unberechtigter Zugriff auf unsere Systeme erfolgte. Unsere IT- und Sicherheitsteams arbeiten rund um die Uhr, um den Vorfall einzugrenzen und die Sicherheit unserer Systeme wiederherzustellen. Wir setzen alles daran, die Betroffenen so schnell wie möglich zu informieren und Unterstützung bereitzustellen. Weitere Informationen und Anweisungen werden so schnell wie möglich bekannt gegeben. Der Schutz Ihrer Daten hat für uns die höchste Priorität, und wir werden alles unternehmen, um diese Sicherheit vollumfänglich wieder herzustellen.«

- *Der Vorschlag zu einem Produktrückruf:*
»Wir haben uns entschieden, XYZ freiwillig zurückzurufen, da es Bedenken hinsichtlich der Produktreinheit gibt. Die Sicherheit und Zufriedenheit unserer Kunden sind für uns von größter Bedeutung. Wir bitten daher alle Kunden, die betroffenen Produkte nicht zu verwenden und sich mit unserem Kundendienst in Verbindung zu setzen, um weitere Anweisungen zu erhalten. Wir arbeiten eng mit den zuständigen Behörden

zusammen und werden Sie bei neuen Erkenntnissen umgehend informieren. Wir entschuldigen uns für die Unannehmlichkeiten und danken Ihnen für Ihr Verständnis.«

- *So oder ähnlich könnte ein Statement bei einem Skandal oder Fehlverhalten eines Mitarbeiters aussehen:*
»Wir sind uns der Vorwürfe gegen Max Mustermann bewusst und nehmen diese absolut ernst. Wir haben umgehend eine Untersuchung eingeleitet, um die Fakten zu klären. Während dieser Zeit wurde Max Mustermann beurlaubt. Wir verpflichten uns zu höchsten ethischen Standards und werden darum gewährleisten, dass alle geeigneten Maßnahmen ergriffen werden. Sobald die Untersuchung abgeschlossen ist, werden wir Sie umgehend informieren. Wir danken Ihnen für Ihr Verständnis und Ihre Geduld.«

- *Das eventuelle Statement bei einer Betriebsunterbrechung (zum Beispiel durch Feuer oder technische Probleme):*
»Aufgrund von technischen Problemen sind unsere Betriebsabläufe derzeit unterbrochen. Unsere oberste Priorität ist die Sicherheit unserer Mitarbeiter und die Wiederherstellung des normalen Betriebs. Unsere Notfallpläne wurden aktiviert, und wir arbeiten eng mit den örtlichen Behörden zusammen, um die Situation zu bewältigen. Wir entschuldigen uns für die Unannehmlichkeiten und werden regelmäßige Updates bereitstellen, sobald weitere Erkenntnisse verfügbar sind.«

- *Unser Vorschlag eines Statements bei finanziellen Problemen oder einer Insolvenz:*
»Wir möchten unsere Stakeholder darüber informieren, dass wir derzeit mit finanziellen Herausforderungen kämpfen müssen. Wir prüfen aufs Sorgfältigste alle verfügbaren Optionen, um die finanzielle Stabilität unseres Unternehmens zu sichern und den Geschäftsbetrieb fortsetzen zu können. Unsere Priorität ist es, unsere Verpflichtungen gegenüber unseren Kunden, Mitarbeitern und Partnern zu erfüllen. Wir werden Sie weiterhin über unsere Fortschritte informieren und danken Ihnen für Ihre Unterstützung in dieser schwierigen Zeit.«

Wie Sie sicherlich erkannt haben, beinhalten alle Statements Kernbotschaften, die abgebildet wurden.

Empathie und Verständnis ist die Botschaft, die darüber entscheidet, ob Sie als technokratisches oder tatsächlich als verantwortungsbewusstes Unternehmen, dem Wohl und Wehe der betroffenen Personen am Herzen liegen, wahrgenommen werden.

Zeigen Sie Mitgefühl und Verständnis für die Betroffenen.

Die weitere Kernbotschaft, die in einem Statement abgebildet sein muss, ist Klarheit und Transparenz. Geben Sie klare und präzise Informationen über die Situation und die getroffenen Maßnahmen.

Wegducken ist keine Option in der Informationsverkündung eines negativen Vorganges!

Zeigen Sie, dass Sie und die Organisation die volle Verantwortung übernehmen und die Situation mit aller notwendigen Ernsthaftigkeit behandeln.

Definieren Sie die weitere Vorgehensweise bezüglich Informations-Updates. Informieren Sie über die nächsten Schritte und versprechen Sie weitere Updates, sobald mehr Informationen verfügbar sind.

Zeigen Sie sich rund um die Uhr erreichbar! Geben Sie Kontaktinformationen an, über die Betroffene weitere Informationen oder Unterstützung erhalten können.

Vorbereitete Statements obiger Art müssen regelmäßig überprüft und an die spezifischen Bedürfnisse und Gegebenheiten der Organisation angepasst werden.

Ein Krisen-Kommunikationsplan beinhaltet normalerweise mehrere *Checklisten*, um sicherzustellen, dass die Kommunikation effizient, präzise und konsistent abläuft. Hier folgen verschieden Checklisten, die in einen solchen Plan aufgenommen werden könnten:

1. *Erstbewertung der Krise/Art der Krise:*
   - Was ist passiert (Naturkatastrophe, Unfall, Skandal et cetera)?
   - Betroffene: Wer ist betroffen (Mitarbeiter, Kunden, Öffentlichkeit et cetera)?
   - Ausmaß der Krise: Wie schwerwiegend ist die Krise (lokal, regional, national)?

2. *Sofortmaßnahmen:*
   - Welche Sofortmaßnahmen wurden ergriffen?
   - Verantwortliche Personen: Wer ist für die Krisenbewältigung zuständig?

3. *Informationssammel- und Bestätigungsprozess:*
   - Quellen: Welche Informationen sind verfügbar und aus welchen Quellen stammen sie?
   - Validierung: Sind die Informationen verifiziert und korrekt?
   - Zusammenfassung: Eine prägnante Zusammenfassung der gesammelten Informationen erstellen.
   - Kontinuität: Regelmäßige Updates der Informationen sicherstellen.

4. *Botschaften und Sprachregelungen:*
   - Hauptbotschaften: Was sind die wichtigsten Punkte, die vermittelt werden sollen?
   - Zielgruppen: Welche Botschaften sind für welche Zielgruppen relevant?
   - Empathie und Verantwortung: Vermitteln die Botschaften Empathie und zeigen sie Verantwortung?
   - Konsistenz: Sind die Botschaften konsistent und klar formuliert?

5. *Freigabe und Genehmigung:*
   - Prüfung: Sind alle Informationen und Botschaften geprüft und freigegeben?

- Genehmigung: Wurde die finale Kommunikation von den zuständigen Personen genehmigt?
- Rechtsabteilung: Wurde die Kommunikation von der Rechtsabteilung überprüft, um rechtliche Risiken zu minimieren?

6. *Kommunikationskanäle und -methoden:*
   - Über welche Kanäle wird die Kommunikation erfolgen (Pressemitteilungen, Social Media, interne Memos et cetera)?
   - Ansprechpartner: Wer sind die offiziellen Sprecher und wie sind sie erreichbar?
   - Verfügbarkeit: Sind alle technischen Mittel und Plattformen bereit und funktionsfähig?

7. *Veröffentlichung und Verteilung:*
   - Timing: Wann soll die Information veröffentlicht werden (Zeitpunkt und Häufigkeit)?
   - Verteilungsplan: Wie werden die Informationen verteilt und wer ist dafür verantwortlich?
   - Feedback-Mechanismen: Sind Mechanismen zur Aufnahme und Bearbeitung von Feedback eingerichtet?

8. *Monitoring und Nachverfolgung/Medienbeobachtung:*
   - Werden Medienberichte und Social-Media-Aktivitäten überwacht?
   - Feedback-Auswertung: Wie wird das Feedback der Öffentlichkeit ausgewertet und verarbeitet?
   - Folgekommunikation: Plan für notwendige Folgekommunikationen und Updates.

Diese Checklisten sollen helfen, sicherzustellen, dass während einer Krise alle relevanten Aspekte der Kommunikation berücksichtigt und effizient umgesetzt werden.

Fallbeispiel als Leitfaden: »Qualität vor Tempo«

Das Krisenteam hatte einen weiteren Leitspruch und beschloss die Strategie »*Qualität vor Tempo*«. Das hieß konkret:

1. *Sorgfältige Analyse vor der ersten Kommunikation:*

   IT-Experten untersuchten das Ausmaß des Schadens, identifizierten die betroffenen Systeme und sammelten alle relevanten Informationen. Das Ziel war es, ein genaues Bild der Lage zu bekommen, bevor man an die Öffentlichkeit trat.

2. *Geplante und durchdachte Kommunikation:*

   Nachdem das Ausmaß des Angriffs klar war, bereitete das Kommunikationsteam eine detaillierte und durchdachte Stellungnahme vor. Diese wurde mehrfach überprüft, um sicherzustellen, dass alle Informationen korrekt und vollständig waren. Dann wurde die Stellungnahme veröffentlicht. Darin wurden der Angriff erklärt, das Engagement des Unternehmens zur Lösung des Problems betont und ein grober Zeitplan für die nächsten Schritte gegeben.

3. *Regelmäßige, fundierte Updates:*

   TechDynamics entschied sich für regelmäßige, aber fundierte Updates anstatt schneller, möglicherweise ungenauer Informationen. Diese Updates wurden in festgelegten Intervallen veröffentlicht und enthielten stets gut recherchierte und überprüfte Informationen über den Fortschritt der Wiederherstellungsarbeiten.

4. *Transparenz und Ehrlichkeit:*

   In jeder Kommunikation legte TechDynamics großen Wert auf Transparenz und Ehrlichkeit. Anstatt schnelle Lösungen zu versprechen, wurde offen über die

Herausforderungen und den aktuellen Stand der Wiederherstellungsarbeiten gesprochen. Kunden und Partner wurden darüber informiert, was bisher erreicht wurde und welche Schritte als Nächstes geplant waren.

5. *Einsatz von Experten:*

    Für die Krisenkommunikation wurden nicht nur interne Mitarbeiter, sondern auch externe Experten herangezogen. Kommunikationsexperten halfen dabei, die Botschaften klar und verständlich zu formulieren, während IT-Sicherheitsexperten die technischen Aspekte erklärten. Dies stellte sicher, dass alle Informationen sowohl verständlich als auch technisch korrekt waren.

6. *Qualitätskontrolle und Feedback-Mechanismen:*

    Jede Veröffentlichung durchlief einen strengen Qualitätskontrollprozess. Zudem wurde ein Feedback-Mechanismus eingerichtet, über den Kunden und Partner ihre Fragen und Bedenken äußern konnten. Diese Rückmeldungen wurden ernst genommen und flossen in die folgenden Updates ein, um sicherzustellen, dass die Kommunikation den Bedürfnissen der Stakeholder entsprach.

10 Ausstattung und Ressourcen

Die professionelle Kommunikation in Krisenzeiten erfordert eine sorgfältige Planung und die Bereitstellung angemessener personeller, räumlicher und technischer Ressourcen.

Unternehmen, die in diese Bereiche investieren und ein qualifiziertes, gut vorbereitetes Kommunikationsteam haben, sind besser in der Lage, auf Krisen zu reagieren, die öffentliche Wahrnehmung positiv zu beeinflussen und letztendlich die Krise effektiver zu managen.

Durch die Einrichtung eines spezialisierten Krisenkommunikationszentrums und die Implementierung moderner Technologien kann die Kommunikationsfähigkeit in kritischen Zeiten entscheidend verbessert werden.

Personelle Anforderungen

Fachkompetenz in Krisenkommunikation

Die Mitarbeiter und Mitarbeiterinnen, die in der Krisenkommunikation tätig sein sollen, benötigen spezielle Erfahrung und gewisse charakterliche Ausprägungen. Es geht auch nicht nur um Fachwissen in den Bereichen Public Relations und Kommunikation, sondern auch um ein Verständnis für Krisenmanagement. Fachleute sollten in der Lage sein, schnell zu reagieren, die Situation richtig einzuschätzen und entsprechende Kommunikationsstrategien zu entwickeln.

Ein effektives Krisenkommunikationsteam muss eine Vielzahl von Fachkompetenzen abdecken, um auf die verschiedenen Aspekte einer Krise reagieren zu können. Hier sind die wesentlichen Fachkompetenzen, die in einem Krisenkommunikationsteam vorhanden sein sollten, aus unserer Sicht beschrieben:

Die Mitglieder des Krisenkommunikationsteams benötigen natürlich Kompetenz im Kommunikationsgeschäft. Das heißt, sie müssen die Fähigkeit besitzen, mit den Medien und der Öffentlichkeit mindestens auf Augenhöhe zu kommunizieren, Pressemitteilungen zu verfassen und Medienanfragen zu beantworten. Die schriftliche und mündliche Kommunikation ist klar, prägnant und höchstmöglich effektiv. Optimal wäre natürlich, wenn der gesamte Austausch mit den Medienvertretern schon auf einer stabilen Beziehung aufgrund langjähriger gemeinsamer Projekterfahrungen stattfinden könnte.

Die Social-Media-Kompetenz ist inzwischen unumgänglich. Darunter versteht man die Fähigkeit, die Social-Media-Kanäle zu überwachen, zu verwalten und zu nutzen. Einher damit geht die Überwachung und Analyse von Social-Media-Aktivitäten, Trends und Stimmungen.

Im gesamten Krisenmanagement muss die Kompetenz der Durchführung einer Notfallplanung, die die Entwicklung und Umsetzung von Krisenplänen und -Strategien abbildet, vorhanden sein. Zu diesem Ansatz gehört aber auch die Befähigung, schnell und effektiv auf Krisensituationen zu reagieren.

Der Bereich Analyse und Recherche beinhaltet die Befähigung, Daten zu sammeln, zu analysieren und zu interpretieren, um fundierte Entscheidungen zu treffen. Dies beinhaltet die Fähigkeit, relevante Informationen schnell zu finden und zu bewerten.

Projektmanagement bedeutet die Fähigkeit, Projekte zu planen, zu organisieren und zu koordinieren. Dieser Erfahrungsschatz muss im Team vorhanden sein.

Im Team, aber auch als Kopf des Teams sollte jemand die dazu benötigten Führungsqualitäten haben. Da diese Fähigkeiten nicht auf den Bäumen wachsen, kommen für diese Teamfunktion nur Personen in Frage, die ihre Eignung schon nachgewiesen haben und möglichst von keinem anderen Teammitglied diesbezüglich in Frage gestellt werden.

Innerhalb des Teams müssen die IT-Kenntnisse von einem oder besser noch mehreren Teammitgliedern personalisiert sein. Nichts ist schlimmer, als wenn zur Unzeit Systeme ausfallen und kein Experte greifbar ist, der dies wieder in Ordnung bringt. Der andere Aspekt hierzu ist aber auch, je nach Krisenfall, eine Expertise, um die externen Vorgänge, die unter Umständen IT-mäßig eine Rolle gespielt haben, richtig einordnen zu können.

Diese Experten verfügen dann in der Regel auch über die benötigten Kenntnisse der Sicherheitsanforderungen und Best Practices im Bereich Datensicherheit.

Unabdingbar ist die rechtliche Kompetenz im Team. Dies bezieht sich sowohl auf das Medienrecht bezüglich des Verständnisses der rechtlichen Rahmenbedingungen und den Vorschriften hierzu als auch auf die relevanten Datenschutzgesetze und -vorschriften.

Für jedes Team, zumal in solch außergewöhnlichen Situationen, ist die psychologische Kompetenz hilfreich. Dies betrifft sowohl die Einschätzung der externen Situation als auch einer möglichen Intervention innerhalb des Teams.

Bei Krisen, die auch einen internationalen Aspekt haben, ist die Abbildung der interkulturellen Kompetenz essenziell. Das Verständnis und die Sensibilität für kulturelle Unterschiede und deren Einfluss auf die Kommunikation müssen berücksichtigt werden.

Natürlich ist es ebenso unabdingbar, eine möglichst große Mehrsprachigkeit im Team zu haben, um unter Umständen auch länderspezifisch reagieren zu können.

Eine ausgewiesene Befähigung bezüglich strategischen Denkens würde die Teamkompetenzen hervorragend abrunden. Hierbei geht es um eine zielgerichtete Kommunikation, die bereits jetzt auf die langfristigen Ziele der Organisation ausgerichtet ist.

Durch die Kombination dieser Fachkompetenzen kann ein Krisenkommunikationsteam effektiv auf eine Vielzahl von Krisensituationen reagieren und die Integrität und das Ansehen der Organisation auf dem gewünschten Level darstellen.

Erfahrung und Stressresistenz

Nach der Notwendigkeit einer Team-Melange, um möglichst alle Eventualitäten abdecken zu können, betrachten wir nun die Voraussetzungen der *einzelnen Teammitglieder*, die diese auch außerhalb der fachlichen Kompetenzen mitbringen sollten.

Die Mitarbeiter und Mitarbeiterinnen im Bereich der Krisenkommunikation sollten über Erfahrung im Umgang mit stressigen Situationen verfügen und in der Lage sein, unter Druck präzise und bedacht zu arbeiten. Die Fähigkeit, ruhig und entschlossen zu handeln, ist entscheidend, um während einer Krise effektiv kommunizieren zu können.

Nicht jeder wird diese haben können, aber es ist zumindest wünschenswert, wenn ein oder mehrere Teammitglieder bereits Krisenerfahrungen mit einbringen können.

Wichtig ist aber auch die Bereitschaft des Einzelnen, sich überhaupt solch einer Situation stellen zu wollen.

Wenn keine Krisenerfahrung vorhanden ist, sollte zumindest die Erfahrung in der Arbeit mit Medien vorhanden sein. Dies bezieht sich auf die Bearbeitung von Medienanfragen, die Durchführung von Pressekonferenzen und die Kommunikation mit Journalisten.

Die Fähigkeit, klare und präzise Nachrichten zu verfassen, die die gewünschte Botschaft auch vermitteln, ist unabdingbar.

Ebenfalls wünschenswert, aber schwer zu finden ist die Erfahrung in der Nutzung sozialer Medien zur Krisenbewältigung und -kommunikation.

Eine ganz wesentliche Rolle ist die des Team-Verantwortlichen. Dass hier ein großes Maß an Führungserfahrung vorhanden sein muss, erklärt sich durch die zu bewältigende Situation.

Natürlich ist es wünschenswert, wenn an dieser Stelle Erfahrung in der Leitung von Teams, insbesondere in stressigen und hochdruckgeladenen Situationen vorhanden ist, aber häufig kann dies gar nicht der Fall sein.

Was man jedoch beurteilen kann, ist, ob der Teamlead Erfahrungen im schnellen und effektiven Lösen von Problemen unter Druck hat. Solche Situationen gibt es im normalen Ablauf von Unternehmen durchaus öfter, als man denkt.

In solchen Situationen zeigt es sich auch, ob die Fähigkeit, ruhig und besonnen auch in stressigen und chaotischen Situationen zu bleiben, vorhanden ist.

Meist geht eine solche Gelassenheit auch mit einer emotionalen Intelligenz einher, die es ermöglicht, die eigenen Emotionen und die Emotionen anderer zu erkennen und effektiv zu managen. Was hier bedeutet, dass man die eigenen Pferde an der Kandare hält und die der anderen, die bereits durchgegangen sind, wieder einfangen kann.

Eine Krisensituation bringt es mit sich, dass mehrere Aufgaben gleichzeitig zu bewältigen sind, ohne dass die Qualität der Arbeit beeinträchtigen wird.

Auch das kann bei weitem nicht jeder, auch wenn viele dies von sich behaupten. Aber Privatgespräche zu führen und dabei eine PowerPoint-Präsentation für das Meeting in 20 Minuten zu erstellen, ist eine andere Herausforderung, als die Auskünfte des Einsatzleiters vor Ort direkt in so druckreife Nachrichten zu fassen, dass die Medienvertreter unmittelbar bedient werden oder dass Maßnahmen bezüglich einer Evakuierung direkt eingeleitet werden.

Hierzu gehört auch die Befähigung, schnell zu erkennen, welche Aufgaben am wichtigsten sind, und diese entsprechend zu priorisieren.

In der Akutphase einer Krise sind Sie unter permanentem Entscheidungsfindungsdruck.

Es müssen Entscheidungen schnell und effektiv getroffen werden, auch wenn nicht alle Informationen verfügbar sind. Dies bedeutet dann auch, dass man die Verantwortung für Entscheidungen übernimmt und deren Konsequenzen trägt, wenn man gewaltig daneben lag.

Durch die Kombination dieser Erfahrungen und Fähigkeiten können Mitglieder eines Krisenkommunikationsteams und besonders der Chef de Mission effektiv und effizient auf Krisensituationen reagieren, die Integrität der Organisation schützen und Vertrauen bei den Stakeholdern aufrechterhalten.

Teamstruktur und Rollenverteilung

Für das Team müssen die Rollen und Verantwortlichkeiten klar festgelegt sein. Jedes Teammitglied muss genau wissen, welche Aufgaben es in einer Krisensituation zu erfüllen hat. Bewährt haben sich folgende Rollenzuordnungen:

Über allen thront der *Krisenkommunikationsleiter* (*Crisis Communications Manager/Lead*) beziehungsweise die Krisenkommunikationsleiterin: Er oder sie hat die Gesamtverantwortung für die Krisenkommunikation und Koordination aller Teammitglieder und ist die Schnittstelle zum oberen Management oder gehört diesem bereits an.

Seine oder ihre besonderen Fähigkeiten sind Führungsqualitäten, strategisches Denken, Entscheidungsfähigkeit und umfassende Kommunikationserfahrung.

Der Verantwortungsbereich des oder der *Medienbeauftragten* (*Media Liaison/Spokesperson*) ist folgender: Er oder sie ist (möglichst bekannter) Hauptansprechpartner für die Medien, für die Durchführung von Pressekonferenzen sowie für das Erstellen und Veröffentlichen von Pressemitteilungen.

Voraussetzungen für diese Rolle sind Medienbeziehungen und exzellente mündliche und schriftliche Kommunikationsfähigkeit.

Die Aufgabe des *Social Media Managers* ist die Überwachung und Verwaltung aller Social-Media-Kanäle, das schnelle Reagieren auf erkennbare negative Entwicklungen und somit das Social Listening. Er oder sie benötigt Social-Media-Kompetenz, eine schnelle Reaktionsfähigkeit und die Fähigkeit zu kreativem Schreiben.

Für diese Aufgabe gibt es in der Regel mehrere Teammitglieder, die das Monitoring- und Analyseteam bilden. Hier werden generell die Nachrichten, Social Media und anderen relevanten Kanäle überwacht, Daten und Trends analysiert, Berichte und Analysen bereitgestellt. Erforderliche Fähigkeiten: Datenanalyse, Recherchefähigkeiten, technische Kompetenz mit Monitoring-Tools.

Die Aufgaben eines *Stakeholder-Managers* ist die Kommunikation mit internen und externen Stakeholdern und die Pflege der Beziehungen zu den wichtigsten Interessengruppen. Außer dem Stakeholder-Management, das er oder sie beherrschen sollte, muss er oder sie die Bedürfnisse und Anliegen der Stakeholder verstehen und bedienen.

In der Krisenkommunikation spielt der *Content Manager* eine wesentliche Rolle. In seiner oder ihrer Verantwortung liegt die Erstellung und Bearbeitung aller schriftlichen Kommunikationsinhalte, einschließlich der Pressemitteilungen, interner Mitteilungen und der Social-Media-Beiträge.

Um dieser Aufgabe gerecht zu werden, werden exzellente Schreibfähigkeiten, Detailgenauigkeit sowie eine Anpassungsfähigkeit in der Tonalität benötigt.

Ein *IT- und Datensicherheitsspezialist* wird für die Gewährleistung der Datensicherheit, die Überwachung der IT-Systeme und der generellen Unterstützung bei technischen Problemen benötigt. Seine oder ihre Fähigkeiten sind: IT-Kenntnisse und ein Mindestmaß an Erfahrung im Bereich Cybersicherheit.

Ohne einen ausgewiesenen *Rechtsexperten* (*Jurist/Legal Advisor*) geht in einem Krisenteam gar nichts. Er oder sie berät zu sämtlichen rechtlichen Fragen und Risiken und überprüft die gesamte Kommunikation auf rechtliche Konformität. Dazu werden juristisches Fachwissen und eine gewisse Expertise im Medien- und Datenschutzrecht benötigt.

Durch diese klare Rollenverteilung und Teamstruktur sollte sichergestellt sein, dass alle Aspekte der Krisenkommunikation abgedeckt sind und das Team effektiv und koordiniert arbeiten kann.

Räumliche Anforderungen

Krisenkommunikationszentrum

Für effektive Krisenkommunikation sollte ein spezielles Krisenkommunikationszentrum (Crisis Communication Center, CCC) eingerichtet werden. Dieser Raum dient als zentraler Punkt für alle Kommunikationsaktivitäten und sollte von den regulären Büroflächen getrennt sein, um ungestörtes Arbeiten zu ermöglichen.

Ausstattung und Zugänglichkeit

Das Krisenkommunikationszentrum sollte mit allen notwendigen technischen Geräten ausgestattet sein und leicht zugänglich für alle Teammitglieder. Es sollte auch Möglichkeiten geben, vertrauliche Gespräche zu führen und strategische Besprechungen abzuhalten.

Die Ausstattung und räumliche Zugänglichkeit eines Krisenkommunikationszentrums (KCC) sind entscheidend für dessen Effektivität. Hier sind unsere *Empfehlungen* dazu:

- Die technische Infrastruktur des Zentrums besteht aus Hochleistungsrechnern und Laptops, die mit erforderlichen Kommunikations- und Analysesoftwarelösungen ausgestattet sind (Tools siehe unten).
- Eine stabile und geprüfte Breitbandverbindung mit Backup-Optionen (zum Beispiel redundante Leitungen, Satellitenverbindung) sind ein Muss.
- Telefonanlagen, Video- und Audiokonferenzsysteme sind genauso installiert wie sichere Messenger-Dienste.

- Damit alle Beteiligten jederzeit die Informationen lesen können, sind Großbildschirme und Monitore für die Anzeige von Überwachungsdaten, der Nachrichten und der Social-Media-Feeds aufgestellt.
- Die benötigten Netzwerke müssen den höchsten Sicherheitsstandards entsprechen. VPNs, Firewalls und Intrusion Detection Systems (IDS) sind installiert.
- Die Software zur Verschlüsselung von Daten im Ruhezustand und während der Übertragung sind ebenfalls installiert. Gesichert sind die Systeme durch Authentifizierungs- und Autorisierungssysteme wie Multi-Faktor-Authentifizierung (MFA).

Technische Anforderungen

Softwarelösungen und Tools

Hier eine Auflistung der bewährten Softwarelösungen und Tools für die einzelnen Bereiche (dies erhebt keinen Anspruch auf Vollständigkeit und Bewertung):

- Monitoring- und Analyse-Tools: Meltwater, Brandwatch, Talkwalker, Hootsuite.
- Projektmanagement-Tools: Asana, Trello, Microsoft Teams.
- Content Management Systeme (CMS): WordPress, Drupal.
- Customer Relationship Management (CRM): Salesforce, HubSpot.

Kommen wir zur diesbezüglichen Hardware-Seite:

- Auf alle Fälle benötigen Sie USV-Anlagen (Unterbrechungsfreie Stromversorgung) und Generatoren und für den Fall der Fälle automatische Backup-Systeme, um eine schnelle Wiederherstellung garantieren zu können.
- Sie brauchen ein bis zwei Konferenzräume, die natürlich mit Video- und Audio-Konferenztechnik ausgestattet sind.

Technische Anforderungen 165

- Für ein ungestörtes Arbeiten und kleine Besprechungen benötigen Sie zwei bis vier Büroräume.
- Ebenfalls darf ein Gemeinschaftsbereich für informellen Austausch und Pausen nicht fehlen.
- Das Zentrum muss gut erreichbar für Teammitglieder, Medienvertreter und Stakeholder sein, was auch eine gute Verkehrsanbindung bedingt.
- Der gesamte Bereich ist zugangsgesichert und der Zugang ist nur möglich mit Schlüsselkarten, biometrischen Scannern oder anderen Zugangskontrollsystemen.
- Für den Aspekt der physischen Sicherheit sorgen Überwachungskameras, Sicherheitspersonal und Alarmanlagen.

Mittels dieser Aufstellungen und Maßnahmen sollte sichergestellt sein, dass man in einem Krisenkommunikationszentrum effektiv arbeiten kann.

Monitoring-Tools

Tools zur Überwachung der Medien und sozialen Netzwerke sind entscheidend, um die Reaktionen auf die Krise zu verfolgen und entsprechend agieren zu können.

Software zur Medienbeobachtung hilft, die Verbreitung von Nachrichten über das Unternehmen zu überwachen und zu analysieren.

Hier sind einige empfohlene Monitoring-Tools, die sich als besonders nützlich erwiesen haben:

- *Meltwater:* Bietet umfassendes Medienmonitoring und Social Listening. Es ermöglicht die Überwachung von Nachrichten, Blogs, sozialen Medien und anderen Online-Inhalten.
- *Brandwatch:* Ein fortschrittliches Tool für Social-Media-Monitoring und -Analyse. Es hilft dabei, Erwähnungen zu verfolgen und Stimmungsanalysen durchzuführen.
- *Talkwalker:* Ein leistungsstarkes Tool für Social Listening und Analytics. Es bietet Echtzeit-Überwachung und detaillierte Berichte.

- *Hootsuite:* Bekannt für Social Media Management, bietet es auch Monitoring-Funktionen, die es ermöglichen, Erwähnungen und Trends auf verschiedenen Plattformen zu verfolgen.
- *Mention:* Ein Tool, das Echtzeit-Überwachung und -Analysen für Marken bietet. Es kann Erwähnungen im Web und auf sozialen Medien verfolgen.
- *Sprout Social:* Bietet umfassende Social-Media-Monitoring- und Analytics-Funktionen. Es hilft bei der Identifizierung von Trends und potenziellen Krisen.
- *Google Alerts:* Ein kostenloses Tool von Google, das E-Mail-Benachrichtigungen sendet, wenn neue Ergebnisse zu bestimmten Suchanfragen im Web erscheinen.
- *BuzzSumo:* Ermöglicht die Überwachung von Inhalten und deren Performance auf sozialen Medien. Es kann helfen, aufkommende Themen und virale Inhalte zu identifizieren.
- *Sysomos:* Ein umfassendes Social-Media-Monitoring-Tool, das Einblicke in Erwähnungen, Stimmungen und Trends bietet.
- *Critical Mention:* Ein Tool, das Medienüberwachung und -analyse für Fernsehen, Radio, Online-News und soziale Medien bietet. Diese Tools bieten verschiedene Funktionen, die von der Echtzeit-Überwachung und -Analyse bis hin zur Berichterstattung und Krisenbewältigung reichen.

Die Wahl des richtigen Tools hängt natürlich auch von den spezifischen Anforderungen ab und, das darf man nicht verschweigen, von dem Budget der Organisation.

Datensicherheit

Während einer Krise ist der Schutz der meist sensiblen Daten besonders wichtig. Technische Systeme sollten daher über hohe Sicherheitsstandards verfügen, um die Integrität und Vertraulichkeit von Unternehmensinformationen sicherzustellen. Hier führen wir wichtige Maßnahmen und Strategien auf, die umgesetzt werden sollten:

Alle sensiblen Daten müssen sowohl bei der Speicherung als auch bei der Übertragung verschlüsselt werden.

Für alle Kommunikationskanäle einschließlich E-Mails und Messaging-Apps gilt die End-to-end-Verschlüsselung.

Zugriffsmanagement

Damit nur autorisierte Nutzer den berechtigten Zugriff haben können, ist die Multi-Faktor-Authentifizierung (MFA) aufzusetzen.

Ebenso ist die Rollenbasierte Zugriffssteuerung (RBAC), die gewährleistet, dass der Zugang zu Daten und Systemen basierend auf den Rollen und Verantwortlichkeiten der Benutzer erfolgen kann, aufzusetzen.

Netzwerksicherheit

Sicherer Remote-Zugriff auf das Netzwerk des Krisenzentrums wird durch Virtuelle private Netzwerke (VPNs) garantiert.

Zum Schutz vor unbefugtem Zugriff und zur Überwachung des Netzwerkverkehrs sind Firewalls der neuesten Generation und Intrusion Detection Systems (IDS) implementiert.

Sicherheitssoftware

Regelmäßige Aktualisierung und Scans der Daten sind vorgegeben und es werden Tools zur Überwachung und zum Schutz vor Datenverlust oder -diebstahl integriert.

Neben der Datensicherheit muss auch die physische Sicherheit garantiert werden. Sicherheitssysteme wie Schlüsselkarten und biometrische Scanner für den Zugang zu sensiblen Bereichen spielen dabei eine wesentlich Rolle. Ebenfalls müssen die Räume für Server und andere kritische Hardware-Komponenten gesichert sein.

Regelmäßige Backups und klar definierte Wiederherstellungsprozesse im Falle eines Datenverlusts müssen vorhanden sein.

Ein dediziertes Team, das für die schnelle Reaktion auf IT-Sicherheitsvorfälle zuständig ist, das sogenannte Incident-Response-Team, steht stets Gewehr bei Fuß.

Eine kontinuierliche Überwachung und Bedrohungserkennung durch Systeme zur Echtzeit-Überwachung und Analyse von sicherheitsrelevanten Ereignissen ist vorhanden und wurde trainiert.

Durch die Implementierung dieser Maßnahmen kann ein Krisenkommunikationszentrum die Datensicherheit während einer Krise effektiv gewährleisten und sicherstellen, dass sensible Informationen geschützt bleiben.

Fallbeispiel als Leitfaden: »Ausstattung und Ressourcen«

Das Krisenteam organisierte unter anderem eine Pressekonferenz, um die Öffentlichkeit umfassend zu informieren.

1. *Planung der Pressekonferenz*
- Personelle Planung:
    - Das *Sprecherteam* für die Pressekonferenz wurde sorgfältig ausgewählt. Es bestand aus dem CEO, dem Chief Information Security Officer (CISO) und dem PR-Leiter. Der CEO sollte die Gesamtverantwortung übernehmen und das Vertrauen der Öffentlichkeit stärken. Der CISO war für technische Details zuständig, während der PR-Leiter die Kommunikationsstrategie koordinierte.
    - Ein *Unterstützungsteam*, bestehend aus Kommunikationsspezialisten, IT-Experten und rechtlichen Beratern, wurde zusammengestellt, um die Sprecher mit allen notwendigen Informationen und Antworten auf mögliche Fragen der Journalisten zu versorgen.

- Räumliche Anforderungen:
  - *Ort der Pressekonferenz:* Ein großer Konferenzraum am Hauptsitz von TechDynamics wurde ausgewählt. Der Raum wurde mit professioneller Audio- und Videotechnik ausgestattet, um eine reibungslose Übertragung zu gewährleisten.
  - *Dekoration und Branding:* Der Konferenzraum wurde entsprechend dem Unternehmensbranding dekoriert. Ein großes TechDynamics-Logo wurde hinter dem Podium platziert, um die Markenidentität zu stärken.
  - *Sitzordnung und Zugang:* Sitzplätze für Journalisten wurden unter Berücksichtigung der aktuellen Hygienemaßnahmen angeordnet. Ein separater Zugang für das Pressekorps wurde eingerichtet, um einen reibungslosen Ablauf zu gewährleisten.
- Technische Anforderungen:
  - *Audio- und Videotechnik:* Hochwertige Mikrofone und Lautsprecher wurden installiert, um sicherzustellen, dass alle Anwesenden die Sprecher klar und deutlich verstehen konnten. Mehrere Kameras wurden positioniert, um verschiedene Blickwinkel zu erfassen und eine professionelle Live-Übertragung zu ermöglichen.
  - *Live-Streaming:* Ein Live-Streaming-Dienst wurde eingerichtet, um die Pressekonferenz auf der Website von TechDynamics und in den sozialen Medien zu übertragen. Ein Team von IT-Spezialisten überwachte den Stream, um technische Probleme zu vermeiden.
  - *Präsentationstechnik:* Eine große Leinwand und ein Projektor wurden aufgestellt, um visuelle Hilfsmittel wie Diagramme und Grafiken zu präsentieren. Diese sollten komplexe technische Details verständlicher machen.
- Vorbereitung der Inhalte:
  - *Skript und Kernbotschaften:* Ein detailliertes Skript mit den Kernbotschaften wurde für jeden Sprecher erstellt.

Es wurde mehrfach überprüft und angepasst, um sicherzustellen, dass alle Informationen klar, präzise und einheitlich waren.

- *FAQs und Antizipation von Fragen:* Eine Liste häufig gestellter Fragen (FAQs) wurde erstellt und die Antworten darauf vorbereitet. Das Team antizipierte mögliche Fragen der Journalisten und stellte sicher, dass die Sprecher darauf vorbereitet waren.
- *Visuelle Hilfsmittel:* Infografiken und Präsentationsfolien wurden erstellt, um die wichtigsten Punkte visuell zu unterstützen. Diese wurden in das Skript integriert und sollten während der Präsentation gezeigt werden.

2. *Durchführung der Pressekonferenz:*

Am Tag der Pressekonferenz lief alles reibungslos. Der CEO eröffnete die Veranstaltung mit einer klaren und empathischen Ansprache, in der er den Vorfall erklärte und die Entschlossenheit des Unternehmens betonte, die Krise zu bewältigen. Der CISO erläuterte die technischen Details des Angriffs und die Maßnahmen zur Wiederherstellung der Sicherheit. Der PR-Leiter moderierte die Veranstaltung und stellte sicher, dass alle Fragen der Journalisten umfassend und transparent beantwortet wurden.

Die sorgfältige Planung und akribische Vorbereitung von TechDynamics zahlten sich aus. Die Pressekonferenz wurde als professionell und vertrauenswürdig wahrgenommen, und das Unternehmen konnte das Vertrauen seiner Kunden und der Öffentlichkeit weitgehend zurückgewinnen.

11 Strategie und Taktik

In der professionellen Krisenkommunikation sind eine durchdachte Strategie und klare Taktiken entscheidend, um effektiv zu navigieren und die negativen Auswirkungen auf die Organisation zu minimieren.

Strategien in der Krisenkommunikation sollten proaktiv entwickelt und anhand spezifischer Szenarien und Aktionspläne detailliert ausgearbeitet werden.

Eine durchdachte Krisenkommunikationsstrategie, kombiniert mit gezielten Taktiken und einem detaillierten Aktionsplan, ermöglicht es Organisationen, auch effektiv zu kommunizieren.

Krisenkommunikationsstrategie

Eine effektive Krisenkommunikationsstrategie basiert auf den Prinzipien der Offenheit, der Transparenz und Schnelligkeit. Die Hauptziele sind, Vertrauen aufzubauen, Gerüchte zu vermeiden und die Kontrolle über die Narration zu behalten. Zu den grundlegenden Elementen einer solchen Strategie gehören:

Vorbereitung und Prävention

Zur Vorbereitung und Prävention gehören die Identifikation potenzieller Krisen, die Entwicklung von Aktionsplänen und die Schulung des Kommunikationsteams.

Je früher Sie die Möglichkeiten einer sich anbahnenden Krise erkennen, umso prägnanter können Sie reagieren, um eben das weitere Aufbauen der Woge zu verhindern.

Keiner will wirklich eine Krise haben, auch nicht diejenigen, die glauben, dass sie sich in so einem Falle profilieren können. Denn die Fallhöhe kann immens sein.

Deshalb sind alle Organisationen und Unternehmen bestens beraten, die Richterskala der Krise genauestens im Blick zu haben. Klar, wenn ihre Qualitätskontrolle versagt hat und sie alle Anzeichen, die da waren, nicht genug gewürdigt haben, hilft auch kein Monitoring mehr.

Aber unter normalen Unternehmensumständen ist eine Qualitätskontrolle nicht so ohne weiteres auszuheben, sondern gibt gerade noch rechtzeitig Laut, um aufzuzeigen, dass da etwas nicht stimmt.

Alle Unternehmenssensoren müssen stets auf Empfang sein, auch um Zwischentöne wahrzunehmen, die zumindest nicht im normalen Bereich schwingen. Bezogen auf die Sensitivität der Mitarbeiter und Mitarbeiterinnen ist es zumeist so, dass diese, je engagierter und zufriedener sie sind, auch sehr empfindsam für Dinge außer der Norm sind.

Für jedes Unternehmen ist es ungleich kostengünstiger, in die Mitarbeiterbindung zu investieren, als in eine hausgemachte Krise, die zu verhindern gewesen wäre, wenn ... (siehe oben).

Kommen wir wieder zu den schnöden Fakten und betrachten noch einmal, welche Möglichkeiten der Früherkennung es gibt:

Zum einen ist da das generelle Monitoring als Überwachung von sozialen Netzwerken und Online-Foren, um negative Kommentare, Beschwerden oder Trends zu identifizieren, die auf eine potenzielle Krise hinweisen könnten.

Unerlässlich ist des Weiteren die regelmäßige Überprüfung von Nachrichtenquellen und Medienberichten, um frühzeitig auf Berichterstattung zu reagieren, die das Unternehmen betrifft.

Unabhängig von einem Krisenfrühsystem haben Sie natürlich ein Customer Feedback System zur Erfassung und Analyse von Kundenfeedback, beispielsweise durch Umfragen, Bewertungsportale oder durch ein direktes Kundenfeedback. Auch hier kann man unter Umständen erkennen, dass sich etwas zusammenbraut.

In der internen Kommunikation sollte es für die Mitarbeiter die Möglichkeit geben, auch oder gerade wegen der turnusmäßigen Mitarbeitergespräche, Informationskanäle zu haben, in denen sie Bedenken oder Beobachtungen melden können. Dies kann durch anonyme Umfragen, regelmäßige Meetings oder spezielle Hotlines geschehen.

Ein Whistleblower-Programm, zum Beispiel über den Kontakt einer externen Anwaltskanzlei, ist sicher fest in Ihrem Compliance-Programm verankert. Es ermöglicht es den Mitarbeitenden, Missstände anonym zu melden, was gerade bei Verstößen gegen die Compliance wichtig ist, denn wenn solche Verstöße extern verkündet werden, steht oft eine Krise sehr kurz bevor.

Die Datenanalyse durch die Nutzung von Big Data und Analytics, um Muster und Anomalien in den Geschäftsprozessen zu erkennen, die auf potenzielle Probleme hinweisen könnten, sollte ebenfalls zum Standard einer vernünftigen Unternehmenspolitik gehören. Dazu zählt dann auch ein Tool, das auf Basis der analysierten Daten eine Vorhersage treffen kann, ob die Parameter einer Krise vorhanden sind.

Regelmäßige Compliance- und Sicherheits-Audits sind ebenfalls fest terminiert in Ihrem Drei-Monats-Plan.

Wird bei den Compliance-Audits die Einhaltung der gesetzlichen und internen regulatorischen Richtlinien überprüft, kommt bei den Sicherheitsaudits die IT-Sicherheit des Unternehmens auf den Prüfstand. In beiden Fällen kann eine erkennbare Abweichung der Nährboden einer Krise sein.

Den Themen Stakeholder-Engagement und -Einbindung werden wir uns später detaillierter widmen.

Auch die Überprüfung der Einhaltung turnusmäßiger Trainings und der Krisensimulationen gehört auf die Liste der zu überwachenden Abläufe.

Technologische Lösungen, die das Ganze abbilden, besonders im Bereich der Risikoanalyse und Systeme, die Vorfälle dokumentieren, gehören zum Standard.

Die Floskel über die Scheuklappen, die man hat, wenn man eben nur fokussiert auf die eigenen Belange schaut, kennen Sie sicherlich. Deshalb ist es immer eine gute Alternative, sich mit externen Beratern, die ausgewiesene Krisenmanagement-Experten sind, regelmäßig auszutauschen oder sie gar turnusmäßig reportmäßig einzubinden.

Durch die Kombination dieser Ansätze sollte ein Unternehmen in die Lage versetzt werden, potenzielle Krisen frühzeitig zu erkennen und sich nicht die Chance auf Ergreifung proaktiver Maßnahmen nehmen zu lassen.

Stakeholder-Analyse

Eine Stakeholder-Analyse ist der Prozess, bei dem ein Unternehmen seine relevanten Stakeholder identifiziert, ihre Interessen und Erwartungen analysiert und die potenziellen Auswirkungen dieser Interessen auf das Projekt oder die Organisation bewertet.

Als Erstes sollten alle relevanten Stakeholder identifiziert werden. Dies können sowohl Einzelpersonen als auch Gruppen oder Organisationen sein, die ein spezielles Interesse oder einen besonderen Einfluss auf ein Projekt oder die Organisation haben.

Stakeholder lassen sich gut einordnen in *interne Stakeholder*: Das sind Mitarbeitende, Führungskräfte, Eigentümer, Aktionäre und *externe Stakeholder*, als da wären Kunden, Lieferanten, Regulierungsbehörden, Gemeinde, Umweltgruppen, Medien, Kooperationspartner.

Eine Matrix hilft nun dabei, die Stakeholder im Hinblick auf ihren Einfluss und ihre Interessenlage zu klassifizieren.

Basierend auf dieser Analyse werden dann Strategien entwickelt, um die Stakeholder angemessen so einzubinden und zu informieren, dass eine Win-win-Situation entsteht.

Dieses Einbinden und Kommunizieren kann natürlich je nach Interessenlage sowohl der Stakeholder als auch des eigenen Unternehmens durchaus unterschiedlich sein. Formulierung klarer, konsistenter und wahrheitsgemäßer Botschaften, die auf die Bedürfnisse und Erwartungen der Stakeholder abgestimmt sind, sind daher essenziell.

Für welche Vorgehensweise auch immer Sie sich nun zwecks Einbindung der Stakeholder entschieden haben: Eine regelmäßige Überprüfung des Status ist wesentlich, denn sowohl die Gefühlslage der Stakeholder als auch deren Interessenslage als auch die Notwendigkeiten der Einbindung seitens des Unternehmens können sich verändern.

Eine sorgfältige Stakeholder-Analyse hilft Unternehmen, Risiken zu minimieren, Chancen zu maximieren und das Vertrauen und die Unterstützung der wichtigsten Stakeholder zu gewinnen.

Taktiken in der Krisenkommunikation

Taktiken sind die spezifischen Methoden und Techniken, die eingesetzt werden, um die strategischen Ziele zu erreichen. Beispiele für effektive Taktiken in der Krisenkommunikation umfassen folgende Punkte:

- *Erste Reaktion*
  Die Balance zwischen Schnelligkeit und Genauigkeit ist besonders im ersten Statement entscheidend.

  Das erste Statement sollte ein sogenanntes Holding Statement sein, welches zunächst die Situation bestätigt und weitere Updates zeitnah verspricht. Es ist sinnvoll, erste Informationen als vorläufig zu kennzeichnen und klarzustellen, dass weitere Details folgen werden, sobald sie verfügbar sind.

  Transparenz darüber, was bekannt ist und was nicht, kann das Vertrauen aufrechterhalten und Spekulationen minimieren.

  Das gilt natürlich nur für den Fall, in dem noch keine vertretbare Klarheit herrscht. Sollte dies wider Erwarten aber so sein, können und sollen Sie natürlich vollumfänglich informieren.

- *Regelmäßige Updates*
  Die kontinuierliche Bereitstellung von Updates über neue Entwicklungen und Maßnahmen ist wesentlich, um den Ball in den eigenen Reihen zu halten.

  Sinnvoll ist auch eine Zeitschiene, auf der Sie turnusmäßig informieren und die vorher auch klar den Medienvertretern kommuniziert wurde. Natürlich mit dem Hinweis, dass, wenn sich wesentliche Neuigkeiten ergeben haben, Sie auch außerhalb dieser Zeitfenster informieren werden.

Damit haben Sie zumindest die Vertreter der traditionellen Medien an der Kandare. Und es ist anzunehmen, dass dies auch in den sozialen Medien ankommt.

- *Medientraining*
  Die Verkünder der Nachrichten werden zwar nicht mehr physisch enthauptet, sind aber dennoch so zu trainieren, dass Pressekonferenzen und Interviews keine wesentliche Herausforderungen mehr sind und sie deshalb klar und deutlich die wesentliche Botschaft transportieren können.
  Aber, bedenken Sie: Ein Training ist kein Ernstfall!
  Von daher sollten die Verkünder bereits die eine oder andere Pressekonferenz, bei der es Gegenwind gab, mit Bravour gemeistert haben. Denn eine psychische Enthauptung droht immer noch.

Weitere Taktikansätze

In der Krisenkommunikation gibt es eine Vielzahl von Taktiken, die Unternehmen anwenden können, um effektiv mit einer Krise umzugehen und den Schaden für ihren Ruf und ihre Beziehungen zu minimieren.

Ein ganz wesentlicher Punkt, außer den bereits genannten, den wir hier einfach nachkarten müssen, ist der der *Verantwortungsübernahme*.

Eine aufrichtige Entschuldigung für Fehler oder Missstände und somit das Anerkennen der eigenen unglücklichen Rolle in der Krise verbunden mit dem Versprechen, so schnell wie möglich Maßnahmen zu ergreifen, um das Problem zu beheben, kann mediale Wunder bewirken.

Bei der Informationserstellung ist es hilfreich, klare und konsistente Botschaften zu entwickeln, die in allen Kommunikationskanälen verwendet werden können.

Dazu ist die Verwendung von leicht verständlichen und wiederholbaren *Schlüsselwörtern*, um die Botschaften zu verstärken, anzuraten.

Leider wird das häufig vergessen, ist aber von entscheidender Bedeutung. Geben Sie Ihren eigenen Mitarbeitenden regelmäßige und klare Informationen, damit diese als gut informierte Repräsentanten des Unternehmens fungieren können.

Beispiel eines Aktionsplans

Ein umfassender Aktionsplan ist das Herzstück einer effektiven Krisenkommunikationsstrategie. Hier folgt nun ein Beispiel für einen Aktionsplan, der auf einem hypothetischen Szenario eines Produktrückrufs basiert. Wir werden daran anschließend ein negatives Praxisbeispiel für einen Produktrückruf aufführen (Samsung) und ein bekanntes positives Beispiel aus der Praxis (Toyota).

Somit haben Sie die Möglichkeit, anhand dieser Praxisbeispiele direkt den Realitätscheck in Bezug auf unsere Empfehlungen zu machen. Aber zunächst der Stufenplan für die umzusetzenden Aktionen:

- *Schritt 1: die Sofortmaßnahmen*
  - Aktivierung des Krisenteams: Einberufung des vorher definierten Krisenkommunikationsteams.
  - Erstbewertung: Bewertung des Ausmaßes der Krise und Sammlung aller relevanten Fakten. Unbedingt beachten: Erst die Qualität, dann die »Schnelligkeit« der Erstinformationsverkündung.
  - Erstes Holding Statement: Veröffentlichung eines ersten Statements innerhalb der ersten Stunden nach Bekanntwerden der Krise.
- *Schritt 2: Laufende Kommunikation*
  - Regelmäßige Pressebriefings,
  - Einrichtung eines Zeitplans für regelmäßige Updates an die Presse,

- interne Kommunikation: Sicherstellung, dass Mitarbeiter vor der Öffentlichkeit über wichtige Entwicklungen informiert werden,
- Überwachung und Anpassung: Monitoring der Medienberichterstattung und sozialen Medien, um die Effektivität der Kommunikation zu bewerten und die Strategie bei Bedarf anzupassen.

- *Schritt 3: Langfristige Maßnahmen*
  - Analyse und Lernen: Durchführung einer umfassenden Nachbereitung, um Lehren aus der Krise zu ziehen und zukünftige Vorbereitungen zu verbessern.
  - Reputationsmanagement: Strategien entwickeln, um das Ansehen des Unternehmens langfristig wiederherzustellen.
  - Stakeholder-Engagement: Fortgesetztes Engagement und Dialog mit allen Stakeholdern, um Vertrauen zu bilden.

So besser nicht: Explodierende Batterien

Ein bekanntes Beispiel für eine durch und durch misslungene Krisenkommunikation bei einem Produktrückruf ist der Fall des Samsung Galaxy Note 7 aus dem Jahre 2016.

Das Samsung Galaxy Note 7 wurde im August 2016 auf den Markt gebracht. Kurz nach der Markteinführung meldeten erste Nutzer Probleme mit überhitzenden und in einigen Fällen sogar explodierenden Batterien.

Anfangs reagierte Samsung sehr zögerlich auf die Kundeninformationen. Anstatt sofort transparente Informationen zu liefern und eine umfassende Rückrufaktion zu starten, versuchte das Unternehmen zunächst, die Probleme intern zu lösen.

Der Abstand zwischen den ersten Berichten über explodierende Batterien und der offiziellen Rückrufaktion betrug etwa zehn Tage. Die ersten Berichte über überhitzende und explodierende Batterien tauchten am 24. August 2016 auf. Samsung kündigte dann am 2. September 2016 eine freiwillige weltweite Rückrufaktion für etwa 2,5 Millionen Geräte an.

Als Samsung schließlich einen Rückruf ankündigt hatte, war dieser schlecht organisiert. Viele Kunden erhielten widersprüchliche Informationen darüber, wie der Rückruf ablaufen würde und welche Schritte unternommen werden müssten.

Die Informationen, die an die Öffentlichkeit und die Kunden weitergegeben wurden, waren unklar und unvollständig. Die Unsicherheit unter den Verbrauchern nahm zu.

Zu allem Überfluss ersetzte Samsung die zurückgerufenen Geräte durch Geräte, die ebenfalls ähnliche Batterieprobleme hatten. Dies untergrub das Vertrauen der Verbraucher vollends und verschlimmerte die Krise.

Samsung lieferte lange Zeit keine detaillierten Informationen über die genaue Ursache der Probleme. Dies erfolgte erst im Januar 2017. In der Zwischenzeit schossen die Spekulationen über Missstände bei Samsung ins Bodenlose (Anmerkung der Verfasser: Andere Quellen wie Wikipedia behaupten, dass Samsung am 23. September 2016 zumindest über einen Teilbereich der Ursachen informierte. Auch wenn dies so sein sollte, ist es eine nicht vertretbare Zeitspanne, um einen technischen Defekt mit diesen Auswirkungen zu ermitteln).

Die Konsequenzen aus diesem alles in allem wenig professionellen Vorgehen waren:

- Ein immenser Rufschaden,
- erhebliche finanzielle Verluste durch die unkoordinierte Rückrufaktion,
- langfristige Auswirkungen auf die Reputation der Marke Samsung.

Dieses Beispiel zeigt, wie wichtig eine schnelle, transparente und gut organisierte Krisenkommunikation in solchen Situationen ist. Ein effektives Krisenmanagement hätte möglicherweise einige der negativen Folgen abmildern können.

Es geht auch anders: Klemmende Gaspedale

Ein hervorragendes Beispiel für eine erfolgreiche Krisenkommunikation bei einem Produktrückruf ist der Vorgang bei Toyota aus dem Jahre 2010.

Zwischen 2009 und 2010 rief Toyota weltweit Millionen von Fahrzeugen aufgrund von Problemen mit klemmenden Gaspedalen und nicht richtig sitzenden Fußmatten zurück, die zu unkontrollierter Beschleunigung führen konnten.

Dieses Problem führte zu mehreren Unfällen und Todesfällen. Der bekannteste Vorfall ereignete sich im August 2009, als vier Personen in einem Lexus ES 350 starben, nachdem die Fußmatte das Gaspedal blockierte und das Fahrzeug unkontrolliert beschleunigt hatte.

Toyota führte nun eine umfangreiche Rückrufaktion durch, die Millionen von Fahrzeugen weltweit betraf. Das Unternehmen stellte sicher, dass die betroffenen Fahrzeuge so schnell wie möglich repariert wurden.

Es wurde absolut offen und transparent mit der Öffentlichkeit kommuniziert. Das Unternehmen gab regelmäßig Updates und nutzte verschiedene Kommunikationskanäle wie Pressekonferenzen, Pressemitteilungen und soziale Medien, um die Verbraucher zu informieren.

Toyota übernahm die volle Verantwortung für die Probleme und entschuldigte sich öffentlich bei den betroffenen Kunden.

Auch mit den zuständigen Behörden, einschließlich der US National Highway Traffic Safety Administration (NHTSA), wurde direkt kooperiert, um die Probleme zu untersuchen und Lösungen zu finden.

Das Unternehmen fokussierte sich absolut auf die Sicherheit der Kunden und unternahm alle notwendigen Schritte, um sicherzustellen, dass die Fahrzeuge verkehrssicher waren. Es wurden kostenlose Reparaturen und alternative Transportmöglichkeiten angeboten, während die Fahrzeuge repariert wurden.

Die Krise wurde auch als Chance verstanden, um die internen Qualitätskontrollen zu verbessern und die Sicherheitsstandards zu erhöhen. Das Unternehmen investierte erheblich in Forschung und Entwicklung, um sicherzustellen, dass es zukünftig solche oder ähnliche Probleme nicht mehr geben würde.

Durch diese proaktive und transparente Krisenkommunikation konnte Toyota das Vertrauen der Kunden zurückgewinnen und trotz der anfänglichen negativen Auswirkungen auf die Marke konnte Toyota seine Position als einer der weltweit führenden Automobilhersteller beibehalten.

Die Krise führte zudem zu einer erheblichen Verbesserung der Sicherheits- und Qualitätsstandards bei Toyota, was langfristig die Reputation der Marke beflügelte.

Der Toyota-Rückruf von 2010 wird oft als Beispiel für effektives Krisenmanagement und erfolgreiche Krisenkommunikation genannt.

Fallbeispiel als Leitfaden: »Strategie und Taktik«

Nachdem das Krisenteam alarmiert worden ist, wurden sehr schnell die Kommunikationsstrategien aufgrund der ersten Bewertung des Angriffs festgelegt.

1. *Erstellung eines Kommunikationsplans:*
   - *Rollenverteilung:* Klare Verantwortlichkeiten wurden definiert. Der CEO übernahm die Kommunikation mit den Medien, der Chief Information Security Officer (CISO) kümmerte sich um die technischen Erklärungen, und der PR-Leiter koordinierte die gesamte Kommunikationsstrategie.

- *Zielgruppenanalyse:* Die wichtigsten Zielgruppen wurden identifiziert, darunter Mitarbeiter, Kunden, Partner und die Medien. Für jede Gruppe wurden spezifische Botschaften und Kommunikationskanäle festgelegt.
2. *Sofortige interne Kommunikation:*
   - *Erste Ankündigung:* Eine erste interne Mitteilung wurde umgehend an alle Mitarbeiter gesendet, die über den Angriff informierte und Anweisungen gab, wie sie sich verhalten sollten, um weitere Schäden zu vermeiden.
   - *Regelmäßige Updates:* Es wurden feste Zeiten für regelmäßige interne Updates festgelegt, um die Mitarbeiter kontinuierlich über den Stand der Dinge zu informieren und Unklarheiten zu beseitigen.
3. *Transparente externe Kommunikation:*
   - *Erste öffentliche Stellungnahme:* Innerhalb der ersten Stunde nach der Entdeckung des Angriffs wurde eine erste Stellungnahme auf der Unternehmenswebsite und in den sozialen Medien veröffentlicht. Diese erklärte den Vorfall, betonte das Engagement von TechDynamics zur Lösung des Problems und gab einen groben Zeitplan für weitere Informationen.
   - *Pressemitteilungen:* Regelmäßige Pressemitteilungen wurden vorbereitet und in den folgenden Stunden veröffentlicht, um die Öffentlichkeit und die Medien über den Fortschritt zu informieren.
4. *Einsatz von visuellen Hilfsmitteln:*
   - *Infografiken und Diagramme:* Um die komplexen technischen Details verständlich zu machen, wurden Infografiken und Diagramme erstellt, die den Ablauf des Angriffs und die ergriffenen Gegenmaßnahmen erklärten.
   - *Videos und Live-Updates:* Kurze Videos, in denen der CEO und der CISO die Situation erklärten und den Fortschritt der Wiederherstellung erläuterten, wurden auf der Website und in den sozialen Medien veröffentlicht.

5. *Kundensupport und direkte Kommunikation:*
   - *Kundensupport-Hotline:* Eine spezielle Krisen-Hotline wurde eingerichtet, um Anfragen von Kunden und Partnern schnell und effektiv zu beantworten. Ein Team von geschulten Mitarbeitern stand rund um die Uhr zur Verfügung, um Unterstützung zu bieten und Fragen zu beantworten.
   - *Proaktive Kontaktaufnahme:* Das Vertriebsteam kontaktierte proaktiv die wichtigsten Kunden und Partner, um sie persönlich über den Angriff zu informieren und ihnen Unterstützung anzubieten.
6. *Monitoring und Feedback:*
   - *Social Media Monitoring:* Ein Team überwachte kontinuierlich die sozialen Medien und andere Plattformen, um auf Bedenken und Fragen der Öffentlichkeit schnell reagieren zu können.
   - *Feedback sammeln:* Kunden und Mitarbeiter wurden ermutigt, Feedback zu geben, das in Echtzeit ausgewertet und in die laufenden Kommunikationsstrategien integriert wurde.
7. *Nachbereitung und Analyse:*
   - *Detaillierte Nachbesprechung:* Nach der Bewältigung des Angriffs führte TechDynamics eine umfassende Nachbesprechung durch, um die Wirksamkeit der Kommunikationsstrategien zu bewerten.
   - *Dokumentation und Verbesserungen:* Alle Erkenntnisse und Rückmeldungen wurden dokumentiert und flossen in die Aktualisierung des Krisenkommunikationsplans ein. Schulungen wurden geplant, um die Mitarbeiter besser auf zukünftige Krisen vorzubereiten.

12 Krisentraining – vorbereitet für die Herausforderungen der Zukunft[1]

Die letzten Jahre haben uns mit zahlreichen Krisen konfrontiert: Die weltweite Corona-Pandemie, der Krieg in der Ukraine und die immer deutlicher werdenden Auswirkungen der Klimakrise. Diese Ereignisse haben unseren Alltag massiv beeinflusst und werden auch in Zukunft eine Rolle spielen. Künftige Jahrzehnte werden voraussichtlich von außergewöhnlichen Situationen, Kaskadeneffekten und sich verschärfenden Entwicklungen geprägt sein.

Neue Normalität: dauerhafte Krisenbewältigung

Es reicht nicht mehr aus, nur ein einzelnes kritisches Ereignis zu überstehen. Überlappende und sich verstärkende Krisen erfordern einen grundlegend neuen Umgang. Die Einstellung, einfach durchzuhalten, ist zunehmend ungeeignet. Es ist an der Zeit, Krisen als das neue Normal zu akzeptieren und ihnen anders zu begegnen.

Die jüngsten Krisenjahre mit unterbrochenen Lieferketten, Lockdowns und steigenden Energiekosten haben erhebliche Unsicherheiten hervorgerufen. Zudem haben sie gesellschaftliche Gräben vertieft. Besonders für die Unternehmenskommunikation stellen zunehmend polarisierte Öffentlichkeiten eine wesentliche Herausforderung dar. In einem verstärkt aggressiven und unsicheren Umfeld müssen Unternehmen lernen, eine Vielzahl unterschiedlicher Einflüsse zu verarbeiten.

Resilienz und Antifragilität: Widerstandskraft stärken

Ein Schlüsselbegriff in diesem Zusammenhang ist Resilienz – die Fähigkeit, Krisen zu widerstehen oder sie zeitnah zu beheben und sich schnell von ihnen zu erholen. Für Organisationen bedeutet Resilienz, auch in komplexen und dynamischen Situationen handlungsfähig zu bleiben und an den Herausforderungen zu wachsen. Ähnlich ist der Begriff der Antifragilität, der den Umgang mit unvorhersehbaren Ereignissen betont.

Diese Fähigkeiten können trainiert werden. Eine Möglichkeit, die Resilienz einer Organisation zu stärken, ist das regelmäßige und systematische Training von Krisenfällen. Solche Krisentrainings werden jedoch oft unregelmäßig, abstrakt und viel zu selten durchgeführt. Notfallpläne und Handbücher bieten keine ausreichende Sicherheit. Die Planung und Umsetzung effektiver Krisentrainings mögen aufwendig erscheinen, sind jedoch unverzichtbar.

Praktische Umsetzung: Krisen realitätsnah trainieren

Theoretische Prozesse und Strukturen helfen nur begrenzt bei der tatsächlichen Bewältigung von Krisen – denn sie wurden nicht praktisch erlebt und erlernt. Daher sind groß angelegte Übungen, Simulationen und Manöver ein zentraler Bestandteil bei Notfallorganisationen, Streitkräften sowie Flugzeug- und Schiffsbesatzungen.

Krisentrainings haben nicht nur einen individuellen Lernanspruch, sondern decken auch unbekannte Probleme oder Hindernisse auf, die dann gezielt angegangen werden können. Notfallpläne können so kontinuierlich verbessert werden. Die Stärke von Krisensimulationen liegt darin, den Ernstfall realitätsnah zu durchleben, ohne den tatsächlichen Schaden zu erleiden. Regelmäßigkeit und Praxisnähe sind dabei entscheidend.

Praxisnähe bedeutet, dass Krisensimulationen sowohl den praktischen Anforderungen der Organisation genügen als auch die Merkmale einer echten Krisensituation realitätsnah abbilden. Regelmäßige Übungen sind notwendig, damit das Erlernte dauerhaft verinnerlicht wird.

Unabhängig von der Größe der Organisation können Krisen ein System hart treffen, insbesondere kleine und mittelständische Unternehmen. Wichtig ist es, überhaupt trainiert zu haben, um eine Sensibilität für mögliche Krisen zu entwickeln.

Arten von Krisentrainings

Operative Trainings

Operative Trainings konzentrieren sich auf die unmittelbare Eindämmung und Beseitigung von Krisenursachen. Dazu gehören Evakuierungen, Brandbekämpfung und Notfalleinsätze bei Arbeitsunfällen oder IT-Störfällen.

Strategische Trainings

Strategische Trainings fokussieren sich auf die übergeordnete Kontrolle und Schadensbegrenzung. Sie umfassen die Entscheidungsfindung und Maßnahmen zur Reduzierung des Krisenschadens. Dabei spielen Kommunikation und die Zusammenarbeit mit Stakeholdern eine zentrale Rolle.

Trainingsarten im Überblick

- *Alarmierungsübungen:* Diese Übungen testen die Einberufung von Krisenstäben oder -teams, damit sich im Ernstfall schnell die richtigen Personen am richtigen Ort einfinden.
- *Krisen-Workshops:* In Form von Lehrveranstaltungen werden ideale Abläufe der Krisenbewältigung präsentiert und neue Krisenhandbücher eingeführt.
- *Team-Trainings:* Diese Übungen stärken den Zusammenhalt innerhalb von Teams durch gemeinsame Aktivitäten.
- *Tool-Trainings:* Hier wird der Umgang mit spezifischen Werkzeugen oder Plattformen geübt, die im Krisenfall notwendig sind.
- *Immersive Simulationen:* Teilnehmer werden in realitätsnahe Krisenszenarien versetzt, um unter Zeitdruck entsprechende Lösungen zu erarbeiten und Maßnahmen umzusetzen. Diese Simulationen erzeugen eine hohe Immersion und Praxisnähe.

Varianten von Krisensimulationen

- *Tabletop-Simulationen:* Diese Simulationen lösen Krisenfälle theoretisch auf dem Papier und fördern Diskussionen und Gruppenarbeiten.
- *Mikro-Simulationen:* Diese kurzen, intensiven Übungen sind für kleine Teams ausgelegt und lassen sich gut in den Arbeitsalltag integrieren.
- *Single-Simulationen:* Einzelpersonen durchleben das Szenario allein, um Unterschiede in der Krisenbewältigung zu erfassen und ihre persönliche Krisen-Awareness zu erhöhen.

Durch regelmäßige und praxisnahe Krisentrainings können Organisationen lernen, mit außergewöhnlichen Situationen umzugehen, ihre Resilienz zu stärken und zukünftigen Herausforderungen gewappnet entgegenzutreten.

Vorbereitung eigener Krisensimulationen

Bei der Planung und Durchführung von Krisensimulationen stehen klassische, teamorientierte und vorgeplante Szenarien im Fokus. In diesem Prozess gibt es zwei Hauptgruppen: die *Teilnehmer* der Simulation einerseits und das verantwortliche Simulationsteam andererseits. Die Teilnehmer sind diejenigen, die geschult werden sollen und die mit dem fiktiven Krisenszenario konfrontiert werden, um innerhalb einer vorgegebenen Zeit passende Lösungen zu entwickeln und Maßnahmen umzusetzen.

Das *Simulationsteam* hingegen ist für die Entwicklung, Vorbereitung und Durchführung des Krisenszenarios verantwortlich. Im Folgenden werden einige der Rollen vorgestellt, die sich als nützlich erwiesen haben. Der Prozess gliedert sich in zwei Hauptphasen: Entwicklung und Durchführung.

Entwicklungsphase

In der Entwicklungsphase werden zunächst die Ziele der Simulation festgelegt, mögliche Themenideen gesammelt und zu einem Szenario entwickelt, das schließlich in eine vollständige Geschichte (Story) überführt wird. Auf dieser Basis werden der Plot der Simulation erstellt, schriftlich im Drehbuch festgehalten und alle fiktiven Inhalte (Texte, Audio, Video) produziert. Diese Phase wird ausschließlich vom Simulationsteam durchgeführt, das folgende Rollen umfasst:

- *Der Architekt:*
  Er ist verantwortlich für die inhaltliche Gestaltung der Simulation. Er sammelt Ideen, entwickelt vollständige Geschichten und fasst sie in einem Drehbuch zusammen. Änderungen am

Szenario, die die Grundstruktur betreffen, fallen ebenfalls in seinen Aufgabenbereich.

- *Der Direktor:*
  Er verwaltet die Produktion der Simulationsinhalte, erstellt einen Produktionsplan basierend auf dem Drehbuch und vergibt Produktionsaufträge an Writer und Artists.
- *Der Autor:*
  Der Autor verfasst alle Texte des Szenarios, einschließlich Alarme, Mails, Nachrichten, Postings und Dokumente.
- *Der Schöpfer:*
  Er erstellt multimediale Inhalte bestehend aus Bildern, Audio- und Videobeiträgen und VR.

Durchführungsphase

In der Durchführungsphase werden die Teilnehmer mit dem Krisenszenario konfrontiert. Diese Phase beinhaltet die Organisation des Termins, die Veröffentlichung der vorbereiteten Inhalte sowie die Abwicklung der Interaktionen und die Bewertung der Teilnehmerleistungen. Die Rollen und Aufgaben stellen sich folgendermaßen dar:

- *Der Moderator:*
  Der Moderator ist zuständig für den organisatorischen Ablauf am Tag der Durchführung. Er plant den Tagesablauf, begrüßt und verabschiedet die Teilnehmer und betreut das Simulationsteam.
- *Der Organisator:*
  Er ist verantwortlich für die inhaltliche Abwicklung der Simulation. Er versendet die vorbereiteten Inhalte an die Teilnehmer und koordiniert sie mit den Charakteren. Zudem ist er erster Ansprechpartner für die Charaktere bei inhaltlichen Fragen.
- *Der Charakter:*
  Er spielt verschiedene Rollen wie Journalist, Kunde oder interner Stakeholder. Der Charakter versendet vorbereitete Inhalte und improvisiert Antworten auf Rückfragen der Teilnehmer in Absprache mit dem Organisator.

- *Der Berater:*
Der Berater betreut, beobachtet und bewertet die Teilnehmer. Er sollte im selben Raum (real oder virtuell) wie die Teilnehmer sein. Für vier bis sechs Teilnehmer wird ein Supervisor eingeplant.

Planung der Krisensimulation

Der erste Schritt zur Vorbereitung einer Krisensimulation ist die Festlegung der Ziele. Ein Krisentraining verfolgt typischerweise das Ziel, reale Krisensituationen effizienter und schneller zu bewältigen und Schäden zu minimieren. Das ultimative Ziel ist eine dauerhafte Verhaltensänderung der Teilnehmer im Krisenfall und ein professioneller Umgang mit der Krisensituation. Zwischenschritte können auch andere relevante Ziele umfassen. Die Ziele bestimmen die Auswahl der Teilnehmer, die Art der Simulation und das Thema.

Bestimmung des Krisenkerns

Der Krisenkern ist die Ursache der fiktiven Krise. Um diesen zu finden, stellt man wiederholt die Frage »Warum?« – so lange, bis keine tiefere Antwort mehr gefunden werden kann. Diese letzte Antwort ist der Krisenkern. Dabei sollte man Zufälle als Ursache vermeiden, da sie für die Teilnehmer meist unbefriedigend sind. Es ist besser, handelnde Personen mit konkreten Motiven einzusetzen, um die Simulation realistischer zu gestalten.

Die Schuldfrage

Eng verbunden mit dem Krisenkern ist die Frage der Schuld: »Wer trägt die Schuld an der fiktiven Krise?« Diese Frage erlaubt es, verschiedenen Personen oder Organisationen eine Teilschuld zuzuweisen und die Kommunikation herausfordernder zu gestalten. Szenarien, in denen die eigene Organisation eine Teilschuld trägt, sind oft besonders lehrreich.

> **Beispiel: Festlegung des Krisenkerns und der Schuldfrage**
>
> Nehmen wir an, Sie möchten eine Negativ-Kampagne simulieren, bei der Aktivisten zum Boykott Ihrer Produkte aufrufen. Der Krisenkern könnte das Fehlverhalten von Mitarbeitenden eines neuen Lieferanten sein, das in den Medien bekannt wird. Um die Simulation herausfordernder zu gestalten, könnte Ihre Organisation eine Teilschuld tragen, etwa durch das Übersehen oder Ignorieren dieses Vorfalls aufgrund unzureichender interner Compliance-Richtlinien.

Für die Vorbereitung und Durchführung von Krisensimulationen sind sorgfältige Planung und klare Zielsetzungen erforderlich. Durch die Festlegung sowohl eines Krisenkerns als auch der Schuldfrage wird die Simulation realistischer und lehrreicher für alle Beteiligten. Regelmäßige und praxisnahe Krisensimulationen sind entscheidend, um Organisationen auf reale Krisen vorzubereiten und ihre Resilienz nachhaltig zu stärken.

Training der Krisenkommunikation: realitätsnahe Übungsgestaltung

Der Praxis-Schock

Wie können Sie Ihre Übung authentisch und spannend inszenieren?

Jetzt wird es ernst. Bislang war Ihre simulierte Krise vielleicht einfach und übersichtlich, beinahe schon langweilig. Doch das ändert sich nun. Im nächsten Schritt strukturieren und verfeinern Sie Ihre Geschichte.

Der Plot

Der Plot definiert, wie die Informationen an Ihre Teilnehmer vermittelt werden. Er legt die Reihenfolge, Tiefe und Perspektive der Informationsweitergabe fest. Der Plot kann als zweite Ebene betrachtet werden, die zwischen der Story und den Teilnehmern liegt.

Auf dieser zweiten Ebene wird das Wissen über die Ereignisse neu angeordnet. Dabei bleibt die Story selbst unverändert, jedoch wird entschieden, wer wann welche Informationen erhält. Diese Informationen werden in Form von geplanten Nachrichten, sogenannten »*Injects*« übermittelt. Diese Injects werden zu bestimmten Zeiten über bestimmte Kanäle von bestimmten Absendern an bestimmte Empfänger gesendet. Das Wissen über ein Ereignis kann auf viele Injects aufgeteilt und beliebig verteilt, verzögert, wiederholt, angedeutet oder zurückgehalten werden. Die Ereignisse der Story bleiben unverändert, aber jeder Inject liefert den Teilnehmern eine neue Perspektive und zusätzliche Informationen. Der Plot bietet damit zahlreiche Möglichkeiten, das Erlebnis des Szenarios zu gestalten.

Realismus im Plot

Primäres Ziel bei der Gestaltung des Plots sollte der Realismus sein. Ihre Simulation soll möglichst nah an eine echte Krise heranreichen, um das Verhalten der Teilnehmer praxisnah beobachten und bewerten zu können. Reale Krisen zeichnen sich durch Informations-Asymmetrie aus: Zu Beginn einer Krise liegen selten alle nötigen Informationen vor, meist sind sie lückenhaft oder widersprüchlich. Medien könnten Fragen zu einem Problem stellen, von dessen Existenz Sie selbst erst durch die Medienanfragen erfahren. Verschiedene Stakeholder haben zu unterschiedlichen Zeiten unterschiedliche Informationsstände, selten erhalten alle Mitglieder des Krisenteams gleichzeitig die identischen Informationen. Zudem verlaufen echte Krisen oft in eskalierenden Wellen, ruhige Phasen wechseln ab mit Zeiten intensiver Aktivität.

Informationsfluss im Plot

Der Plot sorgt dafür, dass die Teilnehmer nicht alle Informationen von Anfang an erhalten. Selbst Ereignisse, die lange zurückliegen, können erst spät(er) in der Krise bekannt werden. Sie müssen festlegen, wer in Ihrem Team welche Informationen zuerst erhält, und die Informationen so verteilen, dass sich intensive Phasen mit weniger intensiven abwechseln.

> **Beispiel:**
>
> Der Plot beginnt mit der E-Mail-Anfrage einer Lokalzeitung, die um eine Stellungnahme zu den Boykott-Aufrufen und Vorwürfen in den sozialen Medien bittet. Eine interne Rückfrage bei der zuständigen Abteilung ergibt keine konkrete Aussage. Erst danach wird den Teilnehmern die Webseite der Aktivisten zugänglich gemacht, die auf einen Pressebericht über den neuen Lieferanten verweist. Dass dieser im Jahresbericht des Unternehmens erwähnt wird, bleibt zunächst zurückgehalten. Stattdessen folgt eine zweite Medienanfrage, ob das interne Kontrollsystem versagt habe. Die Teilnehmer erfahren nach und nach von den Hintergründen, während sich die Situation zuspitzt.

Volumen und Eskalation

Die typische Wellenbewegung einer Krise trägt wesentlich zum Realismus bei. Um diese zu gestalten, stehen zwei Hauptmethoden zur Verfügung:

- *Quantität:*
  Variieren Sie das Volumen der Injects. Dies kann durch die Anzahl der Presseanfragen, Social-Media-Postings, Spam-Mails, Kommentare oder Anrufe geschehen. Wechseln Sie Phasen mit hohem und niedrigem Volumen ab, ohne die grundlegende Situation zu verändern.
- *Qualität:*
  Verändern Sie die Krise inhaltlich durch Eskalation oder Deeskalation. Eskalation erhöht das Risiko für die Organisation,

Schaden zu erleiden, während Deeskalation dieses Risiko verringert. Um den Wellencharakter einer Krise zu betonen, sollten beide Elemente abwechselnd eingesetzt werden.

Eine Kombination aus Volumen und Eskalation ist besonders effektiv: Eine inhaltliche Änderung führt zu einem höheren Volumen und umgekehrt. Dabei ist ein plausibles Timing entscheidend.

Beispiel:

Ein Medium veröffentlicht bislang unbekannte interne Dokumente zum Fall (qualitative Änderung). Dies führt zu einem Shitstorm in den sozialen Medien (quantitative Änderung 1), was wiederum die Zahl der Medienanfragen massiv erhöht (quantitative Änderung 2).

Zweck des Plots

Der Plot soll die Erfahrung des Krisenfalls realistisch gestalten. Informationen sollten zurückgehalten oder vorgezogen werden, um sich besser in den Wellencharakter einzufügen. Teilnehmer lernen so, mit unvollständigen und widersprüchlichen Informationen umzugehen und dennoch sinnvolle Strategien und Maßnahmen zu entwickeln. Dies kann für Unmut sorgen, aber genau diese Herausforderung gilt es anzunehmen.

Training der Krisenkommunikation: von der Drehbucherstellung zur Praxis

Produktion der Inhalte

Sobald das Drehbuch fertiggestellt ist, beginnt die Produktion der notwendigen Inhalte. Abhängig vom Umfang des Szenarios umfasst dies nicht nur Textnachrichten in Form von E-Mails, Chats oder Pressemitteilungen, sondern auch die Erstellung fiktiver Profile und Bilder, das Aufsetzen von Webseiten, die

Vorbereitung von Telefonkonferenzen und sogar die Inszenierung kompletter TV-Beiträge.

Die Produktion der Inhalte ist oft der ressourcenintensivste Teil des Prozesses. Es empfiehlt sich, einen detaillierten Produktionsplan zu erstellen, der festlegt, wer welche Inhalte wann erstellt. Dies ermöglicht eine effiziente Produktion, da Inhalte, die zu verschiedenen Zeitpunkten im Szenario benötigt werden, gemeinsam erstellt werden können. Beispielsweise können TV-Beiträge für den Anfang und das Ende des Szenarios in einer einzigen Session aufgezeichnet werden.

Je nachdem, ob Sie Ihre Inhalte analog oder digital präsentieren möchten, sollten Sie bereits jetzt die technischen Ausspielwege vorbereiten und auf ihre Funktionalität testen. Für die Glaubwürdigkeit Ihrer Inhalte ist nicht nur die handwerkliche Qualität entscheidend, sondern auch die Konsistenz im Kontext der Story. Die Besonderheiten der verschiedenen Kanäle müssen ebenfalls beachtet werden, wie Zeichen- und Längenbegrenzungen oder das Format von Bildern und Videos. Zuständig für die Produktion ist der Direktor in Zusammenarbeit mit den Autoren und Schöpfern.

Antizipation

Nachdem alle Inhalte erstellt wurden, sollte das Szenario noch einmal durchgegangen werden, um mögliche Fragen der Teilnehmer zu antizipieren. Es kann hilfreich sein, jemanden hinzuzuziehen, der bisher nicht in die Entwicklung des Szenarios involviert war. Besonders zu Beginn der Simulation werden viele Fragen aufkommen, die auf später geplante Informationen abzielen. Sollten dabei wesentliche Fragen auftreten, auf die im Szenario noch keine Antworten vorgesehen sind, kann es notwendig sein, Änderungen vorzunehmen und das Team entsprechend zu briefen. Ein gewisses Maß an Improvisation lässt sich jedoch auch bei bester Planung nicht vermeiden.

Durchführung der Übung

Aufgabenverteilung im Simulationsteam

Die Durchführung der Simulation erfordert die Verteilung verschiedener Aufgaben auf die Teammitglieder. Die Personalstärke des Teams sollte in Relation zur Anzahl der Teilnehmer stehen, deren Erfahrungslevel in dem Szenario geplant werden. Bei einem sehr interaktiven Szenario kann es notwendig sein, pro Teilnehmer einen Charakter einzuplanen, zusätzlich zu einem Berater für jeweils vier bis sechs Teilnehmer.

Briefing

Es ist wichtig, während der Simulation am geplanten Ablauf festzuhalten und Informationen nicht vorzeitig zu veröffentlichen. Die Charaktere sollten entsprechend gebrieft werden und eine Übersicht aller geplanten Inhalte sowie eine Liste möglicher Fragen und Antworten erhalten. Je nach Rolle ist es hilfreich, individuelle Vorbesprechungen durchzuführen. Wichtige Rollen wie die Darstellung von Führungspersonen erfordern ein tiefergehendes Briefing. Falls Fragen auftauchen, die die Charaktere nicht beantworten können, dient der Organisator als zentraler Ansprechpartner und Entscheider. Der Organisator sollte das Szenario gut kennen, weshalb der Architekt oft diese Rolle übernimmt.

Supervisoren müssen detailliert über die Ziele der Simulation informiert werden. Anhand dieser Ziele sollte ein gemeinsames Verständnis für die Bewertungskriterien entwickelt werden. Briefings sollten sowohl einige Tage vor der Simulation als auch unmittelbar vor der Durchführung stattfinden, damit alle Teammitglieder ausreichend vorbereitet sind.

Durchführung

Am Tag der Durchführung werden die Teilnehmer mit dem geplanten Szenario konfrontiert. Sie erhalten die Inhalte der Simulation über verschiedene Kanäle wie Telefonanrufe, E-Mails,

Messenger-Nachrichten, Tweets, Webseiten und TV-Beiträge. Die Teilnehmer reagieren auf die präsentierten Inhalte, interagieren mit den Charakteren, stellen Rückfragen, entwickeln Strategien und setzen Maßnahmen um. Die Durchführung kann für das Simulationsteam ebenso anstrengend sein wie für die Teilnehmer, daher sollte die Simulation nicht mit zu wenig Personal geplant werden.

Feedback und Nachbesprechung

Direkt nach der Simulation sollten die Teilnehmer ein erstes Feedback erhalten. Der Berater, der die Teilnehmer während der Simulation beobachtet hat, gibt eine kurze Einschätzung der Leistungen des Teams. Auch die Charaktere können ihre Sichtweisen aus den simulierten Rollen beisteuern.

Checkliste zur Planung der Krisensimulation

1. Ziele festlegen:
   – Wer soll trainieren (Personen, Abteilungen)?
   – Was soll trainiert werden?
   – Wie messen wir Erfolg/Misserfolg?
   – Welche Methoden und Zielwerte (Benchmarks) verwenden wir?
2. Rahmen klären:
   – Termin (Datum und Uhrzeit)?
   – Ort (vor Ort, remote oder hybrid)?
   – Dauer der Simulation?
   – Anzahl der Teilnehmer?
   – Größe der Teams (vier bis sechs Personen ideal)?
   – Durchführung seriell oder parallel?
3. Organisation:
   – Personalstärke des Simulationsteams?
   – Entwicklung: Architekt?
   – Produktion: Direktor, Autor, Schöpfer?

- Durchführung: Moderator, Organisator, Charaktere?
- Bewertung: Berater?
- Spoiler-Management?
4. Entwicklung:
   - Szenario-Ideen?
   - Krisenkern?
   - Schuldfrage?
   - Happy End oder Bad End?
   - Story (Skript)?
   - Plot (Drehbuch)?
   - Produktionsplan?
5. Durchführung:
   - Antizipation?
   - Briefing für Charaktere?
   - Briefing für Berater?
   - Tagesablauf?
   - Technische Hilfsmittel (analog/digital)?
   - Hilfestellungen für Teilnehmer?
   - Festgelegte Pausen?

Tipps zur Erhöhung des Realismus

- Einbindung der operativen Ebene: Binden Sie von Anfang an diejenigen ein, die von der fiktiven Krise direkt betroffen sind.
- Vorsicht bei Schuldzuweisungen: Gehen Sie sensibel mit der Schuldfrage um, um keine Abwehrreaktionen auszulösen.
- Dramatisierung mit Maß: Verdichten Sie die Krise, ohne sie zu übertreiben.
- Ausgewogenheit im Schwierigkeitsgrad: Finden Sie die Balance zwischen Über- und Unterforderung.
- Hilfestellungen dosieren: Überlegen Sie, wie viel Unterstützung Sie den Teilnehmern bieten wollen.
- Keine festen Pausenzeiten: Lassen Sie die Teilnehmer selbst entscheiden, wann sie Pausen machen.

- Plausibles Ende: Sorgen Sie für eine logische und nachvollziehbare Auflösung des Szenarios.
- Technischer Realismus: Nutzen Sie geeignete technische Mittel, um die Simulation glaubwürdig zu gestalten.

Technologische Zukunft der Krisensimulation

- *Gamification:*
  Krisensimulationen können durch spielerische Elemente und hohe Interaktivität eine breitere Zielgruppe erreichen.
- *360-Grad-Integration:*
  Fiktive Inhalte lassen sich direkt in die alltäglichen Tools der Teilnehmer einspielen, um den Realismus zu steigern.
- *Virtuelle Realität:*
  VR-Anwendungen bieten ein intensives Erleben von Krisensituationen und sind bereits in operativen Bereichen etabliert.
- *Künstliche Intelligenz:*
  KI kann die Erstellung und Interaktion von Inhalten effizienter gestalten, indem sie generative Systeme für Text, Bild, Audio und Video nutzt.

Fallbeispiel als Leitfaden: »Krisen- und Medientraining«

Als Teil der Vorbereitung auf den Krisenkommunikationsfall hat das Unternehmen Trainings und Probeläufe durchgeführt:
- *Medientraining:*
  Die Sprecher erhielten ein intensives Medientraining, um ihre Präsentationsfähigkeiten zu verbessern und sicherzustellen, dass sie selbstbewusst und klar kommunizieren konnten. Dabei wurden auch schwierige Fragen und stressige Situationen simuliert.

- *Probeläufe:*
  Mehrere Probeläufe der Pressekonferenz wurden durchgeführt. Dabei wurden die technischen Abläufe, die Präsentation der Inhalte und die Beantwortung von Fragen geübt. Jede Probe wurde aufgezeichnet und analysiert, um mögliche Verbesserungen zu identifizieren.

Inhalte und Methoden des Medientrainings

1. Theoretische Grundlagen:
   - *Krisenkommunikation:* Das Training begann mit einer Einführung in die Grundlagen der Krisenkommunikation. Themen wie die Bedeutung von Transparenz, Konsistenz und Geschwindigkeit wurden behandelt.
   - *Medienlandschaft:* Die Teilnehmer erhielten einen Überblick über die heutige Medienlandschaft, einschließlich traditioneller Medien und sozialer Netzwerke und wie diese in Krisenzeiten genutzt werden.
2. Praktische Übungen:
   - *Rollenspiele:* In simulierten Krisenszenarien spielten die Führungskräfte verschiedene Rollen, um den Umgang mit Medienvertretern zu üben. Diese Rollenspiele beinhalteten Pressekonferenzen, Interviews und unangekündigte Medienanfragen.
   - *Mock-Interviews:* Teilnehmer wurden in realitätsnahen Interviewsituationen gefilmt. Nach jedem Interview erhielten sie detailliertes Feedback zu ihrer Körpersprache, Wortwahl und Präsentation.
3. Entwicklung von Kernbotschaften:
   - *Message Mapping:* Die Führungskräfte lernten, wie man Kernbotschaften entwickelt, die in jeder Kommunikationssituation klar und prägnant übermittelt werden können. Diese Botschaften wurden für verschiedene Szenarien ausgearbeitet und geübt.

- *Bridging Techniques:* Es wurden Techniken wie das »Bridging« geübt, um sicherzustellen, dass die Sprecher auch bei schwierigen Fragen zu den vorbereiteten Kernbotschaften zurückkehren konnten.
4. Krisensimulationen:
   - *Realistische Szenarien:* Mehrere realistische Krisenszenarien wurden durchgespielt, darunter Cyberangriffe, Datenlecks und technische Ausfälle. Jede Simulation endete mit einer detaillierten Nachbesprechung, in der die Stärken und Schwächen der Kommunikation analysiert wurden.
   - *Echtzeit-Übungen:* Die Übungen wurden in Echtzeit durchgeführt, um den Druck und die Dringlichkeit einer tatsächlichen Krisensituation nachzubilden. Dies half den Teilnehmern, schnell und effektiv zu reagieren.
5. Feedback und Verbesserung:
   - *Peer-Review:* Teilnehmer gaben sich gegenseitig Feedback, was dazu beitrug, unterschiedliche Perspektiven und Verbesserungspotenziale zu identifizieren.
   - *Experten-Feedback:* Externe Kommunikationsexperten und Krisenmanager beobachteten die Übungen und gaben professionelles Feedback, um die Fähigkeiten der Führungskräfte zu schärfen.

13 Monitoring und Evaluation

Monitoring und Evaluation (M&E) sind Komponenten der Krisenkommunikation, die dazu dienen, die Reichweite und die Wirksamkeit der Kommunikationsaktionen zu messen. Während Monitoring den kontinuierlichen Überblick und die Überwachung der laufenden Kommunikationsaktivitäten umfasst, bezieht sich Evaluation auf die systematische Bewertung der Daten und Ergebnisse dieser Aktivitäten nach Abschluss einer Krisenkommunikationsphase.

In der dynamischen und sehr oft auch unvorhersehbaren Welt des Krisenmanagements ist eine effektive Kommunikation entscheidend, um die Integrität und das Vertrauen in eine Organisation zu bewahren. Ein zentrales Element dieser Kommunikation ist das Monitoring und die nachgelagerte Evaluation der durchgeführten Maßnahmen.

Die Klammer der beiden Prozesse ist es, den Erfolg der Kommunikationsstrategien zu messen und somit Schwächen zu identifizieren und die generelle Reaktionsfähigkeit kontinuierlich zu verbessern.

Der Monitoring-Prozess bezieht sich auf die kontinuierliche Beobachtung und Sammlung von Daten während und nach einer Krise und deren Kommunikation. Dieser Prozess liefert Echtzeitinformationen, die es ermöglichen, die Situation genau zu evaluieren und schnell auf Veränderungen nachjustierend zu reagieren.

Ein effizientes Monitoring umfasst die Überwachung verschiedener Kommunikationskanäle, die Analyse von Medienberichten, das Sammeln von Feedback aus der Öffentlichkeit und die Bewertung der internen Kommunikation.

Durch dieses systematische Monitoring können Unternehmen relevante Informationen schnell identifizieren. Kritische Informationen und aufkommende Trends können frühzeitig erkannt werden, welches dann eine unmittelbare proaktive Reaktion ermöglicht.

Missverständnisse oder falsche Informationen können somit schnell korrigiert werden, um den sich anbahnenden Schaden zu minimieren.

Diese Echtzeitdaten ermöglichen eine gezielte und effiziente Zuweisung von Ressourcen, um die Krisenbewältigung zu unterstützen.

Der Prozess der Evaluation erfolgt nach der akuten Phase der Krise und dient der umfassenden Analyse der durchgeführten Maßnahmen.

Ziel dabei ist es, die Wirksamkeit der angewandten Kommunikationsstrategien zu bewerten und möglichst aus den gesammelten Daten die Lehren zu ziehen, die Ihnen ermöglichen, zukünftige Krisen noch effizienter zu managen.

Eine klare und transparente Evaluation ist eine »Rechenschaftspflicht« innerhalb der Organisation und stärkt das Vertrauen aller Stakeholder, auch oder gerade, wenn das ein oder andere Optimierungspotenzial aufgedeckt wird.

Das zu ziehende Fazit besagt, dass Monitoring und Evaluation integrale Bestandteile einer effektiven Krisenkommunikation sind. Sie ermöglichen es Organisationen, ihre Reaktionsfähigkeit zu optimieren, fundierte Entscheidungen zu treffen und sich besser auf zukünftige Herausforderungen vorzubereiten.

In einer Zeit, in der Krisen schnell eskalieren können und die öffentliche Wahrnehmung eine entscheidende Rolle spielt, sind diese Prozesse unverzichtbar, um Vertrauen und Glaubwürdigkeit zu erhalten und zu stärken.

Monitoring: Werkzeuge und Methoden

Medienbeobachtung

Medienbeobachtung ist ein kritischer Bestandteil der Krisenkommunikation. Die Überwachung von Printmedien, Online-Plattformen, sozialen Medien und Rundfunk ist essenziell, um die Verbreitung und den Ton der Berichterstattung über die Krise zu verstehen.

Sie ermöglicht es Unternehmen, die öffentliche Wahrnehmung zu verstehen, schnell auf negative Berichterstattung zu reagieren und die Kommunikation zu steuern.

Hier sind nun einige Tools von uns aufgeführt, die sich in der Praxis bereits bewährt haben:

- *Meltwater*
  Meltwater ist ein umfassendes Medienüberwachungstool, das sowohl Nachrichten als auch soziale Medien abdeckt. Es bietet Echtzeit-Benachrichtigungen, Analysen und Berichte, die Unternehmen helfen, die öffentliche Wahrnehmung zu verstehen und schnell auf Krisen zu reagieren.
  Funktionen: Medienmonitoring, Social Listening, Analysen, Echtzeit-Alerts.
  Standort: Hauptsitz in Oslo, Norwegen.

- *Cision*
  Ein weiteres leistungsstarkes Medienbeobachtungstool, das PR-Profis Zugang zu einer breiten Palette von Medienquellen bietet, ist Cision. Es bietet auch Analysen und Berichte zur Bewertung der Medienresonanz.
  Standort: Chicago.

- *Brandwatch*
  Brandwatch ist ein führendes Tool für die Überwachung sozialer Medien, das tiefgehende Einblicke in Diskussionen und Stimmungen bietet. Es hilft Unternehmen, Trends und potenzielle Krisen frühzeitig zu erkennen.
  Funktionen: Social Listening, Datenvisualisierung, Influencer-Identifikation, Stimmungsanalyse.
  Standort: Brighton, UK.

- *Google Alerts*
  Ein kostenloses Tool von Google, das Benachrichtigungen für spezifische Keywords sendet. Es ist einfach einzurichten und bietet eine grundlegende Medienüberwachung.

- *Hootsuite*
  Hootsuite ist ein Tool für Social-Media-Management, das Planung, Content-Erstellung, Analyse und Social Listening an einem Ort vereint. Hootsuite kann für das Monitoring von Markenmentions und Keywords verwendet werden.
  Standort: Vancouver/ Kanada.
- *Talkwalker*
  Talkwalker bietet umfassende Medienanalysen und Echtzeit-Überwachung von Nachrichten und sozialen Medien. Das Tool bietet auch visuelle Analysen und unterstützt die Identifizierung von Markenrisiken und Krisen.
  Funktionen: Bild- und Videorekognition, Social Listening, Analysen, Echtzeit-Alerts.
  Standort: Luxemburg.
- *Mention*
  Mention ist ein Medienüberwachungstool, das Unternehmen hilft, ihre Online-Präsenz zu überwachen. Es bietet Funktionen zur Verfolgung von Markenmentions in sozialen Medien und Nachrichten.
  Funktionen: Social Media Monitoring, Alerts, Wettbewerbsanalysen, Berichterstellung.
  Standort: Paris, Frankreich.
- *Synthesio*
  Synthesio bietet soziale Analysen und Listening-Lösungen, die Unternehmen dabei unterstützen, die öffentliche Meinung zu überwachen und darauf zu reagieren. Es liefert umfassende Berichte und Datenanalysen.
  Funktionen: Social Listening, Datenvisualisierung, Sentiment-Analyse, Marktforschung.
  Standort: Paris, Frankreich.
- *Kantar Media*
  Umfangreiche Lösungen zur Medienüberwachung, einschließlich der Analyse von Printmedien, Rundfunk und sozialen Medien, bietet Kantar Media. Es bietet auch Einblicke in die Markenwahrnehmung und Werbeeffizienz.

Funktionen: Medienbeobachtung, Analyse, Wettbewerbsanalysen, Markenüberwachung.
Standort: London, Vereinigtes Königreich.

- *NewsWhip*
NewsWhip ist ein Tool zur Prognose und Überwachung von Nachrichten und sozialen Medien, das Trends in Echtzeit identifiziert und Unternehmen hilft, potenzielle Krisen zu managen. Funktionen: Echtzeit-Analytics, Trendanalyse, Social Listening, Influencer-Identifikation.
Standort: Dublin, Irland.

Diese Auflistung erhebt keinen Anspruch auf Vollständigkeit und hat auch nicht den Anspruch einer klaren Empfehlung.

Die aufgeführten Tools bieten eine Vielzahl von Funktionen, die Unternehmen helfen, ihre Krisenkommunikation zu optimieren und schnell auf sich entwickelnde Situationen zu reagieren. Sie sind entscheidend, um die öffentliche Meinung zu überwachen, Bedrohungen zu erkennen und proaktiv Maßnahmen zu ergreifen.

Methoden zur Medienbeobachtung

Da es spezifische Keywords gibt, die mit dem Unternehmen oder der Krise verbunden sind (zum Beispiel die Namen von Führungskräften, Produkte, Branchenbegriffe und spezifische Thementitel der Krise), gibt es auch verschiedene Ansätze, um diese zu monitoren und zu analysieren. Wir führen im Folgenden per strukturiertem Ansatz die einzelnen Möglichkeiten auf:

Unter der *Sentiment-Analyse* versteht man die Bewertung der Stimmung in den Medienberichten und sozialen Medien. Spezialisierte Tools (wie oben) zur Sentiment-Analyse helfen dabei, die allgemeine Tendenz (positiv, negativ, neutral) der Berichterstattung zu erkennen und zu bewerten.

Das ist besonders wichtig, um bei sich dynamisierenden Krisen schnell reagieren zu können. Dies gewährleistet die Einrichtung von Echtzeit-Benachrichtigungen bei neuen Medienberichten oder bei Social Media Posts.

Unter *Social Media Listening* versteht man die Begutachtung von Diskussionen und Erwähnungen auf den sozialen Medienplattformen. Dies hilft dabei, ein sofortiges Feedback einer öffentlichen Reaktion zu erhalten und somit die Stimmung in Echtzeit verfolgen zu können.

Bei der Methode der Soziale-Medien-Analytik helfen Plattformspezifische Analysetools wie Facebook Insights, Twitter Analytics und LinkedIn Analytics, um detaillierte Informationen über die Interaktionen (Likes, Shares, Kommentare) und Reichweite der Beiträge zu erhalten. Die Nutzung dieser Tools ist dringend zu empfehlen, um die Effektivität und das Engagement der Zielgruppe in Echtzeit bewerten zu können.

Bei einer vergleichenden Analyse kann die aktuelle Medienberichterstattung mit historischen Daten abgeglichen werden. Dies hilft, die Schwere der Krise zu bewerten und zu verstehen, wie sich die aktuelle Berichterstattung von früheren Ereignissen unterscheidet.

Last, but not least ist das direkte Feedback von Stakeholdern, sei es durch Umfragen, Feedback-Formulare oder direkte Kommunikation, eine unverzichtbare Informationsquelle. Damit haben Sie im wahrsten Sinne des Wortes die Hand am Puls der internen Stimmungslage. Es bietet unmittelbare Einsichten in die Wirksamkeit der Kommunikation und die Bedenken oder Fragen der Stakeholder.

Während einer Krise ist es wichtig, dass die Kommunikationsabteilung eines Unternehmens schnell und effizient auf negative Berichterstattung reagiert. Durch die Nutzung der obigen Werkzeuge und Methoden können Unternehmen die öffentliche

Wahrnehmung analysieren, die richtigen Maßnahmen ergreifen und die Kommunikation im Idealfalle effektiv steuern.

Evaluation: Messung der Effektivität

Definition von Key Performance Indicators (KPIs)

Key Performance Indicators (KPIs) sind selbstverständlich bereits in den Trainingsmodellen festgelegt und im Ablaufplan des Krisenmanagements fest einzementiert.

Beispiele für KPIs in der Krisenkommunikation sind die Anzahl der zu erreichenden, maßgeblichen Personen und die nachvollziehbare (positive) Veränderung der öffentlichen Wahrnehmung.

Hier sind einige wichtige KPIs, die bei der Krisenkommunikation verwendet werden können:

- *Reaktionszeit*
  Mit der Reaktionszeit ist die geplante Zeit festgelegt, die vergeht, bis das Unternehmen auf die Krise reagiert und die erste offizielle Mitteilung veröffentlicht hat. Da eine schnelle, angemessene Reaktion entscheidend ist, um die Kontrolle über die Kommunikation zu behalten und somit Gerüchten vorzubeugen, ist dies der wesentlichste KPI.
- *Quantität der Erwähnungen*
  Gemessen wird hier die Anzahl der Erwähnungen der Krise und des Unternehmens in den verschiedenen Medienkanälen (Presse, Social Media, Blogs, Foren). Dies kann ein Indiz für die Entwicklung der Krise in der Wahrnehmung des öffentlichen Interesses sein.
- *Sentiment-Analyse*
  Unter dieser Methode versteht man die Analyse der Stimmungslage in den öffentlichen Erwähnungen (positiv, negativ, neutral). Dies ermöglicht die Bewertung der öffentlichen Tendenz und der emotionalen Reaktion auf die Krise und die Maßnahmen des Unternehmens.

- *Reichweitenmessung*
  Die Anzahl der Personen, die die Mitteilungen des Unternehmens zur Krisensituation erreicht haben (Reichweite), und die Anzahl der Interaktionen (Engagement) wie Likes, Kommentare, Shares werden mit der Reichweitenmessung ermittelt. Dadurch lässt sich die Effektivität der Verbreitung der Kommunikationsbotschaften und das damit verbundene Interesse der Öffentlichkeit messen.
- *Medienpräsenz*
  Hier wird die Anzahl und der Umfang der Berichterstattung in traditionellen und digitalen Medien nachgehalten. Dies ermöglicht eine Aussage über den Verbreitungsgrad der Krise in den Medien und wie intensiv sie in diesen diskutiert wird.
- *Web-Traffic und Suchvolumen*
  Gemessen wird die Veränderung im Traffic auf der Unternehmenswebsite und in der Anzahl der Suchanfragen im Zusammenhang mit der Krise. Damit kann man eine Aussage darüber treffen, wie viele Menschen Informationen direkt an der Quelle suchen, um eventuell die Nachrichtenlage generell zu verifizieren.
- *Kundenzufriedenheit und -vertrauen*
  Diese ohnehin tagtäglich vorzunehmende Messung der Kundenzufriedenheit und des Vertrauens der Kunden durch Umfragen, Feedback und Social Media Monitoring gibt in einem Krisenfall einen Hinweis darauf, wie und ob das Vertrauen und die Zufriedenheit der Kunden beeinflusst worden sind.
- *Interne Kommunikation*
  Die Effizienz der internen Kommunikation gemessen anhand der Geschwindigkeit und Genauigkeit von Informationsweitergaben innerhalb des Unternehmens ist ein Faktor von hoher Bedeutung dafür, dass sichergestellt werden muss, dass alle Mitarbeiter informiert sind und dadurch auch eine einheitliche Botschaften nach außen tragen können.

- *Compliance und regulatorische Maßnahmen*
  Um im Nachgang rechtliche Probleme zu vermeiden, ist die Einhaltung gesetzlicher Vorschriften und regulatorischer Anforderungen während der Krisenkommunikation zu überwachen, auch um im Nachhinein bei etwaigen Fehlleistungen für zukünftige Fälle nachjustieren zu können.
- *Wiederherstellung des Markenimages*
  Hierunter versteht man Metriken zur Messung der Wiederherstellung des Markenimages nach der Krise, wie zum Beispiel Veränderungen in der Markenwahrnehmung und im Markenwert. Diese Betrachtung ist insbesondere dann von Bedeutung, wenn man die ergriffenen Maßnahmen zur Wiederherstellung des Markenvertrauens bewerten will.

Durch die Festlegung und Überwachung dieser KPIs können Unternehmen die Effektivität ihrer Krisenkommunikation messen und sicherstellen, dass sie angemessen auf die Krise reagieren und mögliche negative Auswirkungen minimieren.[1]

Datensammlung und -analyse

Eine strukturierte Datensammlung während der Krise bildet die Grundlage für eine fundierte Datenanalyse und hilft dabei, Lehren für die Zukunft zu ziehen und Prozesse zu optimieren.

Um die richtigen Schlüsse aus dem Material ziehen zu können, bedarf es einerseits einer klaren Definition, welche Daten als Basis für eine Analyse verwendet werden sollen, und andererseits, welche Analysen überhaupt vorgenommen werden sollen.

Wir möchten Ihnen in dieser folgenden Struktur ans Herz legen, welche Daten Sie sammeln sollten, um in den Zustand faktisch tiefgreifender Analysen kommen zu können.

Kommunikationskanäle und -methoden

Widmen wir uns zunächst den *internen Kommunikationskanälen* wie zum Beispiel dem E-Mail-Verkehr: Erfassen Sie hier alle relevanten E-Mail-Konversationen, insbesondere jene, die zwischen den Führungskräften und den Mitarbeitern ausgetauscht wurden.

Betrachten Sie die Nutzung des Intranets zur Verteilung von Informationen und Dokumentation der Beiträge und Reaktionen. Und verwerten Sie die Protokolle von Besprechungen und die Aufzeichnungen von Videokonferenzen.

Bei den *externen Kommunikationskanälen* handelt es sich um das Sammeln der veröffentlichten Pressemitteilungen und deren Verbreitungswege.

Ebenso werden die Daten der Social-Media-Aktivitäten gesammelt. Das betrifft das Monitoring der offiziellen Social-Media-Kanäle sowie der Reaktionen und Kommentare der Öffentlichkeit.

Und auch die Webseitennutzung darf nicht fehlen. Die Dokumentation aller Updates und Informationen, die auf der Unternehmenswebseite veröffentlicht wurden, sind abzuspeichern.

Kommen wir zu den *Inhalten* der Kommunikation. Die Daten zur Analyse der zentralen Botschaften, die während der Krise kommuniziert wurden, sind genauso zu erheben wie die Identifikation und die Nachverfolgung der am häufigsten verwendeten Schlüsselwörter und Phrasen.

Frequenz und Timing

Hier ist das Erfassen der Daten darüber gemeint, wie oft und zu welchen Zeitpunkten Nachrichten gesendet wurden. Dies ermöglicht eine fundierte Aussage über die richtige oder falsche Abfolge und ob es der richtige oder falsche Zeitpunkt war. Auch der faktische Zeitpunkt bezüglich der Uhrzeit/Tageszeit muss festgehalten werden.

Interne Reaktionen und internes Feedback

Umfragen und Fragebögen mit Ergebnissen von internen Umfragen und Fragebögen zur Bewertung der Effektivität der Krisenkommunikation müssen genauso ausgewertet werden wie die Dokumentation des direkten Feedbacks und der Rückmeldungen von Mitarbeitern.

Öffentliches Feedback

Unter diese Rubrik fällt das Sammeln von Artikeln, Berichten und Meinungen der traditionellen Medien.

Auch die Analyse der Kommentare, Shares und Likes auf den offiziellen Social-Media-Kanälen fällt hierunter – ebenso die Erfassung von Kundenanfragen, Beschwerden und Rückmeldungen.

Datenmaterial über die Effektivität der Maßnahmen

Wie viele Adressaten haben die Botschaften wie oft und wann genau erreicht?

Wie waren die Tonalität und der Tenor der Berichterstattung in den Medien und in den Social-Media-Kanälen?

Wie waren die Interaktionen (Likes, Shares, Kommentare) in den sozialen Medien?

Wie war die wahrnehmbare öffentliche und interne Stimmung gegenüber den kommunizierten Botschaften und wie war die eigentliche Erwartungshaltung?

Weitere relevante Daten

Eine detaillierte Timeline aller wichtigen Ereignisse während der Krise ist zu erstellen und zu analysieren.

Hilfreich ist auch eine exakte Dokumentation der Auslöser der Krise und der darauf folgenden internen und externen Reaktionen.

Dass eine Erfassung, welche Ressourcen (Personal, finanzielle Mittel, technische Ausstattung) zur Krisenbewältigung eingesetzt wurden, stattfindet, liegt einerseits in der Natur der Sache im Hinblick auch auf Wiederbeschaffungsmaßnahmen, aber andererseits sicherlich auch im Herzen eines jeden kaufmännischen Verantwortlichen.

Hand in Hand mit dieser Erfassung könnte dann auch die Identifikation und Dokumentation von Engpässen und deren Auswirkungen gehen.

Eine gründliche Datenerfassung während einer Krise und eine Analyse nach der Krise ist essenziell, um die Effektivität der Krisenkommunikation zu bewerten und daraus Lehren für die Zukunft ziehen zu können.

Durch die systematische Erfassung und Analyse von Kommunikationskanälen, Inhalten, Reaktionen und weiteren relevanten Daten sind Unternehmen in der Lage, ihre Krisenbewältigungsstrategien kontinuierlich so zu verbessern, dass sie auf ähnliche Herausforderungen in der Zukunft vorbereitet reagieren können.

Fallbeispiel als Leitfaden: »Monitoring und Evaluation«

Dank des ständigen Monitorings und der kontinuierlichen Evaluation konnte TechDynamics die Krise effektiv managen und das Vertrauen der Stakeholder weitgehend bewahren. Die Fähigkeit, schnell auf Veränderungen in der öffentlichen Meinung und in den Medien zu reagieren, war entscheidend für den Erfolg der Krisenkommunikation. TechDynamics zeigte, dass eine proaktive, datengetriebene und flexible Kommunikationsstrategie der Schlüssel zur erfolgreichen Bewältigung einer Cyberkrise ist.

Konkret haben sie mit einem ständigen Monitoring und einer Evaluation während der Kommunikationsphase Folgendes unternommen:

1. *Einrichtung des Krisenraums:*
   - *Krisenzentrum:* Im Hauptsitz von TechDynamics wurde sofort ein Krisenzentrum eingerichtet. Hier versammelten sich das Krisenteam, IT-Spezialisten, Kommunikations- und PR-Experten.
   - *Technische Ausstattung:* Der Raum war mit modernster Technologie ausgestattet, darunter große Monitore für Echtzeitüberwachung, Videokonferenzsysteme und sichere Kommunikationskanäle.

2. *Kontinuierliches Monitoring:*
   - *Social Media Monitoring:* Ein Team von Social-Media-Experten überwachte kontinuierlich alle relevanten Plattformen. Sie nutzten spezialisierte Monitoring-Tools, um Erwähnungen von TechDynamics, verwandten Hashtags und Schlüsselwörtern in Echtzeit zu verfolgen.
   - *Medienüberwachung:* Ein anderes Team verfolgte die Berichterstattung in den traditionellen Medien. Dazu *gehörten* Nachrichtenartikel, TV-Berichte und Pressemitteilungen. Sie nutzten Medienscanning-Dienste, um schnell auf neue Veröffentlichungen zu reagieren.
   - *Kundensupport-Analyse:* Der Kundensupport analysierte eingehende Anfragen und Beschwerden, um wiederkehrende Themen und Anliegen zu identifizieren.

3. *Reaktionsstrategie:*
   - *Schnelle Anpassung:* Basierend auf den Ergebnissen des Monitorings wurden die Kommunikationsstrategien kontinuierlich angepasst. Wenn zum Beispiel ein bestimmtes Gerücht oder eine Fehlinformation die Runde machte, wurde sofort eine Klarstellung veröffentlicht.

- *Gezielte Botschaften:* Die Kernbotschaften wurden in Echtzeit angepasst, um auf die aktuellen Sorgen und Fragen der Stakeholder einzugehen. Dabei wurden häufige Anliegen direkt adressiert.

4. *Evaluation der Kommunikationsmaßnahmen:*
   - *Tägliche Briefings:* Tägliche Briefings wurden abgehalten, um die Wirksamkeit der bisherigen Kommunikationsmaßnahmen zu bewerten. Diese Meetings fanden im Krisenzentrum statt und beinhalteten eine Analyse der Medienberichterstattung, Social-Media-Trends und Kundenfeedbacks.
   - *Feedback-Integration:* Das Feedback der Kunden und Partner wurde gesammelt und analysiert. Dies geschah über verschiedene Kanäle, darunter direkte Kundenanrufe, E-Mails und Kommentare in den sozialen Medien. Das Feedback wurde genutzt, um die Kommunikationsstrategie zu verbessern.
   - *Metriken und KPIs:* Es wurden spezifische Metriken und KPIs definiert, um den Erfolg der Krisenkommunikation zu messen. Dazu gehörten die Reichweite und Sentiment-Analysen in den sozialen Medien, die Anzahl und Tonalität der Medienberichte sowie die Zufriedenheit der Kunden, gemessen durch direkte Rückmeldungen und Umfragen.

14 Management und Führungskommunikation

Krisenzeiten stellen eine enorme Herausforderung für das Management und die Führungskommunikation in Unternehmen dar. In solchen Phasen werden nicht nur die Krisenbewältigungsfähigkeiten der Führungskräfte auf die Probe gestellt, sondern auch ihre Fähigkeit, effektiv und authentisch zu kommunizieren. Es gelten spezifische Anforderungen, die an das Management und auch an die interne Führungskommunikation während einer Krise gestellt werden.

Oft ist es die interne Kommunikation, die in einer Krise stiefmütterlich vernachlässigt wird. Dabei sind es die Mitarbeiter, die schlussendlich die Notmaßnahmen tragen müssen. Und sie sind oft der entscheidende Faktor. Sie müssen ja als Erstes Vertrauen in die Krisenbewältigung des Unternehmens haben, um eben dieses dann nach außen zu transferieren. Der Identifikationsgrad ist naturgemäß höher, als der von Externen sein kann. Wenn dieses Vertrauen der internen Akteure verloren geht und damit einhergehend auch das Festhalten am internen Wertegerüst, wird es schwer, noch in ruhiges Fahrwasser zu gelangen.

Dies zeigt sich bespielhaft auch an einem Fall von Postauto Schweiz AG, der im Jahre 2018 in das Licht der Öffentlichkeit gelangte. Hier zur Auffrischung noch einmal der Ablauf, wie er in der Presse damals dargestellt wurde:[1]

Der Skandal begann mit dem internen Projekt »Gewinnsicherung«, das 2012 bei Postauto eingeführt wurde. Ziel war es, Gewinne im regionalen Personenverkehr (RPV) zu sichern und zu erhöhen, obwohl der subventionierte öffentliche Verkehr keinen Gewinn machen sollte.

Die Problematik entstand, weil die Gewinne durch kreative Buchführungsmethoden generiert wurden, indem Kosten innerhalb des Unternehmens umgebucht wurden, um höhere Subventionen vom Staat zu erhalten.

Erste Hinweise auf Unregelmäßigkeiten tauchten auf, als das Bundesamt für Verkehr (BAV) die subventionierten Gewinne überprüfte und feststellte, dass diese nicht den gesetzlichen Vorschriften entsprachen. 2018 deckte das BAV die systematischen Buchhaltungsmanipulationen bei Postauto auf.

Die Manipulationen führten dazu, dass über mehrere Jahre hinweg unrechtmäßige Subventionen in Höhe von etwa 78 Millionen Schweizer Franken erschlichen wurden.

Die Ermittlungen führten zu strafrechtlichen Konsequenzen für mehrere Führungskräfte bei Postauto und der Schweizerischen Post. Insgesamt wurden sieben Personen, darunter Mitglieder der Geschäftsleitung und des Verwaltungsrates, wegen Leistungsbetruges und Pflichtverletzung verurteilt.

Die Strafen umfassten bedingte Geldstrafen und Bußen, und die Betroffenen erhoben Einsprüche gegen die Strafverfügungen.

Susanne Ruoff, die damalige CEO der Schweizerischen Post, trat aufgrund des Skandals zurück.

Der Skandal führte zu einem großen öffentlichen und politischen Aufschrei, der Reformen und eine bessere Governance in bundesnahen Betrieben forderte. Die Post reorganisierte ihre Strukturen und verbesserte interne Kontrollmechanismen.

Der Postauto-Skandal ist ein Beispiel für die Herausforderungen, die mit der Verwaltung öffentlicher Gelder verbunden sind, und hat zu einem stärkeren Fokus auf die Governance und die regulatorische Aufsicht in der Schweiz geführt.

Das damalige Krisenmanagement nach außen war das eine. Aber gerade die Postmitarbeitenden hatten einen außerordentlich hohen Bezug zum eigenen Unternehmen. Die Identifikation mit »der Post« ist bei vielen, vor allem auch älteren Mitarbeitenden, enorm gewesen. »Die Post« war gelebte Korrektheit – die Postler waren und sind es auch. Nun aber stellte sich heraus, dass im eigenen Unternehmen, in der eigenen Familie sozusagen, getrickst und betrogen worden war? Das war im Grunde die wahre Krise, weil ein großer Teil des Wertegerüstes bei vielen Mitarbeitern in sich zusammengefallen war. Man war nicht mehr Stolz darauf, ein »Postler« zu sein!

Ein Unternehmen, auch das einer staatlichen Organisation, funktioniert nur dann optimal, wenn die Mitarbeitenden eine hohe Identifikation mit der Organisation haben.

Diese war nun zerstört und es dauerte sehr lange, bis das Vertrauen auch nur annähernd wieder erreicht wurde. Natürlich benötigte es dazu eines neuen, unbelasteten Managements.

Bei einem Unternehmen hätte sich diese Identifikationskrise auch zahlenmäßig (Umsatzverluste; Mitarbeiterfluktuation) noch einmal deutlich darstellen lassen. Bei Organisationen, zumal staatlicher Konvenienz, ist dies etwas schwieriger darzustellen.

Krisenführung

Krisenführung erfordert vom Management nicht nur technische Fähigkeiten und Entscheidungskompetenz, sondern auch ein hohes Maß an emotionaler Intelligenz. Führungskräfte müssen in der Lage sein, Stress zu managen, Empathie zu zeigen und Vertrauen aufzubauen, während sie gleichzeitig schnelle und effektive Lösungen für die Krise finden müssen.

Die Sensibilisierung für die Bedeutung der Kommunikation ist daher ein wichtiger Schritt.

Einleitung

In einer zunehmend komplexen und vor allem vernetzten Welt sehen sich Unternehmen häufig mit einer Vielzahl von Krisenmöglichkeiten konfrontiert, die die Unternehmensexistenz bedrohen können.

Eine Unternehmenskrise kann durch interne Faktoren wie Managementversagen oder externe Faktoren wie wirtschaftliche Abschwünge, Naturkatastrophen oder technologische Veränderungen ausgelöst werden.

Unabhängig von diesen Auslösern ist die Fähigkeit eines Unternehmens, eine Krise zu bewältigen, entscheidend für seinen langfristigen Erfolg. In solchen Zeiten rückt die Rolle der

Unternehmensführung besonders in den Fokus, da insbesondere die Fähigkeiten der Führungskräfte, schnell und effektiv zu reagieren, über das Schicksal des Unternehmens entscheiden können.

Das optimale Managen einer Unternehmenskrise erfordert ein tiefes Verständnis der Krise selbst, diese besondere Befähigung zur schnellen Entscheidungsfindung auf Basis nicht optimaler Faktenlage und das Charisma, Teams zu motivieren und zu leiten.

Wir werden in diesem Kapitel die verschiedenen Facetten der Krisenbewältigung untersuchen und die Eigenschaften und Strategien identifizieren, die Führungskräfte benötigen, um eine Krise erfolgreich zu meistern.

Unternehmenskrisen können viele Formen annehmen, jede mit ihren eigenen Herausforderungen und Implikationen für das Management.

Hier noch einmal die häufigsten Arten von Krisen, in der sich Unternehmen wiederfinden können:

Für *finanzielle Krisen* gibt es eine Vielzahl von Möglichkeiten als Auslöser, darunter fallen eine schlechte Finanzplanung, eine unerwartete Marktentwicklungen oder der Verlust eines großen Kunden. Zeichnet sich eine solche Situation durch ein stabiles Finanz-Controlling ab, sind schnelle Maßnahmen zur Sicherung der Liquidität und zur Restrukturierung von Schulden erforderlich.

Reputationskrisen entstehen häufig durch eine negative öffentliche Wahrnehmung, gespeist aus Skandalen, schlechtem Kundenservice oder anderen Fehlern. Diese Art der Krise kann langfristige Auswirkungen auf die Marke eines Unternehmens haben und erfordert ganz besonders proaktive Kommunikationsstrategien.

Operative Krisen beziehen sich in der Regel auf das tägliche Geschäft eines Unternehmens. Ausgelöst werden können sie durch Produktionsstörungen, Lieferkettenprobleme oder Technologieausfall. Schnelle Problemlösungen und Prozessoptimierungen sind hier von entscheidender Bedeutung.

Auch konjunkturelle Abschwächungen oder Veränderungen im Marktumfeld können zu einer Veränderung führen, bei der die Nachfrage nach den Produkten oder Dienstleistungen eines Unternehmens sinkt oder stagniert. Zur Lösung dieser Situation werden meist strategische Neuausrichtungen benötigt.

Effektives Krisenmanagement wird in der Regel nicht neu erfunden, sondern basiert auf bewährten Praxisbeispielen, die den Führungskräften helfen sollen, strukturiert auf Krisen zu reagieren. Diese erfolgreichen Beispiele sind dann in Form eines Stufenplans zusammengefasst und schon in den Universitäten Bestandteil der Ausbildung.

Ein solches Stufenmodell des Krisenmanagements umfasst typischerweise folgende Phasen, die wir hier zur Vertiefung auch noch einmal aufführen:

- *Prävention*
  In der Präventionsphase identifizieren Unternehmen potenzielle Risiken und spielen Strategien durch, um diesen vorzubeugen. Dazu gehören Risikoanalysen, die Implementierung von Frühwarnsystemen und die Schulung von Mitarbeitern über das Verhalten in Krisensituationen.
- *Vorbereitung*
  In dieser Phase erstellen Unternehmen Krisenpläne und schulen ihre Führungskräfte und Mitarbeiter im Umgang mit Krisensituationen. Effektive Vorbereitung beinhaltet dann auch das Aufsetzen von Krisenmanagement-Teams und die Einführung verbindlicher Kommunikationsprotokolle.

Krisenführung

- *Reaktion*
  Die Reaktionsphase tritt ein, wenn eine Krise tatsächlich auftritt. Hier ist schnelles und entschiedenes Handeln erforderlich, um die Situation unter Kontrolle zu bringen und weitere Schäden zu minimieren. Effektive Führungskräfte müssen in der Lage sein, unter Druck klare und fundierte Entscheidungen zu treffen.

- *Erholung*
  Hierbei konzentrieren sich Unternehmen darauf, die Normalität wiederherzustellen und aus der Krise zu lernen, um zukünftige Risiken zu minimieren. Dies kann die Implementierung neuer Prozesse oder die Neujustierung der Unternehmensstrategie beinhalten.

- *Aufarbeitung*
  Der Aufarbeitungsprozess ist entscheidend, um sicherzustellen, dass das Unternehmen aus der Krise gestärkt hervorgeht. Hierbei werden die Reaktionen und getroffenen Maßnahmen während der Krise analysiert, um Verbesserungspotenzial zu identifizieren und um die Krisenpläne entsprechend zu kalibrieren.

Eigenschaften effektiver Führungskräfte in Krisensituationen

Die Effizienz von Führungskräften in Krisenzeiten hängt stark von deren persönlichen Eigenschaften in optimaler Kombination mit der fachlichen Befähigung ab.

Sicherlich ist nicht jede Krise gleich der Krise zuvor. Aber genau deshalb ist es entscheidend, dass Führungskräfte die folgenden Eigenschaften aufweisen:

- *Entscheidungsfreudigkeit*
  In Krisenzeiten müssen Führungskräfte schnelle und oft schwierige Entscheidungen treffen, ohne dass es gewährleistet ist, dass man über alle Informationen verfügt. Die Fähigkeit, die verfügbaren Informationen zu analysieren und entschlossen zu handeln, ist entscheidend, um die Kontrolle über die Situation zu behalten.

In vielen Fällen ist es hierbei wesentlich, eine Entscheidung zu treffen, selbst wenn sich diese im Nachhinein als die falsche herausstellen sollte. Keine Entscheidung zu treffen ist keine Option. Leider kann man diese Qualifikation nicht in St. Gallen oder Harvard erwerben.

- *Kommunikationsfähigkeit*
  Eine klare und transparente Kommunikation ist die Voraussetzung, um Vertrauen bei den Mitarbeitenden und anderen Stakeholdern zu schaffen. Führungskräfte müssen in der Lage sein, die Situation und die ergriffenen Maßnahmen klar zu kommunizieren. Wenn sie dabei noch Empathie und Verständnis transportieren können, werden sie »wahr-« genommen.
- *Sensibilität*
  Krisen sind emotional belastend für alle Beteiligten. Führungskräfte mit einer echten Sensibilität können die Gefühle und Bedürfnisse ihrer Mitarbeiter lesen, verstehen und darauf eingehen. Fühlen sich die Mitarbeiter hier verstanden und abgeholt, wird das die Motivation und den Zusammenhalt im Team stärken.
- *Anpassungsfähigkeit*
  Da Krisen ihre eigene Dynamik entwickeln können, ist die Fähigkeit zur Anpassung an neue Situationen entscheidend. Führungskräfte müssen flexibel und in der Lage sein, ihre Strategien und Taktiken bei Bedarf schnell zu ändern.
- *Problemlösungskompetenz*
  Krisen erfordern oft kreative Lösungen für komplexe Probleme. Die Führungskräfte, die in der Lage sind, über den Tellerrand hinauszublicken, Althergebrachtes in Frage zu stellen und innovative Ansätze zur Bewältigung von Herausforderungen zu entwickeln, haben bei der Krisenbewältigung einen Vorteil.

Strategien zur Krisenbewältigung

Im Werkzeugkasten für Führungskräfte gibt es eine Vielzahl von Prozessen, die angewendet werden können, um eine

Unternehmenskrise effektiv zu bewältigen. Werfen wir einen kurzen Blick auf die fünf gängigsten.

Transparente Kommunikation meint in diesem Zusammenhang eine offene und ehrliche Kommunikation mit allen Stakeholdern, einschließlich Mitarbeitern, Kunden und Investoren.

Da in einer Krise der Faktor Zeit oft von entscheidender Bedeutung ist, müssen Führungskräfte in der Lage sein, schnell zu agieren, um die Situation unter Kontrolle zu bringen und Schäden zu minimieren.

Wer es versäumt hat, ein belastbares Risikomanagement zu implementieren, wird nicht in der Lage sein, potenzielle Bedrohungen frühzeitig zu erkennen und geeignete Gegenmaßnahmen zu ergreifen. Für eine Führungskraft ein grob fahrlässiges Verhalten.

Ein förderliches Miteinander und das Einbinden in transparente Informationsflüsse mit allen relevanten Stakeholdern ist hilfreich, um Unterstützung zu mobilisieren, die bei der Bewältigung der Krise hilfreich sein kann.

Führungskräfte müssen bereit sein, ihre Strategien bei Bedarf anzupassen, situativ Entscheidungen zu treffen und innovative Ansätze zur Lösung von Problemen in Erwägung zu ziehen.

Die Rolle der Unternehmenskommunikation

Eine effektive Unternehmenskommunikation ist ein wesentlicher Bestandteil des Krisenmanagements und die originäre Aufgabe des Managements. Sie umfasst sowohl die interne Kommunikation mit Mitarbeitenden als auch die externe Kommunikation mit Kunden, Investoren und der Öffentlichkeit.

- *Interne Kommunikation:* Eine klare interne Kommunikation ist wichtig, um Unsicherheiten und Ängste unter den Mitarbeitern zu reduzieren und sicherzustellen, dass alle über die aktuelle Situation und die ergriffenen Maßnahmen informiert sind.

Führungskräfte müssen regelmäßig Updates geben und offene Kanäle für Feedback und Fragen zur Verfügung stellen.

- *Externe Kommunikation:* Die externe Kommunikation zielt darauf ab, das Vertrauen der Öffentlichkeit und der Kunden aufrechtzuerhalten. Transparente und ehrliche Informationen über die Situation und die geplanten Maßnahmen können dazu beitragen, die Unterstützung der Öffentlichkeit zu gewinnen.

Langfristige Auswirkungen und Wiederaufbau

Nach einer Krise liegt der Fokus auf dem Wiederaufbau und der langfristigen Erholung des Unternehmens. Dies kann die Überarbeitung von Geschäftsstrategien, die Verbesserung von Prozessen und die Stärkung der Unternehmenskultur umfassen.

Eine Krise gibt die Gelegenheit, die Geschäftsstrategie zu überdenken und neue Chancen zu identifizieren. Führungskräfte müssen die Lehren aus der Krise nutzen, um das Unternehmen zukunftssicher zu machen.

Die meisten Krise decken Schwächen in den Unternehmensprozessen auf, die dann nach der Krise angegangen werden sollten. Eine kontinuierliche Verbesserung der Prozesse kann helfen, das Unternehmen widerstandsfähiger gegen zukünftige Krisen zu machen.

Führungskräfte müssen daran arbeiten, eine Kultur des Vertrauens, der Transparenz und der Zusammenarbeit zu fördern. Für Egospielchen von sogenannten Führungskräften ist weder nach einer Krise noch vorher und erst recht nicht während einer Krise Platz. Eine positive Unternehmenskultur kann dazu beitragen, die Moral der Mitarbeitenden zu stärken und ihre Fähigkeit zur Bewältigung zukünftiger Herausforderungen zu verbessern.

Krisenführung

Unsere Zusammenfassung bezüglich effektiver Managementführung in einer Unternehmenskrise lautet, dass es einer Kombination aus schnellem Handeln, klarer Kommunikation und strategischer Anpassungsfähigkeit bedarf. Führungskräfte, die in der Lage sind, diese Fähigkeiten zu vereinen, können ihr Unternehmen nicht nur durch die Krise navigieren, sondern auch gestärkt daraus hervorholen.

Die Analyse von Fallstudien und das Aufsetzen bewährter Praktiken können wertvolle Einblicke und Werkzeuge liefern, um die Herausforderungen einer Krise erfolgreich zu meistern.

Letztendlich bietet jede Krise im Nachhinein die Möglichkeit für Wachstum und Erneuerung, wenn sie mit einem klaren Fokus auf langfristige Resilienz und Verbesserung angegangen wird.

Und zwar in dieser Reihenfolge und nicht originär im Sinne einer falschen Übersetzung und Interpretation, wie es bei dem chinesischen Begriff für Krise oft der Fall ist. Denn Krise bedeutet auch im Chinesischen »Gefahr«. Auch wenn es aus zwei Schriftzeichen zusammengesetzt ist und das zweite Schriftzeichen, wohlgemerkt ausschließlich für sich alleine stehend, »Gelegenheit« bedeutet. Tut es aber nicht (alleine für sich zu stehen), sondern es handelt sich um einen Zweisilben-Begriff. Ein klassisches Beispiel für Fehlinterpretationen, die zu einem Allgemeingut geworden sind.

Zurück zu unserem Thema: Sicherlich bietet jede Krise eine Möglichkeit, im Nachhinein zu justieren oder zu verändern. Aber dafür muss man dann auch die richtigen Lehren ziehen können. Betrachten wir deshalb nun zwei Fallbeispiele, eines aus dem Bereich des Unternehmensmanagements und eines aus dem politischen Verantwortungsbereich:

Beispiel 1: Unternehmens-Krisenbewältigung durch erfolgreiches Management – Apple und die Rückkehr von Steve Jobs

In den 1990er-Jahren befand sich Apple in einer ernsten Krise. Das Unternehmen hatte mehrere Jahre hintereinander Verluste erlitten, und seine Produktlinie deckte nicht die Marktbedürfnisse ab. Der Marktanteil schrumpfte deshalb, und nicht wenige Experten spekulierten daher über die Möglichkeit eines Bankrotts oder einer Übernahme.

Doch 1997 kehrte Steve Jobs zu Apple zurück und übernahm die Rolle des Interims-CEO. Er führte unverzüglich eine Reihe entscheidender Maßnahmen durch, die das Unternehmen stabilisierten und neu ausrichteten.

So reduzierte er die Anzahl der angebotenen Produkte drastisch und konzentrierte sich auf wenige Schlüsselprodukte, die zu Innovation und Qualität führten, wie den iMac, der bereits 1998 eingeführt wurde.

Jobs schloss eine wegweisende strategische Partnerschaft mit Microsoft, die eine Investition von 150 Millionen Dollar und die Entwicklung von Microsoft Office für den Mac beinhaltete. Dies half immens, das Vertrauen in Apple für die Öffentlichkeit wiederherzustellen.

Steve Jobs propagierte eine neue Unternehmenskultur, die auf Innovation, Einfachheit und Designexzellenz abzielte. Er straffte die Organisationsstruktur und ermöglichte dadurch effizientere Entscheidungsprozesse.

Dank dieser strategischen Neuausrichtungen konnte Apple nicht nur die Krise überstehen, sondern wurde zu einem der erfolgreichsten und wertvollsten Unternehmen der Welt. Eine absolut strategische Meisterleistung einer wirklichen Führungskraft.

Die Einführung weiterer innovativer Produkte wie iPod (2001), iPhone (2007) und iPad (2010) trieb das Wachstum des Unternehmens weiter voran.

Beispiel 2: Krisenbewältigung durch einen politischen Verantwortlichen – Winston Churchill und der Zweite Weltkrieg

Während des Zweiten Weltkriegs wurde Großbritannien existenziell durch Deutschland bedroht.

Im Mai 1940 trat Winston Churchill das Amt des Premierministers an, als die Situation besonders kritisch war. Frankreich stand kurz vor der Kapitulation, und Großbritannien schien isoliert im Kampf gegen die Achsenmächte.

Churchill arbeitete zunächst intensiv daran, die Vereinigten Staaten als Verbündeten zu gewinnen. Seine enge Beziehung zu US-Präsident Franklin D. Roosevelt war entscheidend für die spätere Unterstützung der Vereinigten Staaten in Form von Waffenlieferungen und schließlich durch den Kriegseintritt.

Gleichzeitig versuchte er, die Motivation der britischen Bevölkerung wieder aufzurichten. Er hielt inspirierende Reden, die den britischen Geist stärkten und die Moral der Bevölkerung sowie der Streitkräfte in schwierigen Zeiten anhoben. Seine berühmte »Wir werden an den Stränden kämpfen«-Rede ist ein herausragendes Beispiel für seine Fähigkeit, Hoffnung und Entschlossenheit zu vermitteln.

Churchill spielte eine entscheidende Rolle bei der Planung und Durchführung der militärischen Operationen, einschließlich der berühmten Luftschlacht um England und der strategischen Bombardierungen des Festlandes, die entscheidend zur Verteidigung der britischen Insel beitrugen.

Parallel zu den Kriegsanstrengungen führte Churchill Reformen im britischen Militär und der Industrieproduktion durch, um die Kriegsanstrengungen zu optimieren und die Effizienz zu steigern.

Es war Churchills motivierende und taktische Führung während des Zweiten Weltkriegs, die entscheidend für den britischen Widerstand gegen das damalige Deutschland war.

Seine Entschlossenheit und sein strategisches Geschick, das den Weg für den alliierten Sieg im Jahr 1945 ebnete, wird heute als beispielgebend für eine verantwortliche und motivierende Führung angesehen.

Diese Beispiele zeigen, wie sowohl Unternehmensführer als auch politische Verantwortliche durch klare Visionen, strategische Entscheidungen und effektive Kommunikation Krisen nicht nur bewältigen, sondern auch als Chancen für langfristiges Wachstum und Stärke nutzen können.

Sensibilisierung des Managements

Schulung und Vorbereitung

Das Management eines Unternehmens muss durch regelmäßige Schulungen und Simulationsübungen auf Krisensituationen vorbereitet werden. Diese Trainings sollten nicht nur die praktischen Aspekte der Krisenbewältigung abdecken, sondern auch die Feinheiten der Krisenkommunikation, wie zum Beispiel die Entwicklung von Kernbotschaften und das Handling schwieriger Fragen. Anzuraten wäre auch ein mentales Training, das die Basis für besonnene und klare Entscheidungsfindungen legen könnte.

Verständnis der Stakeholder-Erwartungen

Stakeholder (Mitarbeiter, Kunden, Investoren, Öffentlichkeit) haben unterschiedliche Erwartungen und Informationsbedürfnisse. Eine Führungskraft ist daher gut aufgestellt, wenn sie in der Lage ist, diese manchmal auch durchaus unterschiedlichen Sichtweisen zu verstehen und darauf einzugehen. Oft ist es erforderlich, hier die Kommunikation entsprechend auszurichten.

Anforderungen an die interne Kommunikation

Klarheit und Konsistenz

In Krisenzeiten ist es essenziell, Mitarbeitende klar, verbindlich und transparent zu führen. Das Management muss dies sicherstellen, um Unsicherheiten zu minimieren und ein Gefühl der Normalität und Stabilität zu fördern.

Authentizität und Transparenz

Authentizität und Transparenz sind Schlüsselkomponenten der Vertrauensbildung. Führungskräfte müssen ehrlich über die Situation und die zu erwartenden Herausforderungen kommunizieren, auch wenn nicht alle Antworten sofort verfügbar sind.

Aktives Zuhören

Effektive Führung in der Krise beinhaltet auch, den Mitarbeitenden zuzuhören und ihre Anliegen zu verstehen. Aktives Zuhören kann dazu beitragen, Ängste und Missverständnisse zu erkennen und anzugehen, was wiederum die Moral und das Engagement der Mitarbeiter stärkt.

Strategien für effektive Führungskommunikation

Einrichtung eines Krisenkommunikationsteams

Ein dediziertes Krisenkommunikationsteam, das eng mit dem Management zusammenarbeitet, kann die Entwicklung und Durchführung von Kommunikationsstrategien unterstützen. Dieses Team sollte die Autorität haben, schnell zu handeln und direkt mit dem obersten Management zu kommunizieren.

Nutzung verschiedener Kommunikationskanäle

Um eine breite Abdeckung und Erreichbarkeit zu gewährleisten, sollten verschiedene Kommunikationskanäle genutzt werden, darunter E-Mails, interne Newsletter, Online-Meetings und, wenn möglich, persönliche Treffen.

Feedback-Schleifen

Die Implementierung von Feedback-Schleifen, über die die Mitarbeiter ihre Bedenken und Vorschläge äußern können, ist wesentlich für eine erfolgreiche Kommunikationsstrategie.

Extrakt

Der Extrakt all dieser Anforderungen an die Umsetzung eines optimalen Managements einer Krise durch das persönliche Auftreten eines Managers zeigt sich in der Rolle und der Vorgehensweise des Hamburger Innensenators Helmut Schmidt. Sie können an diesem Beispiel all die Faktoren erkennen, die wir oben als notwendige Fähigkeiten eines Krisenmanagers beschrieben haben.

Helmut Schmidt gelang es, die Flutkatastrophe in Hamburg im Jahr 1962 erfolgreich zu managen, indem er schnelle Entscheidungen traf, effektive Koordination zwischen verschiedenen Behörden sicherstellte und mutige Maßnahmen ergriff, um Menschenleben zu retten.

Extrakt

Die Sturmflut in der Nacht vom 16. auf den 17. Februar 1962 traf Hamburg mit voller Wucht. Durch eine Kombination aus extremem Hochwasser und Deichbrüchen wurden große Teile der Stadt überflutet. Die Katastrophe forderte 315 Menschenleben und hinterließ Tausende obdachlos.

Als Polizeisenator von Hamburg übernahm Schmidt sofort die Handlungs-Verantwortung und traf direkte Entscheidungen, die er eigentlich nur nach Genehmigung durch die vorgesetzten Behörden hätte treffen dürfen. Er zögerte auch nicht, die Bundeswehr und andere Kräfte direkt anzufordern, obwohl dies rechtlich eigentlich nicht möglich war. Hierbei waren sicherlich seine Erfahrungen als ehemaliger Offizier und seine diesbezüglichen Kontakte hilfreich.

Schmidt richtete unverzüglich einen zentralen Krisenstab ein, der aus verschiedenen Behörden und Organisationen bestand. Dies ermöglichte ihm eine koordinierte und effiziente Reaktion auf die Katastrophe.

Dass Schmidt umgehend die Unterstützung durch die Bundeswehr angefordert hatte, war entscheidend für deren schnellen Einsatz von Hubschraubern und amphibischen Fahrzeugen, die in den überfluteten Gebieten operieren konnten.

Schmidt koordinierte die Zusammenarbeit zwischen der Feuerwehr, der Polizei, dem Technischen Hilfswerk (THW), freiwilligen Helfern und der Bundeswehr. Diese interdisziplinäre Zusammenarbeit war entscheidend für die schnelle und effektive Krisenbewältigung.

Wesentlich war, dass Schmidt in der Krise starke Führungsqualitäten zeigte und in seinen Entscheidungen klar und entschlossen blieb. Seine Fähigkeit, schnell zu handeln und Entscheidungen zu treffen, vermittelte der Bevölkerung und den Einsatzkräften Vertrauen.

Es waren auch genau diese Fähigkeiten, die ihn in den späteren Auseinandersetzungen mit der RAF und hier insbesondere bei der Erstürmung der entführten Passagiermaschine »Landshut« durch die GSG 9 eine wesentliche Rolle spielen ließ.

Helmut Schmidt kommunizierte offen mit der Bevölkerung und den Medien, um die aktuelle Lage und die ergriffenen Maßnahmen transparent zu machen. Dies half, Panik zu vermeiden, und förderte die dann vertrauensvolle Zusammenarbeit mit den Bürgern, auch bei unliebsamen Anordnungen.

Nach der akuten Phase der Krise leitete Schmidt unverzüglich Maßnahmen zum Wiederaufbau und zur Verbesserung der Deichsicherheit ein, um zukünftige Katastrophen besser bewältigen zu können.

Die Erfahrungen und Lehren aus der Flutkatastrophe führten zu einer verbesserten Katastrophenvorsorge und stärkeren Koordination zwischen den verschiedenen Behörden in Deutschland.

Helmut Schmidts effektives Krisenmanagement während der Flutkatastrophe in Hamburg gilt als herausragendes Beispiel für Führung in Notzeiten. Seine Fähigkeit, schnelle Entscheidungen zu treffen und verschiedene Kräfte effektiv zu koordinieren, rettete zahlreiche Menschenleben und minimierte die Auswirkungen der Katastrophe. Schmidts Vorgehen und seine Führungsqualitäten wurden weithin anerkannt und trugen wesentlich zu seinem späteren politischen Aufstieg bei, darunter seine Wahl zum Bundeskanzler von Deutschland im Jahr 1974.

Helmut Schmidts Management der Flutkatastrophe zeigte, wie entscheidend Führungsstärke, Koordination und schnelle Handlungsfähigkeit im Krisenmanagement sind.

Hätten die Behörden bei der bundesrepublikanischen Ahrtal-Katastrophe ähnlich entschlossen und klar gehandelt, wäre der Bevölkerung viel Leid erspart geblieben.

Leider war dies nicht der Fall, obwohl die Blaupause quasi auf dem Behördentisch lag.

Fallbeispiel als Leitfaden: »Management und Führungskommunikation«

Durch die proaktive Einbindung des Managements und die Erklärung der Krisenkommunikation zur Führungsaufgabe konnte TechDynamics die Krise erfolgreich bewältigen. Die transparente, schnelle und koordinierte Kommunikation stärkte das Vertrauen der Kunden und Mitarbeiter und setzte ein Zeichen für professionelles Krisenmanagement. TechDynamics zeigte, wie wichtig es ist, Führungskräfte aktiv in alle Prozesse der Krisenkommunikation bei der internen und externen Kommunikation einzubeziehen und die Verantwortung für die Kommunikation auf höchster Ebene zu verankern.

- *Interne Kommunikation*:
  - *Transparente Informationen:* Der COO informierte sofort alle Mitarbeitenden über den Angriff. Die interne Mitteilung beinhaltete eine klare Erklärung der Situation, Beruhigung der Mitarbeitenden und Anweisungen zum weiteren Vorgehen.
  - *Regelmäßige Updates:* In regelmäßigen Abständen wurden alle Mitarbeitenden durch den CEO und andere Führungskräfte über den aktuellen Stand der Dinge informiert. Diese Updates wurden sowohl per E-Mail als auch über eine spezielle Krisenkommunikationsplattform verbreitet.
- *Externe Kommunikation:*
  - *Erste Stellungnahme:* Innerhalb der ersten Stunde nach Entdeckung des Angriffs trat der CEO vor die Kameras und gab eine offizielle Stellungnahme ab. Er betonte die Entschlossenheit des Unternehmens, die Situation schnell zu lösen, und versicherte den Kunden, dass ihre Sicherheit höchste Priorität habe.

- *Pressekonferenz:* Eine Pressekonferenz wurde einberufen, bei der der CEO und der CISO gemeinsam auftraten. Der CEO erklärte die unternehmerischen Auswirkungen und die Schritte zur Schadensbegrenzung, während der CISO technische Details und die Maßnahmen zur Wiederherstellung der Systeme erläuterte.

15 Organisatorische Vorbereitung durch Strukturlegung für den Krisenfall

Die organisatorische Vorbereitung auf Krisensituationen ist ein entscheidender Aspekt des Krisenmanagements. Sie bildet die Grundlage dafür, dass ein Unternehmen effektiv auf unerwartete Ereignisse reagieren kann. Das Ziel muss dabei sein, dass sich Unternehmen organisatorisch und strukturell auf den Krisenfall vorbereiten können, um sicherzustellen, dass die Kommunikation während einer Krise auch wirklich reibungslos abläuft und das Management so in seinen Entscheidungsprozessen verzahnt ist, dass eine klare Linie erkennbar ist und umgesetzt wird.

Da Krisen meist unerwartete Ereignisse sind, die den normalen Betrieb einer Organisation stören, können sie erhebliche negative Auswirkungen haben. Die Vorbereitung auf Krisen ist daher entscheidend, um die negativen Auswirkungen solcher Ereignisse zu minimieren und den Geschäftsbetrieb aufrechtzuerhalten.

Das Ziel der Krisenvorbereitung besteht somit darin, Organisationen resistent zu machen und die notwendigen Strukturen und Prozesse dafür zu schaffen, dass im Krisenfall effektiv reagiert werden kann.

Der erste Schritt in der Krisenvorbereitung ist daher die Bewertung der Risiken, denen eine Organisation ausgesetzt sein könnte. Dies erfordert eine systematische Identifizierung potenzieller Krisenszenarien, wie zum Beispiel Cyberangriffe, Naturkatastrophen oder pandemische Ausbrüche. Eine detaillierte Analyse dieser Risiken hilft, ihre Wahrscheinlichkeit und potenziellen Auswirkungen zu verstehen.

Basierend auf dieser Risikobewertung wird dann ein Krisenplan entwickelt. Dieser Plan sollte klare Ablauf-Protokolle enthalten, die im Falle eines Krisenereignisses zu befolgen sind.

Dazu gehören Evakuierungspläne, Notfallkontakte und Anweisungen zur Aufrechterhaltung kritischer Geschäftsprozesse.

Eine zentrale Aufgabe der Krisenvorbereitung ist somit die Schaffung klarer organisatorischer Strukturen, die im Fall der Fälle ineinander ohne Friktionen greifen.

Ein Krisenteam muss gebildet werden, das aus Mitgliedern verschiedener Abteilungen besteht, um einen möglichst breiten Erfahrungsschatz abgreifbar anzubieten. Jede Rolle innerhalb des Teams muss klar definiert sein, um unklare Kommunikationen im Krisenfall zu vermeiden.

Die Schlüsselrollen innerhalb des Teams sind sicherlich der Krisenmanager, der Kommunikationsleiter und der Leiter für technische Unterstützung.

Die Kommunikation im Krisenfall muss effektiv sein, um in einer Krisensituation Transparenz zu gewährleisten und Panik zu vermeiden. Ein gut entwickelter Kommunikationsplan muss daher sowohl interne als auch externe Kommunikationsstrategien umfassen.

Intern ist es absolut wichtig, die eigenen Mitarbeitenden regelmäßig über den Stand der Dinge zu informieren, denn sie sind oft die Botschafter des Unternehmens bedingt durch ihren unmittelbaren Kundenkontakt. Von daher ist es auch von immenser Bedeutung, dass die Mitarbeitenden genauestens wissen, was es zu sagen gibt und was nicht kommuniziert werden soll.

Die externe Kommunikation muss immer darauf abzielen, Kunden, Partner und die mediale Öffentlichkeit über Maßnahmen und Fortschritte zu unterrichten, die möglichst in vertrauensbildende Maßnahmen eingebettet sind.

Ein wesentlicher Bestandteil der Krisenvorbereitung ist die Schulung und das Training der Mitarbeitenden. Regelmäßige Trainings helfen, die im Krisenplan festgelegten Protokolle zu automatisieren. Möglichst reale Simulationen und Übungen ermöglichen es dem Krisenteam, ihre Reaktionsfähigkeit in realistischen Szenarien zu testen und Schwachstellen im Plan aufzudecken.

Vergessen Sie bitte bei den Simulationen nicht die externen Schnittstellen mit einzubeziehen, denn gerade bei nicht getesteten und/oder nicht in den Trainings eingebunden Organisationen, die aber im Krisenfall dringend benötigt werden, kann es passieren, dass sie plötzlich im Ernstfall vor gewaltigen Hürden stehen.

Eine weitere wesentliche Rolle spielt technologische Infrastruktur. Es muss sichergestellt sein, dass die benötigten IT-Systeme stabil sind und regelmäßige Backups durchgeführt werden können, um Datenverluste zu vermeiden. Auch hier gilt es, dieses zu überprüfen – in einer möglichst realen Simulation, denn für großartige Datenrettungsaktionen haben Sie in einem Krisenfall keine Zeit.

In diesem Zusammenhang spielt auch die Notstromversorgung eine überragende Rolle. Auch deren optimale Zuverlässigkeit kann man erst dann erleichtert abhaken, wenn man es ausprobiert hat.

Da die Krisenvorbereitung ein fortlaufender Prozess ist, sind regelmäßige Überprüfungen der Risikosituation und eine Nachjustierung des Krisenplans notwendig, um auch auf neue, meist technologische, Bedrohungen und Erfahrungen zu reagieren.

Organisatorische Vorbereitungen für einen Krisenfall erfordern eine umfassende und vor allem eine proaktive Herangehensweise. Durch die Kombination von Risikobewertung, strukturierten Planungen und kontinuierlicher Schulung können Organisationen ihre Widerstandsfähigkeit stärken und größtmöglich sicherstellen, dass sie in Krisensituationen dann auch effektiv reagieren können.

Eine kontinuierliche Anpassung und stete Verbesserung der Krisenstrategien ist entscheidend, um den sich ständig ändernden Herausforderungen gerecht zu werden.

Krisenmanagement-Team

Die Bildung eines dedizierten Krisenmanagement-Teams ist der erste Schritt der organisatorischen Vorbereitung. Dieses Team setzt sich aus Schlüsselpersonen zusammen, die verschiedene

Krisenmanagement-Team

Bereiche des Unternehmens vertreten, wie Geschäftsführung, Kommunikation, Recht, Sicherheit und Operations.

Jede Rolle innerhalb des Teams sollte klar definiert sein, um Verwirrung im Krisenfall zu vermeiden. Zu den Schlüsselrollen gehören der Krisenmanager, der Kommunikationsleiter und der Leiter für technische Unterstützung.

Zunächst hat das Krisenmanagementteam die Hauptaufgabe, Aktionspläne für verschiedene Krisensituationen zu entwickeln.

Eine weitere Aufgabe ist es, sicherzustellen, dass die benötigten Ressourcen (Personal, Ausrüstung, Finanzen) auch wirklich schnell verfügbar sind.

Es muss ein Monitoring-System aufgesetzt werden, um Frühwarnsignale zu erkennen.

Um sicherzustellen, dass relevante Informationen schnell fließen können, müssen die erforderlichen Kommunikationskanäle etabliert und durchgängig »sauber« sein.

Absolut essenziell bei der Eindämmung oder der Reaktion auf eine Krise ist eine schnelle Entscheidungsfindung. Dies kann man aber leider nur bis zu einem gewissen Grad trainieren.

Die Abstimmung zwischen verschiedenen Abteilungen und externen Partnern, um eine kohärente Reaktion zu gewährleisten, muss gegeben sein. Dazu gehört auch die interne Kommunikation bezogen auf die Einbindung und Informationsweitergabe an die Mitarbeitenden über die Lage und die angedachten Maßnahmen. Auch eine transparente und nachhaltige Kommunikation mit Medien, Kunden und der Öffentlichkeit, um das Vertrauen zu erhalten und um Gerüchte zu vermeiden, gehört zu diesem Ablauf.

Mit der ersten Entspannung der Situation können auch direkt die ersten Schritte zur Wiederaufnahme des normalen Geschäftsbetriebs einhergehen. Je schneller dies in der gebotenen

Verantwortung der Situation gegenüber geschieht, umso eher wird die Vertrauensbasis bei den Kunden und den Mitarbeitern wieder stabil.

Da nach der Krise immer vor der Krise ist, hat die Analyse der Ereignisse und der erfolgten Reaktionen immer das Potenzial einer Verbesserungsstrategie. Diese neuen Erkenntnisse werden dann wiederum in regelmäßigen Schulungen mit der Durchführung von Übungen, um das Team auf den Ernstfall vorzubereiten und die Effektivität der Pläne zu überprüfen, umgesetzt.

Somit ist ein effektives Krisenmanagementteam mit entscheidend dafür, dass eine Organisation schnell und effizient auf Krisen reagieren kann, um den Schaden zu minimieren und die Stabilität zu gewährleisten.

Identifikation und Analyse von Risiken

Eine effektive Vorbereitung erfordert eine gründliche Analyse potenzieller Risiken, die das Unternehmen beeinträchtigen könnten. Dazu gehört die Bewertung von Wahrscheinlichkeiten und potenziellen Auswirkungen verschiedener Szenarien.

Die Risikoanalyse ist ein zentraler Bestandteil des Risikomanagements und dient dazu, potenzielle Risiken zu identifizieren, zu bewerten und Strategien zu ihrer Bewältigung zu entwickeln. Sie ermöglicht es Unternehmen, fundierte Entscheidungen zu treffen und sich bestmöglich auf unvorhergesehene Ereignisse vorzubereiten.

Risiken können wie folgt kategorisiert werden (ohne Anspruch auf die Richtigkeit der Reihenfolge in Bezug auf die Häufigkeit des Auftretens):

Identifikation und Analyse von Risiken 245

- *Operative Risiken:* Darunter versteht man Risiken, die sich aus den täglichen Geschäftsabläufen ergeben, wie zum Beispiel Prozessfehler oder Systemausfälle.
- *Finanzielle Risiken:* Dies sind Risiken, die die finanzielle Stabilität betreffen, wie beispielsweise Marktschwankungen, Kreditrisiken oder der Zahlungsausfall eines wichtigen Kunden.
- *Strategische Risiken:* Bei diesen Risiken sind die langfristigen Ziele und Strategien eines Unternehmens stark gefährdet.
- *Reputationsrisiken:* Gemeint sind damit Risiken, die das Ansehen und die Glaubwürdigkeit eines Unternehmens beeinträchtigen können.

Mit der *Risikoanalyse* werden nun die eventuellen Risiken identifiziert, die sich auf das Unternehmen negativ auswirken können, und anhand von potenziellen Einflüssen wird die Wahrscheinlichkeit des Eintretens ermittelt.

Der eigentliche Prozess der Risikoanalyse umfasst mehrere Schritte:

Zunächst werden zwecks *Risikoidentifikation* Informationen über potenzielle Risiken gesammelt.

Diese Informationen werden dann einer Analyse, der *Risikobewertung*, bezogen auf die Wahrscheinlichkeit des Eintretens und den dann zu erwartenden Auswirkungen, unterzogen.

Unter der *Risikobewältigung* versteht man dann als nächsten Schritt die Entwicklungen von Maßnahmen zur Kontrolle und Reduzierung von Risiken.

Das Ganze unterliegt natürlich einer regelmäßigen Aktualisierung und Bewertung.

Unter einer dann folgenden *qualitativen Risikoanalyse* versteht man die Bewertungen und Expertenmeinungen, die zwar subjektiv, aber Expertise-basiert sind, um Risiken zu identifizieren.

Die gängigsten *Anwendungsmethoden* hierbei sind:

- Die *SWOT-Analyse*: Dies ist die Identifikation von Stärken, Schwächen, Chancen und Bedrohungen.
- Die *Risikomatrix* ist eine weitere Methode, bei der die Bewertung von Risiken basierend auf ihrer Wahrscheinlichkeit und ihren potenziellen Auswirkungen erfolgt.
- Die *Delphi-Methode* beschreibt die Sammlung und die Synthese von Expertenmeinungen zur Risikoidentifikation, um aus diesem Extrakt dann das passende »Orakel« zu verkünden. Ernsthaft: Die Delphi-Methode ist ein systematisches, mehrstufiges Befragungsverfahren mit Rückkopplung und eine Schätzmethode.

Im Gegensatz zu den qualitativen Analysen werden bei den *quantitativen Risikoanalysen* statistische und mathematische Modelle genutzt, um Risiken zu bewerten. Zu den gängigen quantitativen Methoden gehören:

- *Monte-Carlo-Simulation:* Durch den Einsatz von Simulationen zur Vorhersage von Risikoszenarien und den punktuellen Auswirkungen erhält man einen verlässlichen Draft.
- *Wahrscheinlichkeitsanalyse:* Hierbei werden Risiken basierend auf statistischen Daten und Wahrscheinlichkeiten ermittelt.
- Bei der *Sensitivitätsanalyse* wird ermittelt, inwieweit sich Ergebnisse auf Veränderungen im Eingabeverfahren verändern.

Durchaus empfehlenswert ist hierbei eine *hybride Herangehensweise*, da dadurch eine ganzheitlichere Betrachtung und Bewertung von Risiken ermöglicht wird. Besonders die Kombination zwischen quantitativen und qualitativen Methoden hat sich in der Praxis als zielführend erwiesen.

Hand in Hand, aber eben dennoch nachgelagert erfolgt nun die *Bewertung des Risikos*. Selbstverständlich gibt es auch hierzu verschiedene Möglichkeiten als Modelle:

- *Scoring-Modelle:* Bewertung von Risiken anhand einer Punkteskala, um die Priorität der zu erwartenden Einschläge bezüglich deren Auswirkungen festzulegen.
- *Fault Tree Analysis (FTA):* Hierbei werden Fehlerpfade, Ereignisentwicklungen visualisiert, die zu einem bestimmten Risikoereignis führen könnten.
- *Cost-Benefit-Analyse:* Vergleich der Kosten der Risikobewältigung mit dem potenziellen Nutzen der Vermeidung eines Risikos. Diese ist selbstverständlich immer nachgelagert oder gar obsolet, wenn Menschenleben in Gefahr sind. Somit handelt es sich hier auch eher um eine »technische« Betrachtungsweise.

Kommen wir nun zu den Strategien, deren Sinn und Zweck es sein sollte, die ausgemachten und bestens analysierten Risiken möglichst zu vermeiden. Diese Aktivitäten sind unter dem Stichwort *Risikomanagementstrategien* verschlagwortet.

Akademisch können wir diese Risikomanagementstrategien nun untergruppieren in umzusetzende Aktionen:

- *Risikovermeidung:* Eliminierung von Aktionen, die die Risiken verursachen.
- *Risikominderung:* Reduzierung der Wahrscheinlichkeit oder der eventuellen Auswirkung eines Risikos.
- *Risikotransfer:* Übertragung der erwarteten Auswirkungen von Risiken auf Dritte, zum Beispiel durch Versicherungen.
- *Risikotoleranz:* Akzeptanz bestimmter Risiken aufgrund ihrer geringen Wahrscheinlichkeit oder Auswirkungen. In diesem Falle bedeutet dies dann nichts anderes, als dass die Situationen passieren, ohne dass man diese daran hindert.
Ein Beispiel hierzu wäre die Verabredung zweier verfeindeter Hooligangruppen auf einem neutralen Platz ohne weitere Bevölkerungsfrequenz, bei dem davon auszugehen ist, dass mehr oder minder schwere Körperverletzungen stattfinden können. Die Polizei weiß davon, aber beschließt, dennoch nicht vor Ort zu sein, da es ja auch der freie Wille beider Gruppen war, sich

dort zu messen. Das ist natürlich nur die Theorie, denn die Praxis sagt, dass solche »Treffen« verboten sind und die Polizei von daher dennoch Präsenz zeigt ... vielleicht nur mit etwas Verspätung.

Jede Strategie wird in das stabile Fundament eines Planes gegossen, dessen Bestandteil sie somit ist. Ein vernünftiger *Risikomanagementplan* umfasst nun die Entwicklung und Umsetzung spezifischer Maßnahmen zur Bewältigung der mühevoll identifizierten Risiken. Dieser Plan ist zwar nun quasi in Stein gemeißelt, bedarf aber selbstverständlich einer regelmäßigen Überprüfung und entsprechender Nachjustierung, damit sich ändernde Kriseneingangsvoraussetzungen abgebildet werden können.

Das weitere Schicksal von gutgemeinten Plänen kann aber auch der eines Staubfängers in der Schublade Y sein, wenn es in dem Unternehmen kein Bewusstsein für eine Risikokultur gibt.

Denn eine gedeihliche Risikokultur innerhalb einer Organisation fördert im Normalfalle ein Bewusstsein für Risiken und ihre potenziellen Auswirkungen.

Und diese gelebte Risikokultur bedarf vor allem einem: dem Vorbildverhalten der Führungskräfte.

Zu diesem Thema könnte man gut und gerne eine ganze Buchreihe aufsetzen, aber wir belassen es hier bei dem in Kapitel 14 bereits aufgeführten Ablauf. An dieser Stelle nur erneut der dezente Hinweis, dass Führungskräfte dazu aufgerufen sind, die Prinzipien des Risikomanagements aktiv zu unterstützen und vorzuleben.

Optimalerweise gehört die gesamte Abhandlung einer Risikoanalyse zur Unternehmensstrategie und ist in diese nachlesebar integriert, denn es muss sichergestellt werden, dass die Risikomanagemententscheidungen mit den strategischen Zielen übereinstimmen.

Somit wäre zumindest per Datensatz eine kohärente und koordinierte Herangehensweise an Risiken gewährleistet.

Identifikation und Analyse von Risiken 249

Technologie-Support

Technologie spielt eine entscheidende Rolle bei der Vorbereitung und Bewältigung von Krisen. Unternehmen sollten sicherstellen, dass sie über die notwendigen technologischen Ressourcen verfügen, um Informationen schnell sammeln, verarbeiten und verbreiten zu können.

Moderne Risikomanagementsoftware-Lösungen bieten Funktionen zur Identifikation, Bewertung und Überwachung von Risiken. Diese Tools unterstützen Unternehmen bei der Automatisierung und Optimierung ihrer Risikomanagementprozesse.

Weiterhin notwendige Lösungen sind:

- Kommunikationsplattformen, die auch bei hohem Nutzeraufkommen stabil bleiben.
- Datenanalysesysteme, die Echtzeit-Informationen liefern können.
- Backup- und Recovery-Systeme, die bei einem Datenverlust schnell die Wiederherstellung ermöglichen.

Big Data und Künstliche Intelligenz (KI) spielen eine immer wichtigere Rolle bei der Risikoanalyse. Sie ermöglichen die Verarbeitung großer Datenmengen und die Identifikation von Mustern, die auf potenzielle Risiken hinweisen könnten.

Herausforderungen

Häufige Herausforderungen bei der Risikoanalyse sind unzureichende Daten, mangelnde Kommunikation und fehlende Ressourcen.

Erfolgreiche Organisationen überwinden diese Hürden durch den Einsatz moderner Technologien und die Förderung einer offenen Risikokultur. Allerdings nützen Ihnen auch die besten Technologien nicht, wenn Sie statt aktueller Daten eher Datenleichen in Ihrem Daten-Silo haben. Von daher ist die Aktualisierung aller relevanten Daten ein ständiger Prozess und Ihr täglicher Begleiter.

Unser Fazit

Die Risikoanalyse ist ein essenzieller Prozess, der Unternehmen in die Lage versetzt, Risiken effektiv zu identifizieren, zu bewerten und möglichst erfolgreich zu managen.

Durch die Kombination verschiedener Methoden, die zwangsläufige Integration in die Unternehmensstrategie und durch den Einsatz modernster Technologien können Organisationen ihre Reaktion gegen potenzielle Bedrohungen optimieren.

Eine kontinuierliche Überwachung und Anpassung der Risikoanalyseprozesse ist entscheidend, um auf sich stets ändernde Risiken und Rahmenbedingungen erfolgreich reagieren zu können.

Fallbeispiel als Leitfaden: »Organisatorische Vorbereitung«

Im Rahmen der gesamten Vorbereitung war es für TechDynamics wichtig, dass das Unternehmen auch organisatorisch und strukturell gut vorbereitet war, konkret:

- *Krisenstab:* TechDynamics hatte einen festen Krisenstab eingerichtet, der regelmäßig geschult und trainiert wurde. Dieser Krisenstab bestand aus Führungskräften, IT-Sicherheitsprofis, PR-Spezialisten und rechtlichen Beratern.
- *Rollen und Verantwortlichkeiten:* Jeder im Krisenstab hatte klar definierte Rollen und Verantwortlichkeiten. Es gab einen detaillierten Krisenplan, der die Aufgaben und Entscheidungswege genau festlegte.
- *Krisenkommunikationsstrategie:* Ein detaillierter Krisenkommunikationsplan wurde entwickelt, der sowohl interne als auch externe Kommunikationsstrategien umfasste. Der Plan beinhaltete vorbereitete Botschaften, Vorlagen für Pressemitteilungen und Protokolle für verschiedene Szenarien.

- *Notfallkontakte:* Eine Liste mit Notfallkontakten wurde erstellt, die alle wichtigen Ansprechpartner, darunter Medienvertreter, Kunden, Partner und Behörden, umfasste.
- *Krisenkommunikationssystem:* TechDynamics hatte ein robustes Krisenkommunikationssystem implementiert, das im Falle eines Cyberangriffs aktiviert werden konnte. Dieses System ermöglichte sichere und schnelle Kommunikation zwischen den Mitgliedern des Krisenteams.
- *Backup-Systeme:* Mehrere Backup-Systeme und redundante Serverstrukturen wurden eingerichtet, um im Falle eines Systemausfalls schnell wieder online gehen zu können.
- *Krisensimulationen:* Regelmäßige Krisensimulationen wurden durchgeführt, um das Krisenteam auf verschiedene Szenarien vorzubereiten. Diese Simulationen halfen dabei, die Abläufe zu testen und Schwachstellen zu identifizieren.
- *Medientraining:* Führungskräfte erhielten spezielles Medientraining, um in Krisensituationen sicher und effektiv vor der Presse auftreten zu können.

16 Interdisziplinäre Perspektiven – Einblicke aus Psychologie, Betriebswirtschaft und Kommunikationswissenschaft

Um Krisensituationen in Unternehmen optimal angehen zu können, ist eine ganzheitliche Betrachtung, die über die meist ohnehin stark standardisierten Managementansätze hinausgeht, sehr hilfreich und deshalb anzuraten.

Ein interdisziplinärer Weitwinkel über den traditionellen, in Stein gemeißelten Management-Ratgeber hinaus eröffnet in der Regel ein umfassenderes Verständnis der Krisenkommunikation, welche über den bloßen Tellerrand einer Übermittlung von Informationen hinausgeht.

Der spartenübergreifende Blick zeigt auf, wie wichtig ein fundiertes Verständnis menschlicher Verhaltensweisen in solchen Situationen ist. Durch diesen interdisziplinären Ansatz werden die Komplexität und die vielfältigen Aspekte der Krisenkommunikation herausgestellt und Lösungsmöglichkeiten für eine effektivere Gestaltung und Umsetzung von Kommunikationsstrategien in Krisenzeiten aufgezeigt.

Psychologische Aspekte der Krisenkommunikation

Widmen wir uns somit zunächst den *psychologischen Aspekten* der Krisenkommunikation.

Die Psychologie liefert wertvolle Erkenntnisse darüber, wie Menschen Informationen in stressreichen und unsicheren Situationen verarbeiten. In Krisenzeiten sind Individuen anfälliger für kognitive Verzerrungen; so können beispielsweise dramatische oder bedrohliche Informationen überbewertet werden (Negativity Bias). Verständnis dieser Tendenzen kann helfen, Kommunikationsstrategien zu entwickeln, die klare und beruhigende Botschaften fördern und Fehlinformationen entgegenwirken.

Krisenkommunikation ist ein entscheidender Bestandteil des Krisenmanagements und zielt darauf ab, Vertrauen wiederherzustellen, Ängste zu mindern und das Ansehen einer Organisation oder Person zu schützen. Der Erfolg der Krisenkommunikation hängt jedoch nicht nur von der Botschaft selbst ab, sondern auch von der Art und Weise, wie psychologische Aspekte berücksichtigt werden. Dieser Abschnitt beleuchtet die wesentlichen psychologischen Aspekte, die bei der Krisenkommunikation eine Rolle spielen, und erklärt, wie sie genutzt werden können, um Krisen effektiv zu bewältigen.

Wahrnehmung und kontextaktive »Einbettung«

Wie eine Krise letztlich wahrgenommen wird, beeinflusst erheblich die Reaktionen der betroffenen Stakeholder. Hierbei spielt das sogenannte »Framing« eine entscheidende Rolle. Durch eine bewusste Einrahmung (Einbettung) der Situation kann eine Krise weniger bedrohlich dargestellt werden.

Psychologisch gesehen hilft ein positiver oder lösungsorientierter Rahmen, die Ängste und Unsicherheiten der Zielgruppe zu mindern. Ein gängiges Beispiel hierfür ist die Darstellung einer Krise als ein Weckruf für dringend notwendige Verbesserungen und/oder als gute Gelegenheit, aus Fehlern zu lernen.

Emotionen und Empathie

In Krisenzeiten sind es meist Emotionen, die adressiert werden müssen. Menschen neigen dazu, auf Unsicherheiten mit Angst, Wut oder Verwirrung zu reagieren. Einer erfolgreichen Krisenkommunikation muss daher der Spagat zwischen faktenbasierend und emotional ansprechend gelingen. Das Einfühlungsvermögen in die Gefühle und Bedürfnisse der Betroffenen ist hierbei unerlässlich. Indem man authentisch zeigt, dass man die Sorgen und Ängste der Betroffenen verstanden hat und ernst nimmt, kann man Vertrauen und Akzeptanz schaffen.

Angst, Unsicherheit und Misstrauen können die Situation verschärfen. Psychologische Forschung betont die Bedeutung von Empathie und emotionaler Intelligenz in der Führungskommunikation. Führungskräfte müssen in der Lage sein, empathisch zu kommunizieren und gleichzeitig Ruhe und Sicherheit auszustrahlen, um Vertrauen aufzubauen und Panik zu vermeiden.

Vertrauensbildung und Glaubwürdigkeit

In Krisenzeiten ist Vertrauen das Maß aller Dinge, aber leider auch ein fragiles Gut. Eine Vertrauensbasis kann durch falsche oder unzureichende Kommunikation leicht erschüttert werden. Die Pfeiler einer stabilen Glaubwürdigkeit sind Transparenz, Konsistenz und Ehrlichkeit.

Psychologisch gesehen und schon nahe an einer rationellen Vorgehensweise neigen Menschen dazu, Informationen von verlässlichen Quellen eher zu vertrauen als von nachweislich enttarnten Quellen der Unglaubwürdigkeit. Zumindest in der Theorie der Wissenschaft ist dies so, die Praxis des amerikanischen Wahlkampfes allerdings lässt uns auch daran wieder zweifeln. Für die Krisenkommunikation ist es jedoch entscheidend, dass diese klar, offen und wahrheitsgetreu ist. Gleichzeitig sollte die Quelle der Informationen als kompetent und zuverlässig wahrgenommen werden.

Kognitive Dissonanz

Dies ist ein psychologisches Konzept, das auch in der Krisenkommunikation relevant ist. Wenn Menschen mit Informationen konfrontiert werden, die im Widerspruch zu ihren bestehenden Überzeugungen oder Erwartungen stehen, spricht man von kognitiver Dissonanz. Dies wäre der Fall, wenn man Anhängern des FC Zürich sagen würde, dass der FC Basel zwangsläufig Meister werden würde. Natürlich vor der Saison. Um nun die mit absoluter Wahrscheinlichkeit auftretende kognitive Dissonanz bei den Anhängern des FC Zürich zu vermeiden, sollte die Kommunikation darauf abzielen, Botschaften so zu formulieren, dass sie mit den bestehenden Überzeugungen der Zielgruppe übereinstimmen oder diesen zumindest nicht stark widersprechen. Würde also bedeuten, dass die Botschaft, dass die Meisterschaft zwischen dem FC Basel und dem FC Zürich entschieden wird, die bestmögliche Lösung wäre. (Bitte beachten Sie, dass dies ein Beispiel ist und wir selbstverständlich auch den anderen ruhmreichen Schweizer Vereinen unseren Respekt zollen!)

Social Proof

Gerade in Krisenzeiten suchen Menschen nach Orientierung an dem Verhalten anderer. Diese Tatsache, bekannt als »Social Proof«, kann in der Krisenkommunikation genutzt werden, um positive Verhaltensweisen zu fördern. Wenn beispielsweise prominente Persönlichkeiten oder reputationsträchtige Organisationen bestimmte Maßnahmen unterstützen oder sich zu einem Thema äußern, wird dies die Akzeptanz und das Vertrauen in die kommunizierte Botschaft erhöhen.

Krisenkommunikation und psychologische Resilienz

Resilienz ist die psychologische Widerstandsfähigkeit und ein wichtiger Aspekt sowohl für die Stakeholder als auch für die Organisation selbst. Eine effektive Krisenkommunikation muss darauf abzielen, die Resilienz der Betroffenen zu stärken, indem sie Zuversicht und Optimismus vermittelt und Wege aufzeigt, wie das Ziel der Krisenbewältigung erreicht werden kann. Dies hilft den Betroffenen, die Krise nicht nur zu überstehen, sondern gestärkt daraus hervorzugehen.

Schlussfolgerung

Die Berücksichtigung der psychologischen Aspekte innerhalb der Krisenkommunikation kann von entscheidender Bedeutung für den Erfolg oder Misserfolg werden. Indem man die emotionale Reaktionen, Vertrauen, kognitive Dissonanz, Social Proof und Resilienz berücksichtigt und einarbeitet, kann die Kommunikation so gestaltet werden, dass sie die betroffenen Stakeholder effektiv erreicht und die Krise erfolgreich bewältigt wird. Eine auch psychologisch fundierte Krisenkommunikation ist somit ein unverzichtbares Werkzeug im modernen Krisenmanagement.

Betriebswirtschaftliche Aspekte der Krisenkommunikation

Aus betriebswirtschaftlicher Sicht ist Krisenkommunikation ein Baustein des Risikomanagements. Unternehmen müssen potenzielle Risiken identifizieren, bewerten und Maßnahmen zur Risikominimierung einleiten. Dazu gehört auch die Vorbereitung auf mögliche Krisenszenarien durch das Erstellen von Business-Plänen und das Durchführen regelmäßiger Risikoanalysen.

Krisenkommunikation ist ein essenzieller Bestandteil des Krisenmanagements und spielt eine entscheidende Rolle für die wirtschaftliche Stabilität und das langfristige Überleben eines Unternehmens.

Eine Krise kann in verschiedenen Formen auftreten, wie zum Beispiel Produktfehler, finanzielle Schwierigkeiten oder Reputationsschäden. Die Art und Weise, wie ein Unternehmen auf solche Krisen reagiert, kann erhebliche betriebswirtschaftliche Auswirkungen haben.

Dieser Abschnitt untersucht die betriebswirtschaftlichen Aspekte der Krisenkommunikation und zeigt auf, wie effektive Kommunikation helfen kann, finanzielle Verluste zu minimieren, den Ruf zu schützen und die langfristige Wettbewerbsfähigkeit eines Unternehmens zu sichern.

Schutz der Unternehmensreputation

Die Reputation eines Unternehmens ist der immaterielle Vermögenswert schlechthin. In einer Krise steht diese Reputation jedoch auf dem Spiel. Eine negative Wahrnehmung durch die Öffentlichkeit kann zu einem Verlust des Kundenvertrauens, sinkenden Verkaufszahlen und langfristigen Imageschäden führen. Eine gezielte und transparente Krisenkommunikation kann helfen, den eventuellen Reputationsschaden zu begrenzen.

Finanzielle Auswirkungen

Krisen haben meist direkte finanzielle Auswirkungen auf ein Unternehmen. Das kann in Form von Umsatzverlusten, Kostensteigerung durch Rechtsstreitigkeiten, durch Schadensersatzklagen oder durch auferlegte Bußgelder auftreten. Dies alles ist jedoch durch eine schlechte Krisenkommunikation steigerungsfähig, während andererseits eine gut durchdachte Kommunikationsstrategie dazu beitragen kann, die finanziellen Schäden zu minimieren. Beispielsweise kann eine effektive Kommunikation das Vertrauen der Investoren erhalten, was den Aktienkurs stabilisieren und den Zugang zu Kapitalquellen sichern kann.

Stakeholder-Management

Das Beziehungsmanagement zu den verschiedenen Stakeholdern, einschließlich Kunden, Mitarbeitern, Lieferanten, Investoren und Regulierungsbehörden, ist ein wesentlicher Bestandteil jeder Unternehmenskultur. Jede dieser Gruppen hat unterschiedliche Interessen und Erwartungen, die in einer jeweiligen fokussierten Kommunikation berücksichtigt werden müssen. Was in normalen Zeiten gilt, gilt besonders auch in der Krise. Eine erfolgreiche Krisenkommunikation kann dazu beitragen, diese Partnerschaften durch Informationseinbindung zu stabilisieren und im besten Falle ebenfalls proaktiv im Sinne des Ganzen werden zu lassen.

Risikomanagement und Krisenprävention

Eine bestens geplante Krisenkommunikation ist ein zentraler Bestandteil des Risikomanagements. Unternehmen, die potenzielle Krisen frühzeitig erkennen und kommunikationsstrategische Maßnahmen vorbereitet haben, können schnell und effizient reagieren. Dies kann das Risiko minimieren, dass eine Krise eskaliert und schwerwiegende betriebswirtschaftliche Folgen hat.

Eine gute Krisenkommunikation ist also nicht nur reaktiv, sondern kann auch präventiv von großer Bedeutung sein.

Kosten-Nutzen-Betrachtung der Krisenkommunikation

Investitionen in die Vorbereitung und Durchführung von Krisenkommunikation stehen in keiner Relation zu den potenziellen Verlusten durch eine schlecht gehandhabte Krise. Die Kosten für den Aufbau eines Krisenkommunikationsteams, die Durchführung von Schulungen und die Entwicklung von Kommunikationsstrategien sind somit nur Kosten per Buchhaltungsdefinition, aber eigentlich eher Investitionen in eine Vorgehensweise, die optimal dazu auserkoren ist, auch größten finanziellen Schaden zu minimieren.

Wiederherstellung der Geschäftskontinuität

Ein betriebswirtschaftliches Ziel der Krisenkommunikation ist die schnelle Wiederherstellung der Vor-Krisen-Normalität und die Sicherstellung des eingeschwungenen Zustandes der Geschäftstätigkeit. Durch die richtigen Kommunikationsmaßnahmen können Unternehmen die Auswirkungen der Krise auf ihre Geschäftsprozesse minimieren und schneller zur normalen Geschäftstätigkeit zurückkehren. Um die wahrscheinlichen Umsatzverluste zu begrenzen und die Wettbewerbsfähigkeit zu erhalten, ist dies entscheidend.

Schlussfolgerung

Die betriebswirtschaftlichen Aspekte der Krisenkommunikation sind für den langfristigen Erfolg eines Unternehmens wesentliche Elemente. Eine effektive Krisenkommunikation schützt den guten Ruf eines Unternehmens und minimiert dadurch finanzielle Schäden. Sie trägt ebenso zur Stabilisierung der Beziehungen mit der Vielfalt der Stakeholder bei und unterstützt das Risikomanagement. Unternehmen, die in Krisenkommunikation investieren, sind besser gerüstet, um die Herausforderungen einer Krise zu bewältigen und gestärkt daraus hervorzugehen. Der Umkehrschluss lautet: Unternehmen, die es versäumen, in eine dem Inhalt des Wortes entsprechende Krisenkommunikation zu investieren, werden mit hoher Wahrscheinlichkeit im Fall der Fälle die Krise verschärfen.

Kommunikationswissenschaftliche Aspekte

Die Kommunikationswissenschaft bietet theoretische Grundlagen, die erklären, wie Botschaften gestaltet und über Medien verbreitet werden sollten. Theorien wie die Agenda-Setting-Theorie sind besonders relevant, da sie die Bedeutung der Medienkontrolle und die Einflussnahme auf öffentliche Diskurse in Krisenzeiten hervorheben.

In Krisenzeiten kommt der ethischen Verantwortung der Medien eine besondere Bedeutung zu. Kommunikationswissenschaften betonen daher stets die Notwendigkeit einer verantwortungsvollen Berichterstattung, die auf Genauigkeit, Ausgewogenheit und Fairness achtet.

Für Unternehmen bedeutet dies, aktiv mit den Medien zusammenzuarbeiten und sicherzustellen, dass die veröffentlichten Informationen korrekt und hilfreich sind.

Kommunikationswissenschaftliche Ansätze und ihre Anwendung in der Krisenkommunikation

Die Krisenkommunikation ist ein wesentlicher Bestandteil des strategischen Managements in Organisationen und Unternehmen und ein Anwendungsbereich der Kommunikationswissenschaft.

In Krisensituationen, die durch plötzliche und unerwartete Ereignisse eintreten, spielt die Kommunikation eine entscheidende Rolle bei der Bewältigung der Krise.

Verschiedene kommunikationswissenschaftliche Ansätze bieten theoretische Grundlagen und erprobte praktische Methoden, um eine Krisenkommunikation effektiv zu gestalten. In diesem Abschnitt beleuchten wir die wichtigsten wissenschaftlichen Ansätze und blicken auf deren Umsetzungsmöglichkeiten im Krisenfall.

Der situative Krisenkommunikationsansatz (SCCT)

Der situative Krisenkommunikationsansatz (Situational Crisis Communication Theory, SCCT) von W. Timothy Coombs ist einer der am häufigsten angewandten Ansätze in der Krisenkommunikation. Dieser Ansatz wurde durch den deutschen Wissenschaftler *Prof. Dr. Ansgar Zerfaß* und andere in den deutschsprachigen Raum übertragen und weiterentwickelt.

SCCT basiert auf der Annahme, dass die Wahrnehmung einer Krise durch die Stakeholder von der Art der Krise und der angenommenen Verantwortlichkeit der Organisation abhängt.

Dieser Ansatz hält Handlungsempfehlungen für die Kommunikation in verschiedenen Krisensituationen bereit:

- *Verantwortungszuweisung*: Je höher der wahrgenommene Grad der Verantwortlichkeit der Organisation oder des Unternehmens für die Krise ist, desto mehr defensive oder kompensatorische Strategien sollten verwendet werden, um das Vertrauen wiederherzustellen.
- *Krisentypen*: SCCT unterscheidet zwischen verschiedenen Krisentypen wie Opferkrisen (zum Beispiel Naturkatastrophen), Unfallkrisen (zum Beispiel technische Fehler) und vermeidbaren Krisen (zum Beispiel ethisches Fehlverhalten).

Die Kommunikationsstrategie wird entsprechend angepasst.

SCCT hilft dabei, die Wahrnehmung der Krise durch die Öffentlichkeit zu steuern und die Kommunikationsstrategie auf die spezifischen Umstände der Krise abzustimmen.

Image-Repair-Theorie

Die Image-Repair-Theorie von William Benoit konzentriert sich auf Strategien zur Wiederherstellung des Images einer Organisation nach einer Krise. Dieser Ansatz wurde auch von deutschsprachigen Wissenschaftlern wie Roland Burkart weiterentwickelt und angewandt.

Diese Theorie benennt fünf Vorgehensweisen, die zur Image-Reparatur eingesetzt werden können:

- *Leugnung:* Die Organisation bestreitet, dass ein Problem besteht oder dass sie dafür verantwortlich ist. Dies mag zwar eine wissenschaftliche Klassifizierung sein, aber wenn das Unternehmen verantwortlich war und dies leugnet, ist dies der perfekte Weg in den Untergang.
- *Verantwortung abweisen:* Die Organisation beschuldigt externe Auslöser oder argumentiert, dass sie keine Kontrolle über die Situation haben konnte, weil ...
- *Rechtfertigung:* Die Organisation gibt zu, dass die Krise stattgefunden hat, aber spielt die Schwere oder die zu erwartenden negativen Konsequenzen herunter.
- *Entschuldigung:* Die Organisation bittet um Verzeihung und bereut die Umstände und Auswirkungen.
- *Korrektur:* Die Organisation unternimmt konkrete Schritte, um die Situation zu entschärfen und um zukünftige Vorfälle zu verhindern.

Die Image-Repair-Theorie stellt einen Rahmen dar, um kommunikative Maßnahmen zu kategorisieren, die das beschädigte Image einer Organisation wiederherstellen können, wobei die ersten drei der oben aufgeführten Punkte keine Handlungsempfehlung sind.

Zwei-Stufen-Fluss der Kommunikation

Der Zwei-Stufen-Fluss der Kommunikation von Paul Lazarsfeld und Elihu Katz beschreibt, wie Informationen in einer Gesellschaft verbreitet werden, und hebt die Rolle von Meinungsführern hervor.

In der Krisenkommunikation ist es wichtig zu erkennen, dass nicht alle Zielgruppen direkt erreicht werden müssen. Stattdessen können Meinungsführer, die in ihrer Gemeinschaft hohes Vertrauen genießen, als Multiplikatoren fungieren und die Botschaften der Organisation effektiv weiterverbreiten. Dies ist besonders relevant in Krisensituationen, in denen schnelle und weitreichende Kommunikation erforderlich ist.

Agenda-Setting-Theorie

Die Agenda-Setting-Theorie von Maxwell McCombs und Donald Shaw unterstreicht die zentrale Rolle der Medien in Bezug auf die Platzierung von Themen, die in der öffentlichen Diskussion stehen sollen, und in welcher Art diese Themen dann wahrgenommen werden. In der Krisenkommunikation ist es entscheidend, die Medienberichterstattung so zu beeinflussen, dass die eigene Sichtweise und nicht die der Medien im Vordergrund steht.

Dies kann durch aktive Medienarbeit, durch die Bereitstellung von Informationen und einen gezielten Einsatz von Pressemitteilungen erreicht werden. Eine durchdachte Agenda-Setting-Strategie kann dabei helfen, die öffentliche Meinung zu lenken und eine Krise in einem kontrollierten Rahmen zu halten.

Inoculation(Immunisierung, Impfung)-Theorie

Dieser Ansatz von William McGuire, der diese Theorie in den 1960er-Jahren entwickelt hat, besagt, dass Menschen gegenüber späteren Beeinflussungsversuchen »immunisiert« werden können, wenn sie vorher schwachen Angriffen oder Argumenten auf ihre Überzeugungen ausgesetzt wurden.

Die Vorgehensweise:

- *Schwache Angriffe:* Um jemanden gegen spätere, stärkere Überzeugungsversuche zu »immunisieren«, wird die Person zunächst mit einem schwachen Argument konfrontiert, das gegen ihre bestehenden Überzeugungen oder Einstellungen gerichtet ist.

- *Widerlegung:* Nun wird der Person die Möglichkeit gegeben, das schwache Argument zu widerlegen und die eigene Meinung zu verteidigen. Dadurch, dass es relativ einfach war (aufgrund eines schwachen Argumentes), dieses zu widerlegen, wird die eigene, angegriffene Meinung stark stabilisiert. Man ist nun quasi geimpft, um auch stärkeren Argumenten gegenüber seine Meinung vertreten zu können, quasi auf Basis eines Erfolgserlebnisses.

- *Stärkere Resistenz:* Nachdem die Person diese »Immunisierung« durchlaufen hat, wird sie in der Zukunft widerstandsfähiger gegenüber stärkeren Beeinflussungsversuchen sein, weil sie bereits ein Erfolgserlebnis bezüglich der eigenen Sicht der Dinge hatte.

Diese Theorie wird zwar unter den Kommunikationstheorien gelistet und deshalb von uns auch hier aufgeführt, ihren Anwendungsbereich sehen wir jedoch eher in der manipulativen Politik als bei einer hilfreichen Krisenkommunikation.

Framing-Theorie

Jörg Matthes ist der Wissenschaftler, der sich intensiv mit der Framing-Theorie beschäftigt hat. Hierbei geht es darum, wie Ereignisse und Informationen in der Kommunikation gerahmt (als »Leitplanke«) oder dargestellt werden. In der Krisenkommunikation spielt die richtige Rahmengebung eine zentrale Rolle, da dies beeinflussen kann, wie eine Krise wahrgenommen wird und welche Reaktionen sie hervorruft.

Schlussfolgerung

Für die Krisenkommunikation gibt es eine breite Palette kommunikationswissenschaftlicher Ansätze, um Krisen zu bewältigen. Wie alle Theorien müssen sich diese Ansätze in der Praxis bewähren, um aus dem Schattendasein herauszutreten. Welche dieser verschiedenen Möglichkeiten, oder ob überhaupt, sich ein

Unternehmen aussucht, um es in den Krisenkommunikationsplan aufzunehmen, hängt sicher von der internen und externen Situation ab.

Im Nachhinein, also nach einer Krisenbewältigung, wird sicher die erfolgte Praxis der ein oder anderen Theorie zuzuordnen und den Studenten trefflich zu vermitteln sein. In der akuten Behandlung einer Krise, zumal in der Kommunikation, wird eine theoretische Zuordnung oder ein striktes Abhandeln der ein oder anderen Theorie eher keine Rolle spielen.

17 Nach der Krise ist vor der Krise – die Aufarbeitung

In Zeiten der Krise sind Menschen, Organisationen und Gesellschaften häufig gezwungen, schnell und entschlossen zu handeln, um unmittelbare Schäden zu minimieren und die Krise zu bewältigen.

Doch der Abschluss einer Krisenphase markiert nicht das Ende der Herausforderungen. Die Nachbearbeitung oder Aufarbeitung einer Krise ist ein ebenso wichtiger Prozess, der oft unterschätzt wird. In diesem Kapitel werden die verschiedenen Aspekte und Schritte beleuchtet, die notwendig sind, um eine Krise nicht nur zu bewältigen, sondern auch aus ihr zu lernen und sogar gestärkt aus ihr hervorzugehen.

Die Bedeutung der Krisennachbearbeitung

Die Nachbearbeitung ist entscheidend, um die Ursachen der Krise zu verstehen, die getroffenen Maßnahmen zu bewerten und künftige Risiken zu minimieren.

Ohne eine gründliche Analyse und Reflexion besteht die Gefahr, dass Fehler wiederholt werden. Eine schonungslose Nachbearbeitung ermöglicht es, Schwachstellen im System zu identifizieren, die in der Hektik der unmittelbaren Reaktion auf die Krise so möglicherweise nicht wahrgenommen wurden.

Ein wichtiger, gleichwohl nicht immer mitpriorisierter Aspekt ist die psychologische Dimension. Krisen können tiefe Spuren bei den Betroffenen hinterlassen. Ob es sich um den Verlust von Menschenleben, wirtschaftliche Einbußen oder einen Vertrauensverlust handelt, die psychologischen Folgen einer Krise sind nicht zu unterschätzen.

Die psychologische Krisenaufarbeitung dient dazu, diese Wunden zu heilen, indem sie Raum für Verarbeitung und Rehabilitierung schafft.

Die wesentlichsten Schritte zur effektiven Krisenaufarbeitung

Rückblick und Analyse

Der erste Schritt der Nachbearbeitung einer Krise ist der Rückblick auf die Ereignisse. Dieser Blick beinhaltet eine detaillierte Analyse der Ursachen, des weiteren Verlaufs und der getroffenen Maßnahmen.

Es ist wichtig, sowohl die direkten Auslöser der Krise als auch die ihr zugrunde liegenden systemischen Ursachen zu identifizieren. Eine solche Analyse muss sehr umfassend sein und bis ins kleinste Detail vorgenommen werden, um dann wirklich ein vollständiges Bild zu erhalten.

Die Ursachenforschung kann man mit folgenden Fragestellungen bedienen: Was hat die Krise ausgelöst? Gab es Anzeichen, die übersehen wurden? Waren die Präventivmaßnahmen unzureichend? Letztlich ist die Krise immer eine Wirkung, der mindestens eine Ursache zugrunde liegt.

Bei der dann folgenden Maßnahmenevaluierung lauten die zu stellenden Fragen: Welche Maßnahmen wurden ergriffen? Welche dieser Maßnahmen waren erfolgreich, welche weniger und welche überhaupt nicht? Warum haben bestimmte Maßnahmen versagt?

Bezüglich des gesamten Bereiches der Kommunikation gilt es, eine besonders detaillierte Analyse, speziell unter Anlegung einer Zeitschiene, vorzunehmen und diese Fragen zu stellen: Wie wurde während der Krise kommuniziert? Gab es Missverständnisse oder Kommunikationslücken, die zur Eskalation beigetragen haben?

Die Krise als Ratgeber

Der nächste Schritt wäre es, aus den nun gewonnenen Erkenntnissen die richtigen Lerneffekte zu ziehen. Das bedeutet nichts anderes, als dass die Ergebnisse der Analyse dazu beitragen sollen, zukünftige Strategien und Pläne zu verbessern. Es muss dabei immer im Bewusstsein sein, dass ein besonderer Fokus darauf gelegt wird, ähnliche Krisen in der Zukunft erst gar nicht entstehen zu lassen, oder wenn dies nicht gelingen sollte, ein optimales Krisenmanagement aufsetzen zu können.

Für eine Prozessoptimierung gilt somit die Fragestellung: Gibt es Prozesse, die verbessert oder geändert werden müssen, um schneller und effektiver auf zukünftige Krisen reagieren zu können?

Bezüglich der Trainings und Weiterbildungsmaßnahmen stellt sich stets die gleiche Frage: Sind zusätzliche Schulungen oder Trainings notwendig, um das Krisenmanagement-Personal besser vorzubereiten? Und die Beantwortung dieser Frage ist auch stets die Gleiche: Ja!

Auch der bunte Strauß der Kommunikationsstrategien muss immer und immer wieder hinterfragt werden, zumal diese Fragestellung bei den meisten Unternehmen nicht nur krisenrelevant ist: Wie kann die interne und externe Kommunikation in einer Krise verbessert werden?

Dokumentation und Wissensmanagement

Halten Sie alle Erkenntnisse, Strategien und Änderungen in einem zentralen Dokument oder System fest. Dies gewährleistet, dass das gesammelte Wissen zugänglich bleibt und bei zukünftigen Krisen effizient genutzt werden kann.

Psychologische Aufarbeitung

Eine Krise kann nicht nur physische, sondern auch emotionale Narben hinterlassen. In einem solchen Fall ist die psychologische Nachbearbeitung ein essenzieller Teil der Aufarbeitung. Es ist wichtig, den Betroffenen Unterstützung anzubieten, sei es durch Beratung, Therapie oder andere Formen der psychologischen Betreuung. Generell sollte die mentale Gesundheit genauso im Fokus stehen wie die strukturelle und prozessuale Aufarbeitung.

Unterstützung anzubieten geschieht meist in Form von Bereitstellung von Beratungsdiensten für die betroffenen Mitarbeiter und die Stakeholder.

In Gruppen kann der Austausch untereinander gefördert werden. Dazu stellt man Räume und Zeiten, in denen Betroffene ihre Erfahrungen teilen und verarbeiten können, zur Verfügung.

Je nach Auswirkungen der Krise kann es auch angemessen sein, ein langfristiges Betreuungsprogramm anzubieten, um den Verarbeitungsprozess zu unterstützen.

Reorganisation und Neuausrichtung

Nach einer gründlichen Analyse ist es oft notwendig, eine Reorganisation oder Neuausrichtung der betroffenen Strukturen und Prozesse in Angriff zu nehmen. Dies kann bedeuten, dass Abteilungen neu strukturiert, Zuständigkeiten neu verteilt oder sogar eine grundlegende strategische Neuausrichtung vorgenommen wird.

Meist erfolgt eine Anpassung der Organisationsstruktur, um zukünftig flexibler und schneller auf Krisen reagieren zu können.

Da es ja zu einer Krise kam, ist die Etablierung eines verbesserten Risikomanagementsystems, das regelmäßige Überprüfungen und Updates einschließt, notwendig.

Bei der Frage nach der Notwendigkeit einer strategischen Neuausrichtung ist natürlich immer der Krisenauslöser relevant. Dieser ist zu überprüfen und gegebenenfalls erfolgen dann Anpassungen der Unternehmensstrategie, um zukünftig widerstandsfähiger gegenüber Krisen sein zu können.

Transparente Darstellung der Ergebnisse

Eine offene und transparente Kommunikation der Ergebnisse und Maßnahmen nach der Krisenaufarbeitung ist von großer Bedeutung. Dies betrifft sowohl die interne Kommunikation mit den Mitarbeitern als auch die externe mit Kunden, Partnern und der Öffentlichkeit. Eine nachvollziehbare Darstellung stärkt das Vertrauen in das Unternehmen und zeigt deutlich an, dass man die Fehler in der Krise und die der Auslösung derselben sehr ernst genommen hat und diese deshalb nun konstruktiv aufgearbeitet wurden.

Bei der nun zu erfolgenden internen Kommunikation muss klar und offen alles angesprochen werden, was zur Auslösung führte und wie man dies nun zukünftig vermeiden will. Schuldzuweisungen sind dabei eher ein schlechter Ratgeber. Vielmehr müssen die Prozesse unter die Lupe genommen werden und im Anschluss so gestaltetet werden, dass die Mitarbeiter sich wieder mit dem Unternehmen identifizieren können und Vertrauen gewinnen.

Für die externe Kommunikation gilt das Gleiche, eventuell jedoch detaillierter ausgerichtet an den Bedürfnissen der jeweiligen Stakeholder-Klientel.

Langfristige Überwachung und Anpassung

Natürlich ist die Nachbearbeitung einer Krise nun kein Schlussstrich. Es ist vielmehr notwendig, die getroffenen Maßnahmen und Anpassungen kontinuierlich zu überprüfen und, wenn nötig, weitere Justierungen vorzunehmen.

Dies bedingt ein permanentes Monitoring der implementierten Maßnahmen und Anpassungen und die Bereitschaft, eventuell notwendige Maßnahmen unverzüglich umzusetzen.

Absolut wesentlich ist das Durchführen von Krisensimulationen, um festzustellen, dass die aufgesetzten Maßnahmen auch in der Praxis (auch wenn es nur eine Simulation ist) stabil sind.

Planen Sie regelmäßige Trainings und Simulationen basierend auf den neu identifizierten Strategien und Techniken. Dies hilft nicht nur dabei, das Team auf zukünftige Krisen vorzubereiten und es möglichst auch zusammenzuschweißen, sondern auch die Wirksamkeit des neuen Ansatzes zu testen.

Da die Krisenkommunikation ja immer in der Krise eingebettet ist, hier noch einige Punkte, die sich speziell auf die Nachbearbeitung der Kommunikation beziehen. Die Nachbetrachtung der Kommunikationsabläufe nach der Krise ist ein wesentlicher Schritt, um dem Sprichwort »Aus Erfahrung wird man klug« Referenz zu erweisen. Jeder Krisenfall führt in der Nachbetrachtung zwangsläufig dazu, sowohl Stärken als auch Schwächen im Kommunikationsmanagement identifizieren zu können und entsprechende Nachjustierungen vorzunehmen.

Evaluationsmeeting ansetzen

Möglichst frühzeitig nachdem eine Krise abgeklungen ist, aber auch alle damit verbundenen Emotionen weitestgehend reduziert sind, sollte ein Meeting mit allen Schlüsselpersonen des Krisenkommunikationsteams stattfinden.

Ziel dieses Meetings ist es, einen offenen Austausch darüber zu führen, was gut funktioniert hat und wo Verbesserungen nötig sind.

Daten und Feedback sammeln

Alle relevanten Daten zur erfolgten Krisenkommunikation, einschließlich Pressemitteilungen, Social-Media-Posts, E-Mail-Korrespondenzen und Medienberichterstattung, müssen auf den Tisch. Auch Feedback von Stakeholdern, Kunden und der internen Belegschaft ist von großer Bedeutung, um ein umfassendes Bild der Wirkung der Kommunikation zu erhalten.

Analyse der Kommunikationsstrategie

Untersuchen Sie die zeitlichen Abläufe, die Treffergenauigkeit der Argumentationen und auch die situative Angemessenheit. War die Kommunikation effektiv? Hat sie dazu beigetragen, das Vertrauen der Öffentlichkeit zu erhalten oder wiederherzustellen?

Welche Nachrichten wurden positiv aufgenommen und welche stießen auf Kritik?

Identifikation von Verbesserungspotenzialen

Identifizieren Sie die Bereiche, die verbessert werden müssen. Dies könnte beispielsweise die Reaktionsgeschwindigkeit, die Klarheit der Kommunikation oder die Effektivität der verwendeten Kommunikationskanäle betreffen.

Erstellung eines Aktionsplans

Entwickeln Sie einen detaillierten Aktionsplan für zukünftige Krisen. Dieser Plan sollte nicht nur Korrekturen für zuvor identifizierte Schwachstellen enthalten, sondern auch neue Strategien und Ansätze zur Verbesserung der Gesamteffektivität der Kommunikation.

Extrakt

Die Nachbearbeitung einer Krise ist ein nicht zu unterschätzender Prozess, der Reflektion, Lernen und Anpassungsfähigkeit erfordert.

Nur durch eine sorgfältige Analyse, das Erkennen von Fehlern und die Implementierung von dazu passenden Verbesserungsmaßnahmen kann ein Unternehmen die Gewissheit haben, auf die sicher kommende nächste Krise vorbereitet zu sein.

Die Aufarbeitung einer Krise ist somit nicht nur eine zwingende Notwendigkeit, sondern auch immer eine Chance, sich als Unternehmen weiterzuentwickeln und gestärkt in die Zukunft zu blicken.

18 Warum Krisenkommunikation Chefsache sein muss

Die Krisenkommunikation umfasst die strategische Kommunikation nach innen und nach außen, um die Auswirkungen einer Krise zu minimieren und das Vertrauen der Stakeholder zu erhalten.

Weil das so ist, werden wir in diesem Kapitel darstellen, warum Krisenkommunikation Chefsache sein muss und wie die Führungskräfte des Unternehmens in diesem Prozess die zentrale Rolle übernehmen (müssen).

Die Rolle der Führungskräfte in der Krisenkommunikation ist wesentlich, da sie die Verantwortung für das Unternehmen tragen und deshalb auch die Richtung vorgeben müssen, in der sich das Unternehmen während und nach der Krise bewegt. Professionelle Krisenkommunikation als Chefsache zu betrachten, hat mehrere triftige Gründe, die sowohl mit der Rolle und Verantwortung der Führungskraft als auch mit der Wirkung auf die öffentliche Wahrnehmung und die interne Organisation zusammenhängen.

Die Verantwortung des CEOs

Verantwortung und Glaubwürdigkeit

Stakeholder erwarten in Krisenzeiten eine klare Führung im Einklang mit verantwortungsbewusstem Handeln. Prädestiniert dafür ist per Definition der CEO. Stellt dieser sich seiner Verantwortung für das ganze Unternehmen, signalisiert er damit zumindest, dass das Unternehmen den Ernst der Lage erkannt hat.

Diese Verantwortungspräsenz kann zunächst ein gewisses Vertrauen der Öffentlichkeit und auch bei den Stakeholdern hervorrufen. Natürlich ist nun damit auch eine große Erwartungshaltung verbunden. Ob dieser denn nun auch entsprochen werden kann, entscheidet die Art der folgenden Kommunikation.

Eine direkte Kommunikation kann wesentlich dazu beitragen, Vertrauen zu bewahren oder wiederherzustellen, da sie eine hohe Verbindlichkeit und Transparenz suggeriert.

Der CEO ist eben nicht der Primus inter pares des Unternehmens, sondern steht in der Verantwortung für dessen Erfolg oder Misserfolg. In Krisenzeiten suchen Mitarbeiter, Kunden, Investoren, Partnerunternehmen und teilweise auch die Öffentlichkeit nach sinnmachender Führung und Orientierung.

Wenn der CEO in der Krise die Kommunikation übernimmt, sendet dies ein Signal der Verantwortungsübernahme und des Engagements. Es zeigt, dass die oberste Führungsebene die Situation ernst nimmt und bereit ist, sich den Herausforderungen zu stellen und, was viel wichtiger ist, den Kurs vorzugeben.

Das Erkennen der Stakeholder, dass in einem Unternehmen die oberste Führungsebene auch wirklich involviert ist und sich der Situation stellt, kann das Vertrauen stärken.

Denn ein CEO hat in der Regel auch die Entscheidungsbefugnis, strategische Entscheidungen schnell und effektiv umsetzen, was in einer Krise entscheidend ist. Ob diese Entscheidungen dann die richtigen sind, steht auf einem anderen Blatt.

Glaubwürdigkeit

Wenn der CEO direkt aus seiner Verantwortung heraus kommuniziert, verleiht dies der Botschaft mehr Gewicht und Glaubwürdigkeit.

Stakeholder neigen dazu, den Aussagen des CEOs mehr Glauben zu schenken als denen von Mitarbeitern, selbst wenn diese der höchsten Entscheidungsebene im Unternehmen angehören sollten.

Denn die Präsenz des CEO signalisiert für die Stakeholder, dass das Unternehmen die Krise ernst nimmt und aktiv daran arbeitet, Lösungen zu finden. Dies ist besonders wichtig, wenn es darum geht, Vertrauen in das Unternehmen wiederherzustellen oder zu bewahren.

Denn wie wir ja inzwischen verinnerlicht haben, ist eine glaubwürdige Kommunikation der Schlüssel zur Schadensbegrenzung und zur langfristigen Wiederherstellung des Unternehmensimages.

Einheitliche Botschaft und klare Kommunikation

Eine der größten Herausforderungen in der Krisenkommunikation ist die Sicherstellung, dass alle Botschaften konsistent und klar verständlich sind. Wenn verschiedene Abteilungen oder Führungskräfte unterschiedliche Botschaften kommunizieren, kann dieses für Unklarheiten sorgen und das Vertrauen der Öffentlichkeit unterminieren.

Ein CEO kann quasi als das Gesicht des Unternehmens durch sein Auftreten sicherstellen, dass die Kommunikation einheitlich und auf die übergeordneten Ziele des Unternehmens abgestimmt ist.

Widersprüchliche Informationen nach außen werden somit verhindert und eine klare und schlüssige, nachvollziehbare Darstellung sollte somit umgesetzt werden können.

Der CEO hat die Autorität, sicherzustellen, dass alle Kommunikationsmaßnahmen über verschiedene Kanäle und Abteilungen hinweg einheitlich sind.

Dies verhindert widersprüchliche oder konfliktreiche Aussagen, die das Unternehmensimage weiter beschädigen könnten. Indem die Führungskraft die strategische Ausrichtung vorgibt, kann das Unternehmen mit einer Stimme sprechen.

Schnelle Entscheidungsfindung

In einer Krise zählt oft jede Minute.

CEOs und andere Top-Führungskräfte haben die Befugnis, Entscheidungen zu treffen. Ihre Einbindung in die Krisenkommunikation bedeutet, dass strategische Entscheidungen – wie die Freigabe von Ressourcen oder die Richtung der Kommunikation – rasch getroffen und umgesetzt werden können. Dies ist entscheidend, um auf dynamische Entwicklungen effektiv reagieren zu können.

Ein CEO, der über »Befehlsgewalt« verfügt, kann somit schnell die erforderlichen Maßnahmen ergreifen und diese auch unmittelbar kommunizieren und, noch besser, auch nachvollziehbar begründen. Dies verhindert Verzögerungen und Unklarheiten und ermöglicht es dem Unternehmen, flexibel und reaktionsschnell auf die sich entwickelnde Situation zu reagieren.

Eine schnelle Reaktion auf neue Informationen und Entwicklungen kann entscheidend sein, um die Krise effektiv zu bewältigen. Ebenso kann er aus seiner Position heraus auch die Umsetzung der getroffenen Entscheidungen überwachen und einfordern.

Motivation und Führung der Mitarbeitenden

Die Art und Weise, wie ein CEO in Krisenzeiten kommuniziert, setzt nicht nur extern ein Zeichen, sondern hat vor allem intern große Auswirkungen.

Eine starke, entschlossene und empathische Führung kann die Moral der Mitarbeitenden in schwierigen Zeiten erheblich verstärken.

Mitarbeitende fühlen sich sicherer und motivierter, wenn sie sehen, dass ihre Führungskräfte aktiv mit der Situation umgehen und klare Richtlinien vorgeben und diese auch vorleben.

Beziehung zu externen Stakeholdern

CEOs pflegen in der Regel Beziehungen zu wichtigen externen Stakeholdern wie Investoren, Großkunden und Regulierungsbehörden. Ihre direkte Einbindung in die Kommunikation während einer Krise kann dazu beitragen, diese Beziehungen zu schützen. Persönliche Statements oder Briefings durch den CEO können helfen, wichtige externe Parteien informiert und engagiert zu halten, was in turbulenten Zeiten für das Unternehmensüberleben entscheidend sein kann.

Langfristige Perspektive

CEOs haben oft den Blick für eine langfristigere Perspektive als andere Mitglieder des Managements. In Krisensituationen müssen Entscheidungen getroffen werden, die kurzfristige Lösungen bieten, ohne die langfristigen Ziele des Unternehmens aus den Augen zu verlieren.

Der CEO kann gewährleisten, dass die Krisenkommunikation nicht nur auf das unmittelbare Problem eingeht, sondern auch die zukünftige Richtung und Strategie des Unternehmens berücksichtigt.

Wie die Krisenkommunikation auch wirklich zur Chefsache wird

Nachdem wir dargelegt haben, warum Krisenkommunikation Chefsache sein sollte, stellt sich jedoch die Frage, wie dies in der Praxis umgesetzt werden kann. Hierzu einige Vorschläge, wie Führungskräfte die Verantwortung für die Krisenkommunikation förderlich übernehmen können.

Vorbereitung und Schulung

Da Krisen mehrheitlich dann doch immer wieder recht überraschend eintreten und gar nicht so selten auf ein nicht so ganz optimal vorbereitetes Krisenteam treffen, ist die Zeit einer ruhigen Vorbereitung eher maximal begrenzt. Daher ist es wichtig, dass CEOs und andere Führungskräfte regelmäßig auf eine stabile Krisenkommunikation vorbereitet und geschult werden.

Diese Trainingsmaßnahmen umfassen nicht nur die Entwicklung von Kommunikationsplänen, sondern auch das Training einer Krisensituation, um dadurch sicherzustellen, dass die Führungskräfte auch in der Lage sind, unter Druck klar und effektiv zu kommunizieren.

Ein Krisenmanagement-Training beinhaltet regelmäßige Schulungen und Simulationen, die den CEO und die gesamte Führungsmannschaft auf unterschiedliche Krisenszenarien vorbereiten.

Besonders wichtig ist hierbei das Kommunikationstraining für den CEO. Hierzu wird vermittelt, wie das öffentliche Auftreten und wie die Kommunikation in schwierigen Situationen erfolgen sollten, um sicherzustellen, dass die Botschaften klar und überzeugend sind.

Aufbau des Krisenkommunikationsteams

Während der CEO die zentrale Rolle in der Krisenkommunikation wahrnimmt, ist die Unterstützung durch ein erfahrenes und kompetentes Team ein wichtiger Faktor.

Die Aufgabe dieses Teams ist, Informationen zu sammeln, Botschaften zu formulieren und sicherzustellen, dass alle Kommunikationskanäle effektiv genutzt werden.

Bei der Zusammenstellung des Teams ist darauf zu achten, dass das Team aus Experten für Öffentlichkeitsarbeit, Rechtsberatung und Unternehmenskommunikation besteht und die Mitglieder des Teams, wenn möglich, bereits Erfahrung im Umgang mit Krisen haben. Nur einer kann das Sagen haben! In diesem Fall sogar wortwörtlich, denn obwohl der CEO die zentrale Rolle innehat und somit letztlich auch die Entscheidungsgewalt, muss klar definiert sein, wer im Team für welche Aspekte der Kommunikation verantwortlich ist, um die Effizienz zu gewährleisten.

Transparenz und Authentizität

In einer Krise erwarten die Menschen Führung, Verbindlichkeit, Transparenz und Ehrlichkeit. Der CEO muss sicherstellen, dass die Kommunikation authentisch und transparent ist. Dies bedeutet, dass auch unangenehme Wahrheiten offen angesprochen werden müssen, anstatt die Situation zu beschönigen oder wichtige Informationen zurückzuhalten.

Mit der von der Öffentlichkeit verlangten Offenheit geht einher, dass ein CEO bereit sein sollte, eigene – sprich Fehler des Unternehmens – einzugestehen und offen über die sich daraus ergebenden Herausforderungen zu sprechen.

Eine authentische Kommunikation schafft Vertrauen und zeigt auf, dass das Unternehmen die Krise ernst nimmt und bereit ist, Maßnahmen zu treffen, dass so etwas nicht noch einmal passieren kann.

Kontinuierliche Kommunikation

Krisen entwickeln sich dynamisch, und neue Sachlagen können die Situation sehr schnell verändern. Deshalb ist es wichtig, dass der CEO stets auf der Höhe der Situation kommuniziert und die Öffentlichkeit sowie die internen Stakeholder regelmäßig über den Stand der Dinge informiert.

Um das Vertrauen aufrechtzuerhalten, muss der CEO regelmäßige Updates geben, auch wenn es keine gravierenden neuen Entwicklungen geben sollte.

Die Einhaltung von Versprechen ist nicht nur im tatsächlichen Leben, sondern vor allem auch in der Krisenkommunikation wesentlich. Wenn Zusagen gemacht werden, muss der CEO auch ohne Wenn und Aber sicherstellen, dass diese eingehalten werden oder, wenn die Situation es erfordert, dadurch bedingte Änderungen transparent kommuniziert werden.

Die Krise als Lehrmeister

Nach der Bewältigung einer Krise müssen die Ereignisse und die erfolgte Kommunikation genauestens analysiert werden, um aus den Abläufen Lehren für die Zukunft ziehen zu können.

Der CEO steht in der Verantwortung, den Aufarbeitungsprozess zu leiten und sicherzustellen, dass die gewonnenen Erkenntnisse auch tatsächlich in zukünftige Strategien und Pläne einfließen.

Beispiele für Krisenkommunikation durch Führungskräfte

Es ist immer hilfreich, sich einige Beispiele anzusehen, in denen CEOs eine zentrale Rolle in der Krisenkommunikation gespielt haben. Zunächst ein Beispiel, von dem man sagen kann, dass es genau so nicht sein sollte.

Tony Hayward – BP und die Deepwater-Horizon-Katastrophe

Ein bekanntes Beispiel für eine negative Krisenkommunikation ist die Reaktion von BP auf die Deepwater-Horizon-Ölpest im Jahr 2010. Der damalige CEO, Tony Hayward, wurde stark kritisiert für seine ungeschickten und unsensiblen Kommentare, die das öffentliche Vertrauen in BP weiter untergruben. Haywards berühmte Aussage »I want my life back« wurde, nachdem sich Millionen ungläubig gefragt hatten, ob er dies gerade tatsächlich gesagt habe, als höchst unsensibel gegenüber den Opfern der Katastrophe empfunden und verschärfte die Krise für BP.

Mark Zuckerberg – Facebook

Mark Zuckerberg hat(te) mehrfach mit der öffentlichen Wahrnehmung zu kämpfen, insbesondere im Zusammenhang mit Datenschutzverletzungen und der ungehinderten Verbreitung von Falschinformationen auf Facebook. Seine anfänglich zögerlichen und oft als unzureichend empfundenen Reaktionen auf die Cambridge-Analytica-Datenaffäre im Jahr 2018 wurden heftig kritisiert. Viele betrachteten seine Antworten als zu technisch und emotional distanziert, was das Vertrauen in seine Führungsfähigkeit untergrub.

James Burke – Johnson & Johnson

Ein sehr **positives Beispiel**, welches wir auch bereits weiter oben thematisiert hatten (vergleiche Kapitel 5), es aber hier in diesem Zusammenhang gerne noch einmal in Kürze auflisten, war die Reaktion von Johnson & Johnson auf die Tylenol-Vergiftungen in den 1980er-Jahren.

Der damalige CEO James Burke spielte eine zentrale Rolle in der Krisenkommunikation und entschied sich für eine transparente und proaktive Vorgehensweise. Er nahm die Produkte sofort vom Markt und kommunizierte offen mit der Öffentlichkeit, was das Vertrauen in das Unternehmen wiederherstellte und als Lehrbeispiel für Krisenkommunikation in die Geschichte einging.

Arne Sorenson – Marriott International

Nach einem massiven Datenverlust im Jahr 2018, der 500 Millionen Gäste betraf, trat der damalige CEO Arne Sorenson offen und empathisch auf. Er übernahm persönlich die Verantwortung, entschuldigte sich bei den betroffenen Kunden und erklärte detailliert die Schritte, die Marriott zur Behebung des

Problems und zum Schutz vor zukünftigen Sicherheitsverletzungen unternahm. Sorensons Auftreten fand als Beispiel für effektive Krisenkommunikation Eingang zu den Vorlesungen der Hochschulen.

Zusammenfassung

Die Krisenkommunikation gehört sicher zu den größten Herausforderungen, denen sich Unternehmen und Organisationen stellen müssen. Angesichts der potenziellen Schäden, die eine Krise verursachen kann, muss die Kommunikation während und nach einer Krise unmissverständlich zur Chefsache erklärt werden.

Der CEO spielt dabei eine zentrale Rolle, da er nicht nur die Verantwortung trägt, sondern auch das Gesicht und die Stimme des Unternehmens ist. Eine klare, transparente und gut vorbereitete Kommunikation durch den CEO kann den Unterschied zwischen einer erfolgreich bewältigten Krise und einem Desaster ausmachen, das das Unternehmen nachhaltig schädigt.

Durch Vorbereitung, authentische Kommunikation und kontinuierliche Information kann der CEO sicherstellen, dass das Unternehmen nicht nur die Krise übersteht, sondern auch gestärkt daraus hervorgeht.

19 Abschluss und Ausblick

»*Der Fallbeispiele sind genug gewechselt, lasst mich auch endlich Perspektiven sehen.*«

(Sehr frei zitiert nach Johann Wolfgang von Goethe)

Es gibt inzwischen viele Bücher, die nur mit Fallbeispielen von Krisen befüllt sind, inklusive den Bewertungs-Kommentaren von den Heerscharen profunder Krisen- und Krisenkommunikations-Kennern.

Wir sind der Meinung, dass modernste Technologien, so diese denn nicht selber zur Krise beitragen werden, wenn sie im richtigen gesetzgeberischen Rahmen eingesetzt werden, Krisenvorhersagen und auch die Kommunikationsmöglichkeiten erheblich verbessern können.

Deshalb widmen wir uns zum Schluss dieses Buches genau diesen Zukunftsperspektiven und keinen weiteren Fallbeispielen.

Die Auswirkungen der Künstlichen Intelligenz (KI) auf die zukünftige Krisenkommunikation

Die Künstliche Intelligenz (KI) hat in den letzten Jahren enorme Fortschritte verzeichnet und wird bereits zunehmend in verschiedensten Bereichen eingesetzt. Der Einsatz reicht von der Automatisierung einfacher Aufgaben bis hin zur Entscheidungsvorlage in komplexen Szenarien.

Ein Bereich, in dem KI ein ebenfalls großes Potenzial hat, ist sicherlich die Krisenkommunikation. Dieser Abschnitt betrachtet daher die potenziellen Auswirkungen der KI auf die zukünftige Krisenkommunikation und beleuchtet die Chancen wie auch die Herausforderungen, die dies mit sich bringen wird.

Hauptkriterien der Krisenkommunikation

Die Krisenkommunikation ist Bestandteil des Krisenmanagements, mit der Zielsetzung, die Auswirkungen von Krisen auf Organisationen, Unternehmen und generell die Stakeholder zu minimieren.

Eine effektive Krisenkommunikation ist entscheidend, um Vertrauen aufzubauen, Panik zu vermeiden und die öffentliche Meinung positiv zu beeinflussen. In einer zunehmend vernetzten Welt, in der Informationen in Sekundenbruchteilen verbreitet werden, wird die Fähigkeit, schnell, zielgenau und somit effektiv zu kommunizieren, immer wesentlicher.

Herausforderungen der traditionellen Krisenkommunikation

Die großen Hürden der traditionellen Krisenkommunikation sind die Geschwindigkeit der Informationsverbreitung, die Notwendigkeit, genaue und konsistente Informationen bereitzustellen, und die Fähigkeit, auf unterschiedliche Zielgruppen fokussiert eingehen zu können.

Die Rolle von Social Media und digitalen Plattformen hat diese Herausforderungen weiter verschärft, da Fehlinformationen und Gerüchte leicht und vor allem rasend schnell verbreitet werden können.

Das Potenzial der KI für die Krisenkommunikation

Künstliche Intelligenz wird zukünftig die zentrale Rolle dabei spielen, diese Herausforderungen effizient zu bewältigen. KI-gestützte Systeme könnten dazu eingesetzt werden, um die Effizienz der Krisenkommunikation zu verbessern, indem sie riesige Datenmengen in Echtzeit analysieren, Algorithmen, sprich Muster, erkennen und darauf basierend schnelle Entscheidungen treffen beziehungsweise vorbereiten.

Die Vorteile der KI in der Krisenkommunikation

Die Einführung von KI in der Krisenkommunikation bietet Vorteile, die weit über eine bloße Automatisierung von Arbeitsprozessen hinausgehen. Diese Vorteile könnten die Zukunft der Krisenkommunikation grundlegend verändern.

Schnelle Datenerfassung und -analyse

Der größte Vorteil der KI ist sicher die Fähigkeit, große Datenmengen in kürzester Zeit zu verarbeiten. In einer Krise, in der Informationen oft schnell und in (zu) großen Mengen fließen, ist die Fähigkeit, den Daten-Tsunami effektiv zu kanalisieren und zu analysieren, von unschätzbarem Wert.

- *Echtzeitanalyse:* KI kann in Echtzeit Daten von verschiedensten Quellen, inklusive Social Media, traditionellen Nachrichten und internen Berichten, sammeln und sofort analysieren. Diese Fähigkeit ermöglicht es Organisationen, unmittelbar auf Veränderungen in der Situation zu reagieren und ihre Kommunikationsstrategie entsprechend anzupassen.

- *Mustererkennung:* Bedingt durch die Analyse historischen Datenmaterials kann die KI potenzielle Krisen vorhersehen, da sie Muster und Anomalien erkennt, die auf eine bevorstehende Krise hindeuten. Dies ermöglicht eine proaktive Kommunikation und möglicherweise dadurch die Vermeidung einer Krise, bevor diese sich voll entfalten kann.

Personalisierte Kommunikation

Verschiedene Stakeholder haben unterschiedliche Informationsbedürfnisse und auch unterschiedliche Reaktionsmuster. KI kann dazu beitragen, die Kommunikation in einer Krise zu personalisieren und spezifisch auf verschiedene Zielgruppen zuzuschneiden.

- *Segmentierung von Zielgruppen:* KI kann Zielgruppen basierend auf demografischen Daten, Verhaltensweisen und anderen signifikanten Merkmalen segmentieren und passgenaue Nachrichten erstellen, die auf die spezifischen Bedürfnisse und Bedenken dieser Gruppen zugeschnitten sind.

- *Automatisierte Botschaften:* KI-gesteuerte Systeme können auch automatisch personalisierte Nachrichten erstellen und über die bevorzugten Kommunikationskanäle der Zielgruppe verbreiten. Dies ermöglicht eine schnelle und effiziente Kommunikation, die aber dennoch auf die Bedürfnisse der Empfänger exakt ausgerichtet ist.

Effizientes Monitoring und Reaktion

In einer Krise ist das sensible Wahrnehmen der öffentlichen Reaktionen und der Medienberichterstattung entscheidend, um die eigene Kommunikation anzupassen und eventuelle Tretminen frühzeitig zu entschärfen. KI kann diesen Prozess erheblich unterstützen.

- *Social Media Monitoring:* KI-Tools können Social Media und andere Online-Plattformen permanent überwachen, um die dortigen Stimmungen und Meinungen zu analysieren. Diese Tools können sogar potenzielle Krisenherde identifizieren, die noch nicht einmal in den Mainstream-Medien angekommen sind.
- *Automatisierte Reaktionen:* Basierend auf diesen gesammelten Daten und der damit einhergehenden Stimmungsanalyse kann KI automatisch Reaktionen generieren und verbreiten, um etwaige Fehlinformationen zu korrigieren oder um die öffentliche Meinung positiv zu beeinflussen.

Unterstützung bei der Entscheidungsfindung

In Krisenzeiten müssen Entscheidungen oft schnell und auf Basis nicht optimal gesicherter Datenlage getroffen werden. KI kann Führungskräfte dabei unterstützen, fundierte Entscheidungen zu treffen, indem sie ihnen die relevanten Informationen und Analysen in Echtzeit zur Verfügung stellt.

- *Szenario-Analyse:* Dies ist ein ganz wesentlicher Punkt, denn KI kann verschiedene Szenarien simulieren und analysieren, um die potenziellen Auswirkungen verschiedener Kommunikationsstrategien zu bewerten. Dies ermöglicht, die bestmögliche Strategie zu wählen.
- *Entscheidungshilfen:* KI-gestützte Systeme können Vorschläge erbringen und somit den Entscheidungsprozess unterstützen, indem sie auf Grundlage des Datenmaterials und auf Basis vorheriger Erfahrungen Empfehlungen geben.

Herausforderungen und Risiken der KI in der Krisenkommunikation

Trotz der nachvollziehbaren Vorteile, die KI in die Krisenkommunikation einbringen kann, gibt es auch erhebliche Herausforderungen und Risiken, die berücksichtigt werden müssen. Diese betreffen sowohl die technischen als auch die ethischen Aspekte des Einsatzes von KI in Krisensituationen.

Fehlende Empathie und Nuancen

Einer der größten Kritikpunkte am Einsatz von KI in der Kommunikation ist das Fehlen der menschlichen Empathie. Auch die Fähigkeit, emotionale Nuancen zu erkennen und entsprechend zu reagieren, ist (noch) nicht möglich.

In einer Krise, in der Sensibilität und Mitgefühl oft entscheidend sind, würde eine KI-gesteuerte Kommunikation als unpersönlich und unangemessen wahrgenommen werden.

- *Das Empathie-Gap:* KI-Systeme können zwar Muster erkennen und Daten analysieren, sie sind allerdings nicht in der Lage, die emotionalen und psychologischen Aspekte einer Krise vollständig zu erfassen. Dies wird dazu führen, dass automatisierte Botschaften als unsensibel oder unangemessen wahrgenommen werden können.

- *Mangel an Kontextverständnis:* KI kann Schwierigkeiten haben, den Kontext einer Situation vollständig zu verstehen, insbesondere dann, wenn es um kulturelle oder soziale Nuancen geht. Dies kann zu Missverständnissen und Kommunikationsfehlern führen.

Abhängigkeit von Datenqualität und -verfügbarkeit

Da KI-Systeme stark von der Qualität und Verfügbarkeit der Daten abhängig sind, ist es wesentlich, dass die vorhandene Qualität die erforderlichen Ergebnisse hervorrufen kann. In Krisenzeiten können Daten jedoch unvollständig, fehlerhaft oder verzerrt sein, was die Fähigkeit der KI, genaueste Analysen und Vorhersagen zu liefern, beeinträchtigen kann.

- *Datenqualität:* Somit können schlechte oder unzureichende Daten zu falschen Schlussfolgerungen führen und die Entscheidungsfindung negativ beeinflussen. Dies kann in einer Krise schwerwiegende Folgen haben.
- *Verfügbarkeit von Daten:* In sich schnell entwickelnden oder unerwarteten Szenarien stehen möglicherweise nicht genügend Daten zur Verfügung, um eine zuverlässige Analyse durch KI zu ermöglichen.

Ethische Überlegungen und Bias

Der Einsatz von KI in der Kommunikation wirft natürlich auch eine Reihe ethischer Fragen auf, insbesondere in Bezug auf Bias (Verzerrungen im Sinne von Nicht-wiedergeben-Können der tatsächlichen Situation) und die potenzielle Manipulation von Informationen.

- *Algorithmischer Bias:* KI-Systeme sind nur so gut wie die Daten, mit denen sie trainiert wurden. Wenn diese Daten »voreingenommen« sind, also eine gewisse Tendenz spiegeln, die jedoch nicht der Gesamtgemengelage entspricht, kann dies zu verzerrten Ergebnissen führen. In einer Krisenkommunikation könnte dies dazu führen, dass bestimmte Gruppen unfair behandelt oder gar ganz ignoriert werden.

- *Manipulation und Transparenz:* Es besteht immer die Gefahr, dass KI zur Manipulation von Informationen oder zur Beeinflussung der öffentlichen Meinung auf unethische Weise eingesetzt wird (wie zum Beispiel bei Donald Trump und den gefakten Swiftie-Bildern). Dies kann das Vertrauen der Öffentlichkeit untergraben und langfristige Schäden für die Reputation einer Organisation oder eines Unternehmens verursachen.

Sicherheitsrisiken und Cyberangriffe

Der Einsatz von KI in der Krisenkommunikation kann auch neue Sicherheitsrisiken mit sich bringen, insbesondere in Bezug auf Cyberangriffe und die Manipulation von KI-Systemen durch feindliche Hackerangriffe. Allerdings betrifft dies ohnehin immer die verwendete IT.

- *Cybersecurity:* KI-gestützte Systeme könnten separierte Ziele von Cyberangriffen werden, die darauf abzielen, die Kommunikation einer Organisation zu stören oder falsche Informationen zu verbreiten.
- *Manipulation durch Dritte:* Es besteht auch die Gefahr, dass Hacker KI-Systeme manipulieren, um gefälschte Nachrichten oder verzerrte Analysen zu verbreiten, mit dem Ziel, die Krise weiter zu verschärfen.

Integration von KI in die Krisenkommunikationsstrategie

Angesichts der Chancen und Herausforderungen, die der Einsatz von KI mit sich bringt, muss sorgfältig darüber nachgedacht werden, wie KI nutzbringend in die Krisenkommunikationsstrategie integriert werden kann.

Kombination von KI und menschlichem Urteilsvermögen
Der effektive Ansatz besteht darin, KI »nur« als stark unterstützendes Werkzeug zu nutzen, welches die menschliche Entscheidungsfindung ergänzt, anstatt sie zu ersetzen.

KI stellt die analysierten Daten und Mustererkennungen zur Verfügung, während die verantwortlichen Personen die endgültigen Entscheidungen treffen und auch somit sicherstellen, dass die Kommunikation empathisch und kontextuell angemessen ist.

- *Hybrider Ansatz*: Organisationen und Unternehmen könnten diese Modelle so implementieren, dass die KI-Systeme die Vorarbeit und Aufarbeitung leisten und die verantwortlichen Personen die Ergebnisse interpretieren und anpassen.

- *Einschätzung und Überwachung*: Trotz des Einsatzes von KI sollte die Aufsicht der verantwortlichen Personen erhalten bleiben, insbesondere bei der Erstellung von Kommunikationsinhalten. So kann sichergestellt werden, dass diese die erforderliche Sensibilität und Empathie aufweisen.

Schulung und Vorbereitung von Kommunikationsteams
Eine sinnstiftende Einführung von KI in der Krisenkommunikation erfordert auch, dass Kommunikationsteams entsprechend geschult werden, um diese Technologien wirklich effektiv nutzen zu können. Dies umfasst sowohl technische Schulungen als auch Schulungen bezüglich ethischer Überlegungen und dem generellem Verständnis der Grenzen von KI.

- *Technische Ausbildung*: Die auserkoren Mitarbeiter müssen in der Nutzung von KI-Tools geschult werden, damit die KI-Fähigkeiten und somit die Effizienz der Krisenkommunikation verbessert werden kann.

- *Ethische Schulungen*: Gerade die Kommunikationsteams müssen im Umgang mit den ethischen Herausforderungen des KI-Einsatzes geschult werden, um sicherzustellen, dass diese Technologie verantwortungsvoll eingesetzt wird.

Aufbau von Vertrauen und Transparenz

Um auch das Vertrauen der Öffentlichkeit und insbesondere der Stakeholder in den Einsatz von KI in der Krisenkommunikation zu erlangen, ist es wichtig, dass Organisationen absolut transparent über den Einsatz dieser Technologien informieren und natürlich sicherstellen, dass ethische Standards eingehalten werden. Alle Stakeholder müssen wissen, welche Maßnahmen bezüglich des Einsatzes der KI ergriffen werden, um potenzielle Risiken zu minimieren. Es muss gelingen, die sicherlich potenziellen Bedenken hinsichtlich des KI-Einsatzes auszuräumen. Dies kann optimalerweise durch eine klare Nutzenanalyse erfolgen.

Kontinuierliche Verbesserung und Anpassung

Die Technologie der KI wird sich ständig weiterentwickeln. Somit sollten auch Organisationen und Unternehmen bereit sein, ihre Strategien kontinuierlich zu überprüfen und anzupassen.

Dies setzt die regelmäßige Bewertung der Effektivität von KI-gestützten Systemen und deren Anpassung an neue technologische Entwicklungen und ethische Standards voraus.

- *Feedback-Mechanismen:* Es müssen somit Mechanismen eingerichtet werden, um Feedback zu sammeln und um somit kontinuierlich die Krisenkommunikationsstrategien zu verbessern.
- *Anpassung an neue Technologien:* Der technologische Fortschritt erfordert, stets flexibel zu bleiben und auch bereit zu sein, neue Tools und Ansätze zu integrieren, um die Möglichkeiten der Krisenkommunikation auf dem aktuellen Stand zu halten.

Zukunftsperspektiven: KI und die Weiterentwicklung der Krisenkommunikation

Die Integration von KI zum Zwecke der Krisenkommunikation steht noch am Anfang. Jedoch ist absehbar, dass diese Technologien zukünftig eine immer größere Rolle spielen werden. Mit fortschreitender Entwicklung werden KI-Systeme immer leistungsfähiger, und ihre Fähigkeit, komplexe Krisensituationen zu analysieren und darauf zu reagieren, wird exorbitant zunehmen.

Die Rolle der KI in zukünftigen Krisen

Bei zukünftigen Krisen könnte KI eine noch zentralere Rolle spielen, bedingt dadurch, dass sie frühzeitig Warnsignale erkennt, Kommunikationsstrategien optimiert und schnelle Reaktionen ermöglicht. Die Entwicklung von KI-Systemen, die in der Lage sind, die komplexen sozialen und kulturellen Nuancen von Krisen zu verstehen, wird dabei von großer Bedeutung sein.

Gesellschaftliche und gesetzgeberische Entwicklungen

Mit dem zunehmenden Einsatz von KI in der Krisenkommunikation wird es auch gesellschaftliche und datenschutzrechtliche Entwicklungen geben, die den verantwortungsvollen Einsatz dieser Technologien sicherstellen. Der KI-Act der Europäischen Union ist hier der erste Schritt in die richtige Richtung (auch wenn Herr Tusk dies noch anders interpretiert).

Langfristige Auswirkungen auf die Kommunikationskultur

Langfristig könnte der Einsatz von KI die Umsetzung einer Krisenkommunikation grundlegend verändern. Die zunehmende Automatisierung und Datensteuerung der Kommunikation könnte zu einer Verschiebung zu technisierten und datenfokussierten Ansätzen, Aussagen und Maßnahmen führen, zu denen die sogenannte menschliche Komponente neu definiert werden muss.

Schlussfolgerung

Die Künstliche Intelligenz birgt ein enormes Potenzial, die Krisenkommunikation in der Zukunft zu revolutionieren.

Schlussfolgerung

Durch die Fähigkeit, riesige Datenmengen in Echtzeit zu analysieren, personalisierte Botschaften zu erstellen und fundierte Entscheidungen zu unterstützen, könnte KI die Effizienz und Effektivität der Krisenkommunikation erheblich verbessern.

Gleichzeitig gibt es jedoch auch bedeutende Herausforderungen und Risiken, die betrachtet werden müssen, insbesondere im Hinblick auf die ethische Komponente, die Einbindung oder Abbildung der menschlichen Empathie und die erforderliche Gewährleistung der Sicherheit.

Der Schlüssel zum Erfolg wird darin liegen, einen ausgewogenen Ansatz zu finden, bei dem die Stärken der KI genutzt werden können, während ihre Schwächen durch menschliches Urteilsvermögen und ethische Überlegungen ausgeglichen werden.

Durch eine sorgfältige Integration von KI in die Krisenkommunikationsstrategien können Organisationen und Unternehmen besser auf zukünftige Krisen vorbereitet sein und ihre Fähigkeit verbessern, Krisen nicht nur zu überstehen, sondern, als Zielsetzung, sogar gestärkt daraus hervorzugehen.

Anhang: Reale, praktische Fallbeispiele

Fallstudie: Krisenmanagement und Kommunikation während des Tsunamis 2004 – Die Erfahrungen von Hotelplan

Hintergrund

Am 26. Dezember 2004 erschütterte ein verheerender Tsunami die Küsten Südostasiens. Tausende Menschen kamen ums Leben, darunter auch viele Touristen. Hotelplan, ein großes, international tätiges Schweizer Reiseunternehmen, war direkt betroffen, da viele seiner Kunden in den betroffenen Regionen Urlaub machten. Diese Fallstudie beleuchtet die Herausforderungen und Entscheidungen, die das Krisenmanagement von Hotelplan während dieser Katastrophe prägten.

Der Ausbruch der Krise

Am Morgen des 26. Dezember 2004 erhielt der Kommunikationschef von Hotelplan, Hans-Peter Nehmer, einen Anruf vom diensthabenden Notfalltelefon-Verantwortlichen. Ein Reiseleiter auf Phuket sowie der Leiter des Büros in Bangkok berichteten von einer riesigen Welle, die das Land überrollt hatte. Zu diesem Zeitpunkt war der Begriff »Tsunami« noch weitgehend unbekannt, und das Ausmaß der Katastrophe war noch nicht absehbar. Trotz der Unsicherheiten entschied der Krisenstableiter sofort, den Krisenstab zu aktivieren. Dies erwies sich als die richtige Entscheidung, da das gesamte Team des Krisenstabs bereits um 8 Uhr einsatzbereit war und mit der Sammlung und Bewertung der ersten Informationen begann.

Die ersten Schritte im Krisenmanagement

Die erste offizielle Kommunikation erfolgte über ein Interview mit einem lokalen Radiosender, gefolgt von einer Sonderausgabe der Tagesschau des Schweizer Fernsehens, bei der Hotelplan live zugeschaltet wurde. Zu diesem Zeitpunkt wurde deutlich, dass die Krise von nationaler Bedeutung war, da viele Schweizer in der betroffenen Region Urlaub machten.

Das Hauptziel des Krisenstabs war es, so schnell wie möglich vor Ort Kontakt zu den betroffenen Kunden herzustellen und ihre Sicherheit zu gewährleisten. Gleichzeitig mussten sie sich auf die zunehmenden Anfragen von besorgten Angehörigen vorbereiten, die verzweifelt nach Informationen über ihre Liebsten suchten. Die interne Notfallkommunikation bei Hotelplan musste schnell angepasst werden, um den steigenden Anforderungen gerecht zu werden. Dies führte dazu, dass selbst alte Telefone, die längst vergessen in Schränken lagen, wieder aktiviert wurden.

Entscheidungsfindung unter Druck

Eine der zentralen Herausforderungen bestand darin, den rechtlichen Rahmen der Situation zu bewerten. Es gab zahlreiche Anfragen zur Annullierung von Reisen, auch für zukünftige Buchungen, was für das Unternehmen erhebliche finanzielle Konsequenzen hatte. Die Unternehmensführung musste entscheiden, ob sie die Buchungen kostenfrei stornieren lassen oder den rechtlichen Rahmen strikt einhalten sollten.

Ein Wendepunkt in der Entscheidungsfindung kam, als ein Mitarbeiter berichtete, dass ein Reiseleiter vor Ort seine thailändische Frau vor seinen Augen durch die Wellen verloren hatte. Dieses Ereignis brachte die menschliche Tragödie der Katastrophe in den Vordergrund und führte dazu, dass auch die Diskussionen im Krisenstab eine Wende nahmen. Standen bis dahin technische und logistische Fragen im Vordergrund, kam jetzt das Menschliche zum Tragen. Dies führte auch umgehend zum Entscheid, alle Reisen in die betroffenen Regionen zur kostenfreien Stornierung freizugeben. Diese Entscheidung, obwohl finanziell belastend, zeigte das Engagement des Unternehmens, in einer solch schweren Krise menschliche Werte über finanzielle Erwägungen zu stellen.

Herausforderungen in der Kommunikation

Die Kommunikationsinfrastruktur in den betroffenen Gebieten war stark beschädigt, was die Kontaktaufnahme mit den Reisenden erschwerte. Hotelplan nutzte seine Homepage als Hauptkommunikationsmittel, um Informationen bereitzustellen und Anweisungen zu geben. Betroffene wurden aufgefordert, zum nächstgelegenen Flughafen zu gehen, wo Hotelplan-Mitarbeiter bereitstanden, um Unterstützung zu leisten.

Ein weiterer kritischer Punkt war die Koordination mit staatlichen Stellen, insbesondere mit dem Eidgenössischen Departement für auswärtige Angelegenheiten (EDA). Da die offiziellen Stellen anfangs zögerlich reagierten, musste Hotelplan selbst die Kommunikation mit den Medien übernehmen. Später übernahm das EDA die Verantwortung für die offiziellen Angaben zu Verletzten und Toten, was für Hotelplan eine Entlastung darstellte.

Der Einfluss des CEO auf die Krisenbewältigung

Ein besonders interessantes Element dieser Fallstudie ist die Rolle des CEO von Hotelplan. Während der Katastrophe befand er sich im Urlaub und war zunächst nicht erreichbar. Als er schließlich zurückkehrte, stellte er eine entscheidende Frage: »Wer kümmert sich um das Tagesgeschäft?« Diese Frage, die in einem Moment extremer Belastung gestellt wurde, erinnerte das Team daran, dass trotz der Krise das Geschäft weitergeführt werden musste. Dieser Fokus auf das Tagesgeschäft und die Umbuchung von Reisen zu anderen Destinationen half dem Unternehmen, die finanziellen Verluste zu minimieren.

Ergebnisse und Reflexion

Trotz der enormen Herausforderungen konnte Hotelplan die Krise erfolgreich bewältigen. Das Unternehmen erhielt positive Rückmeldungen von der Presse und den Kunden für seine schnelle und transparente Reaktion. Die Solidarität innerhalb der Reisebranche war bemerkenswert, und viele ehemalige Mitarbeiter boten ihre Hilfe an. Diese menschliche Komponente der Krise bleibt bis heute ein prägendes Element für das Unternehmen.

Ein wesentlicher Punkt der Reflexion war die Notwendigkeit, alternative Kommunikationsmittel für zukünftige Krisen zu entwickeln. Die Erfahrung zeigte, dass traditionelle Kommunikationswege in extremen Situationen schnell versagen können. Heute würde das Unternehmen andere Technologien und Plattformen nutzen, um die Kommunikation sicherzustellen. Zudem führte die Tsunami-Krise dazu, dass das EDA (Eidgenössisches Departement für auswärtige Angelegenheiten) bei zukünftigen Ereignissen den Lead in der Kommunikation mit den betroffenen Landsleuten übernahm.

Fazit

Die Tsunami-Krise von 2004 war eine der schwersten Prüfungen für Hotelplan. Die schnellen Entscheidungen, das klare Krisenmanagement und die fokussierte Kommunikation ermöglichten es dem Unternehmen, die Krise zu meistern und gleichzeitig das Vertrauen der Kunden und der Öffentlichkeit zu bewahren. Die Fallstudie zeigt, wie wichtig es ist, in Krisenzeiten menschliche Werte und schnelle Entscheidungsfindung in den Vordergrund zu stellen, um sowohl den finanziellen als auch den menschlichen Herausforderungen gerecht zu werden.

Fallstudie: Cyberangriff auf ein Schweizer Unternehmen – ein Krisenmanagementbericht

Hintergrund und Ausgangslage

Im Sommer 2019 wurde ein Schweizer Unternehmen, spezialisiert auf Gebäudetechnik, Opfer eines schweren Cyberangriffs. Der Angriff geschah völlig unerwartet, inmitten der Sommerferien, wobei sich glücklicherweise die meisten Entscheidungsträger in der Schweiz aufhielten. Der Angriff wurde in der Nacht vom externen IT-Dienstleister erkannt. Dieser hat sofort alle Systeme vom Netz getrennt und die Geschäftsleitung informiert. Alle IT-Systeme außer dem E-Shop waren betroffen, kein Mitarbeiter konnte mehr auf Daten zugreifen, geschweige denn grundlegende Arbeitsprozesse durchführen und das gesamte Unternehmen kam zum Stillstand.

Der Cyberangriff und seine Konsequenzen

Der Angriff stellte sich als Erpressung heraus: Die Angreifer verlangten eine Summe von mehreren Millionen Schweizer Franken im Austausch für die Herausgabe des Schlüssels zur Dekodierung der verschlüsselten Daten. Die Angreifer hatten über mehrere Monate hinweg Schadsoftware, vergleichbar mit digitalen „Sprengsätzen", unbemerkt im IT-System des Unternehmens platziert. Diese Schadsoftware wurde durch das Öffnen eines infizierten E-Mail-Anhangs aktiviert, wodurch die gesamte IT-Infrastruktur des Unternehmens lahmgelegt wurde.

Die Unternehmensleitung stand vor der Entscheidung, ob sie das geforderte Lösegeld zahlen sollte oder nicht. In Absprache mit dem Verwaltungsratspräsidenten entschied sich die Geschäftsleitung, keine Zahlungen an die kriminelle Organisation zu leisten und stattdessen die Situation offen gegenüber allen Stakeholdern zu kommunizieren. Diese Entscheidung führte zu einer massiven Betriebsunterbrechung, da alle Systeme – von der Zutrittskontrolle bis zu den Produktions- und Kommunikationssystemen – nicht mehr funktionsfähig waren.

Krisenmanagement und interne Organisation

Angesichts der Krise organisierte die Geschäftsleitung rasch einen Krisenstab, der nach militärischem Vorbild hierarchisch strukturiert wurde. Der Krisenstab wurde vom CEO geleitet und traf sich täglich dreimal, um die Situation zu bewerten und Entscheidungen zu treffen. Unterstützt wurde das Unternehmen durch externe Experten, darunter das Bundesamt MELANI, die Kriminalpolizei Zürich sowie Cyber-Spezialisten, die wertvolle Unterstützung und Fachwissen in die Krisenbewältigung einbrachten.

Besonders herausfordernd war die interne Kommunikation. Da die regulären Kommunikationswege über E-Mail und andere IT-Systeme nicht mehr nutzbar waren, griff das Unternehmen auf WhatsApp-Gruppen zurück. Obwohl WhatsApp zu diesem Zeitpunkt noch nicht vollständig verschlüsselt war, blieb dies die einzige praktikable Lösung, um die Mitarbeitenden kurzfristig in Echtzeit zu erreichen. Ein starkes Bild dieser Phase war der tägliche Treffpunkt um 6:30 Uhr, bei dem auf einem Flipchart die wichtigsten Aufgaben notiert und anschließend per Foto über WhatsApp an die Mitarbeiter verteilt wurden.

Externe Kommunikation und Auswirkungen auf die Kundenbeziehungen

Die externe Kommunikation war ebenso entscheidend. Das Unternehmen entschied sich bewusst für eine offene Kommunikation und erstellte umgehend eine Notfall-Website, über die sich alle Stakeholder zeitgleich und jederzeit über den aktuellen Stand informieren konnten. Dieser offene Umgang mit dem Vorfall wurde von den Medien und auch von staatlichen Stellen positiv aufgenommen. Allerdings zeigte sich, dass die Kundenbeziehungen unter dem Vorfall litten. Während anfänglich noch viel Verständnis und Unterstützung von Seiten der Kunden kam, änderte sich dies nach einigen Wochen, als die Betriebsablaufstörungen teilweise anhielten. Einige Kunden wandten sich aufgrund von Sicherheitsbedenken vorübergehend ab, was zu erheblichen Umsatzverlusten führte.

Lessons Learned und langfristige Auswirkungen

Im Nachgang der Krise wurde deutlich, dass das Unternehmen seine IT-Sicherheitsvorkehrungen erheblich verstärken musste. Trotz vorhandener guter Sicherheitsmaßnahmen war es den Angreifern gelungen, in das System einzudringen. Das Unternehmen zog wichtige Lehren aus der Krise, insbesondere in Bezug auf die Bedeutung von präventiven Krisenplänen und die regelmäßige Übung solcher Szenarien.

Ein weiterer entscheidender Punkt war die Erkenntnis, dass die Kommunikation – sowohl intern als auch extern – der Schlüssel zur Bewältigung einer solchen Krise ist. Der CEO und sein Stellvertreter spielten eine zentrale Rolle, indem sie die Kommunikation persönlich überwachten und über die Kommunikationsabteilung sicherstellten, dass alle Mitarbeitenden und Kunden regelmäßig und transparent informiert wurden.

Fazit

Der Cyberangriff stellte das Unternehmen vor immense Herausforderungen, doch die rasche und koordinierte Reaktion der Geschäftsleitung, gepaart mit einer offenen Kommunikationsstrategie, ermöglichte es dem Unternehmen, sich allmählich zu erholen. Die Krise schweißte das Unternehmen zusammen und führte zu einer stärkeren Unternehmenskultur. Nach etwa einem Jahr hatte das Unternehmen die Krise weitgehend überwunden und konnte wieder auf Wachstumskurs gehen. Die Erfahrungen aus dieser

Zeit sind heute fest im Risikomanagement und in den Kommunikationsstrategien des Unternehmens verankert.

Fallstudie: Kommunikationsherausforderungen und Lernprozesse der Stadtpolizei Zürich

Fall 1: Fehlinterpretation technischer Aspekte bei einem Verkehrsunfall

Ein frühes Beispiel für die Herausforderungen, denen sich der Beamte gegenübersah, war ein Helikopterabsturz im Triemli-Quartier. Der Beamte, damals noch unerfahren in der Öffentlichkeitsarbeit, gab in der Tagesschau fälschlicherweise an, dass der Helikopter mit Kerosin geflogen sei und der Treibstoff hoch explosiv wäre. Tatsächlich handelte es sich jedoch um einen Robinson-Helikopter, der normales Benzin verwendete. Diese Fehlinformation führte zu einer negativen öffentlichen Reaktion und brachte dem Beamten viel Kritik ein.

Learning

Dieser Vorfall unterstrich die Bedeutung von genauen und sachlichen Informationen in der Kommunikation mit der Öffentlichkeit, insbesondere bei technischen Details. Es zeigte sich, dass ein ungenaues Verständnis oder eine falsche Darstellung von Fakten das Vertrauen in die Polizeiarbeit erheblich beeinträchtigen kann.

Fall 2: Kommunikationsfehler bei einem Enkeltrickbetrug

In einem weiteren Fall wurde der Beamte in einem Interview zum Thema Enkeltrickbetrug gefragt. Seine unbedachte Aussage, dass »der Esel selbst schuld« sei, wenn jemand auf einen solchen Betrug hereinfällt, wurde in den Medien wortwörtlich zitiert. Diese unglückliche Formulierung führte zu einer Welle der Empörung und machte deutlich, wie sensibel die Wortwahl in der öffentlichen Kommunikation sein muss.

Learning

Dieser Vorfall verdeutlichte die Notwendigkeit, in der Polizeiarbeit stets respektvoll und einfühlsam zu kommunizieren, insbesondere in Fällen, in denen Menschen betroffen sind. Unüberlegte Äußerungen können nicht nur das Ansehen der Polizei schädigen, sondern auch das Vertrauen der Bevölkerung untergraben.

Fall 3: Falsche Gesundheitsprognose bei einem Verkehrsunfall

Ein weiteres Beispiel für die Herausforderungen in der Kommunikation war ein Verkehrsunfall, bei dem der Beamte gegenüber der Presse mitteilte, dass es dem Fahrer nach einem Unfall gut gehe. Einige Stunden später verstarb der Fahrer jedoch an einem Herz- und Milzriss. Der Beamte musste erkennen, dass selbst ärztliche Einschätzungen mit Vorsicht zu behandeln sind, wenn sie an die Öffentlichkeit weitergegeben werden.

Learning

Diese Erfahrung verdeutlichte, dass in der Kommunikation mit den Medien immer eine gewisse Zurückhaltung und Vorsicht geboten ist, insbesondere wenn es um den Gesundheitszustand von Personen geht. Es zeigte sich, dass es besser ist, vorsichtige oder vorläufige Aussagen zu treffen, anstatt definitive Informationen weiterzugeben, die sich später als falsch erweisen könnten.

Fall 4: Umgang mit einer Persönlichkeitsrechtsverletzung

In einem weiteren Vorfall fand die Polizei ein in Deutschland vermisstes Mädchen in Zürich. Der Beamte präsentierte das Mädchen stolz vor der Wache, was jedoch von ihr zu einer Klage wegen Persönlichkeits- und Datenschutzverletzung führte. Diese Erfahrung zwang den Beamten, die Sensibilität solcher Situationen zu erkennen und zukünftig vorsichtiger mit der Öffentlichkeitsarbeit umzugehen.

Learning

Der Umgang mit persönlichen Daten und der Schutz der Privatsphäre müssen bei der Polizeiarbeit höchste Priorität haben. Die Fallstudie zeigt, dass auch gut gemeinte Aktionen schnell zu rechtlichen Problemen führen können, wenn die Privatsphäre von Individuen nicht respektiert wird.

Fall 5: Interpretation eines Polizeieinsatzes bei einer Geiselnahme

Der Beamte wurde auch für seine Beurteilung eines Polizeieinsatzes nach einer Geiselnahme kritisiert, bei der zwei Frauen getötet wurden. Seine Einschätzung, dass es sich trotz des tragischen Ausgangs um einen guten Polizeieinsatz handelte, wurde zunächst von einigen missverstanden. Erst nach einer Information der Öffentlichkeit wurde die polizeiliche Leistung anerkannt.

Learning

Diese Situation verdeutlichte die Wichtigkeit von klarer und umfassender Kommunikation, insbesondere bei heiklen oder kontroversen Themen. Es zeigte sich, dass komplexe Sachverhalte gut erklärt werden müssen, um Missverständnisse und falsche Einschätzungen in der Öffentlichkeit zu vermeiden.

Fall 6: Berichterstattung mit Bild nach Entführung

Eine Mutter entführte ihren todkranken Buben aus dem Kinderspital, wo er hätte operiert werden sollen, nach Spanien. Die Operation hätte gegen den ausdrücklichen Wunsch der Mutter, der das medizinische Sorgerecht für ihren Sohn bereits entzogen worden war, stattfinden sollen. Laut ihrem Vater war sie eine extreme Gegnerin der Schulmedizin und glaubte, sie müsse ihr Kind vor den Ärzten beschützen.

Die Presse hat die Geschichte publiziert und ein Foto mit der Mutter während einer Freizeitaktivität zum Artikel gesetzt. Das Problem war, dass das Bild urheberrechtlich nicht geschützt war und somit ein rechtlich sehr heikles Feld beschritten wurde. Schlussendlich war es die Fotografin aus dem privaten Umfeld der Mutter, die Geldforderungen an die entsprechende Zeitung stellte. Ein langer Streit, der sich hinzog.

Learnings

Dieser Fall bietet mehrere Lernpunkte im Bereich der öffentlichen Kommunikation, insbesondere im Umgang mit sensiblen Themen und Bildrechten in den Medien:

- *Verantwortungsvolle Berichterstattung bei heiklen Themen*
  Medien sollten vorsichtig sein, wenn sie über persönliche, ethisch komplexe oder rechtlich sensible Themen berichten, wie den Fall einer Mutter, die ihr krankes Kind entführt. Die Berichterstattung sollte objektiv und respektvoll sein, ohne unnötige Dramatisierung. Es ist wichtig, die rechtlichen und emotionalen Dimensionen eines solchen Falls sorgfältig abzuwägen, um keinen falschen Eindruck oder unfaire Urteile in der Öffentlichkeit zu fördern.
- *Respekt vor den Beteiligten*
  Besonders in medizinischen Fällen mit Kindern sollten Journalisten sicherstellen, dass die Privatsphäre der Familie respektiert wird. Der Fokus sollte auf sachlicher Information liegen anstatt auf emotional aufgeladenen Inhalten, die die Situation verschärfen könnten.
- *Bildrechte und rechtliche Verantwortung*
  Der Fall zeigt die Notwendigkeit, Bildmaterial vor der Veröffentlichung rechtlich abzusichern. Medienhäuser müssen sicherstellen, dass sie über die nötigen Nutzungsrechte verfügen, bevor sie Bilder veröffentlichen. Eine Vernachlässigung kann zu rechtlichen und finanziellen Konsequenzen führen, wie in diesem Fall durch die Geldforderung der Fotografin.

Vor allem bei Bildern aus dem privaten Umfeld sollten die Quellen und Urheberrechte sorgfältig geprüft werden. Es reicht nicht aus, dass das Bild „verfügbar" oder „zugänglich" ist – es muss sichergestellt werden, dass alle Beteiligten, einschließlich Fotografen und Abgebildeter, ihre Einwilligung zur Veröffentlichung gegeben haben.

Die Auswahl eines Fotos für einen Artikel über eine so tragische und komplexe Geschichte wie die einer Kindesentführung muss mit besonderer Sensibilität erfolgen. Ein Bild der Mutter während einer Freizeitaktivität könnte den falschen Eindruck erwecken und als unangemessen empfunden werden, da es den Ernst der Situation nicht widerspiegelt.

Über die Autoren

Marco Cortesi

Marco Cortesi (Jahrgang 1956) hat über Jahrzehnte die Kommunikation als Pressesprecher der Stadtpolizei Zürich geprägt – auch in der öffentlichen Wahrnehmung. Er hat etwas zu sagen und ein riesiger Erfahrungsschatz auch an anspruchsvollsten Fällen sind sein Fundus. Er schöpft aus dem Vollen als Praktiker und gewiefter Kommunikationschef im Umgang mit diversen Medien. Marco Cortesi hat der Polizei ein menschliches Gesicht gegeben und war maßgeblich dafür verantwortlich, dass das Image der Polizei in Zürich, aber auch ganz allgemein in der Schweiz ein positives war und ist.

Obwohl er schon seit 30 Jahren in Zürich lebt und fast täglich im Funk und Fernsehen im Bündnerdialekt über Ereignisse in Zürich berichtet, ist er ein Engadiner geblieben. Marco Cortesi hat seinen Bubentraum verwirklicht und wurde Polizist bei der Stadtpolizei Zürich. Dort absolvierte er die Polizeirekrutenschule, war zunächst mehrere Jahre im Kreis 4 und 5 mit dem Streifenwagen unterwegs und wechselte dann zur Kriminalpolizei. Vor 20 Jahren wurde er als Pressesprecher berufen. Im Verlauf der vergangenen Jahre wurde er aufgrund von unzähligen Fernseh- und Radiointerviews schweizweit als das Gesicht der Stadtpolizei Zürich bekannt.

Die Aufgabe als Medienchef bei einem der größten und bekanntesten Polizeikorps der Schweiz ist eine große Herausforderung. Nicht zuletzt wegen der stets wechselnden Rahmenbedingungen, sei es von politischer wie auch von medialer Seite. Gab es anfangs der 1980er-Jahre gerade mal das Radio Beromünster und das Schweizer Fernsehen, gibt es heute unzählige private TV- und Radiostationen, Onlinemedien und Gratiszeitungen, die täglich nach Sensationen, »Primeurs«, Skandalen oder spannenden

Geschichten im Bereich Sex and Crime suchen. Der Zeitungsmarkt wurde zwar deutlich kleiner, das Tempo der Berichterstattung nahm aber laufend zu – durch das Internet und die sozialen Medien entstand eine eigene neue Welt …

Diese Herausforderungen und nie zu wissen, was der neue Tag bringt, machen den Beruf des Polizeimediensprechers ungemein spannend, abwechslungsreich und interessant. Täglich im Zentrum des Polizeialltags im pulsierenden und oft hektischen Zürich zu stehen und die unglaublichsten Fragen so zu beantworten, dass die Politik, der Kommandant, die Polizisten genau wie die Bevölkerung sie verstehen und damit zufrieden sind, fordert ein sehr hohes Maß an Diplomatie. Genügte früher ein Pressesprecher, ist heute ein größeres Team von Spezialisten gefragt, um die komplexen Fragestellungen rund um das Thema Sicherheit in der Stadt Zürich kompetent und zeitgerecht zu beantworten.

Marco Cortesi wurde im Jahr 2023 vom DACH-Journalistenverein für sein Lebenswerk einer glaubwürdigen Presse- und Krisenkommunikation ausgezeichnet.

Stefan Häseli

Stefan Häseli (Jahrgang 1966) ist Experte für Glaubwürdigkeit, Kommunikationsberater, Schauspieler, mehrfacher Buchautor und Keynote-Speaker. Wenn es um glaubwürdige Kommunikation in anspruchsvollen Situationen geht, ist er ein gefragter Spezialist. Schon in seiner ersten Karriere als Postbeamter verspürte er den Drang, statt Dienst nach Vorschrift die Kunden mit Freundlichkeit zu irritieren. Schnell kam er zur Erkenntnis, dass Kommunikation die Qualität und das Ergebnis zwischenmenschlicher Beziehungen enorm beeinflusst, was ihn zukünftig begleiten sollte.

Als Führungskraft gestaltete er aktiv den wohl größten Change in der Schweizer Unternehmenswelt mit – die 150 Jahre alte Post wandelte sich vom staatlichen Regiebetrieb zum ertragsorientierten Unternehmen. Dafür entwickelte er Konzepte zur erfolgreichen Führung, um als Führungskraft mit Chaosphasen, Widerständen, Hoffnung und anderen Herausforderungen umgehen zu können.

»Wer seine Rolle in der Kommunikation versteht, kann auch in anspruchsvollen Situationen glaubwürdig kommunizieren.« Genau nach diesem Motto unterstützt Stefan Häseli seit mehr als 15 Jahren vor allem Vorstände und Führungskräfte aus verschiedenen Branchen, doziert an Universitäten und Fachhochschulen und setzt treffende Impulse als Keynote-Speaker. Seine Leidenschaft zum Kabarett und die Ausbildung am Theater halfen ihm dabei. Als ausgebildeter Schauspieler lernte er vor allem eines: Reflektieren im Momentum des Geschehens in einer wirklichen Tiefe, wie es sonst nicht möglich ist.

Für seine Arbeit wurde er bereits mehrfach ausgezeichnet und gewann beispielsweise Gold beim internationalen deutschen Trainings-Preis. Er ist mehrfacher Buch-Autor, schreibt regelmäßig in verschiedenen Medien wie Zeit, Stern, Welt, Focus u.v.a. und kommentiert aktuelle Themen in TV und Radio, sobald es um Kommunikation geht.

Anmerkungen

Kapitel 2

1. Heinrich August Pierer: *Pierers Universallexikon der Vergangenheit und Gegenwart*, Band 7, S. 878.
2. Ähnliche Ergebnisse erzeugt ChatGPT 4.0.

Kapitel 3

1. Ein herzliches Danke geht an Schutz & Rettung Zürich für die Abbildungen und Übersichten 3.8. und 3.9.

Kapitel 4

1. Die Autoren danken dem 2017 leider verstorbenen Herrn Peter Wettler für den intensiven und inspirierenden Austausch mit Marco Cortesi zu den Themen dieses und des nächsten Abschnitts.
2. Zu solchen Schwarzen Schwänen siehe Nassim Nicholas Taleb, *Der Schwarze Schwan. Die Macht höchst unwahrscheinlicher Ereignisse*, 7. Auflage 2018.

Kapitel 8

1. Immanuel Kant, *Grundlegung zur Metaphysik der Sitten*, 1785, Akademie-Ausgabe, Band IV, S. 437.

Kapitel 12

1. Eine ausgezeichnete Quelle zu diesem Thema ist der *PR-Report* aus dem Verlag Oberauer GmbH. Die Lektüre inspiriert die Autoren immer wieder neu.

Kapitel 13

1. Siehe Edward Segal, »How to Measure the Success of Your Crisis Communication«, *Forbes.com*; ein Crisis Communication Template findet sich unter https://f.hubspotusercontent00.net/hubfs/5494056/MPWR-TEMPLATE-Crisis-Comms-.pdf; siehe auch Nicole Schuman, *Communications PR News*, https://www.prnewsonline.com/?s=Essential+KPIs+for+Crisis+Communication&paged=1&order=desc&orderby=post_date&date_range=2023-01-01--2023-12-31&facet%5Bcategories%5D%5B%5D=Crisis+Management&facet%5Btags%5D%5B%5D=chatgpt&facet%5Bpost_author%5D%5B%5D=Nicole+Schuman.

Kapitel 14

1. Vergleiche beispielhaft zu diesem Fall: https://www.freiburger-nachrichten.ch/aufklarung-des-postauto-skandals-urs-schwaller-setzt-externe-experten-ein/; https://www.economiesuisse.ch/de/artikel/postauto-skandal-ziel-und-rollenkonflikte-als-grundproblem; https://www.sem.admin.ch/fedpol/de/home/aktuell/informationen/2024-05-10.html.

Stichwortverzeichnis

Symbole
5-Why-Methode 103
A Agenda-Setting-Theorie 264
Ahrtal-Flutkatastrophe 5, 75
Aktionsplan 178
Akute Krise 37
Alarmierungsübung 188
Antifragilität 6, 186
Aufarbeitung 7, 267
B Bestätigung 65
Betriebswirtschaftliche Aspekte 7, 258
Betroffenheit 65
Bewältigung 65
Bewältigungsstrategie 5, 65
Bildmaterial 6, 127
C Care-Team 70
Checkliste 142, 149
Chefsache 7, 275
Content Manager 162
D Datenanalyse 6, 212
Datensammlung 6, 212
Datensicherheit 166
Dauerkrise 30
Deeskalationsphase 38
Deutungshoheit 72
E Ehrlichkeit 142
Emotion 128, 255
Empathie 63, 73, 85, 255
Entscheidungsvollmacht 71
Erfahrung 158
Eskalationsphase 37
Ethik 6, 134
Evaluation 6, 203, 205, 210
Evaluierungsphase 38
F Fachkompetenz 156
Fake News 12, 13
Fehler 62
Fehlerbaumanalyse (FTA) 103
Fehlinformation 26
Finanzkrise 2008 39
Fokussierung 72
Framing-Theorie 265

Früherkennung 173
Frühwarnphase 36, 66
Führungskommunikation 7, 219
G Genauigkeit 6, 140
Genehmigungsprozess 146
Gerücht 26, 66
Glaubwürdigkeit 17, 69, 128, 255, 276
H Holding Statement 6, 146, 176
Humor 120
I Imagekrise 33
Image-Repair-Theorie 263
Immersive Simulation 188
Inject 193
Inoculation-Theorie 264
Interne Kommunikation 211, 220
IT- und Datensicherheitsspezialist 162
K Katastrophe 30, 33
Kernbotschaft 149
Key Performance Indicators (KPIs) 210
KFC UK 119
Klartext 73
Kognitive Empathie 87
Kommunikation 5, 9
Kommunikationslead 70
Kommunikationsplan 75
Kommunikationsstrategie 5, 65, 107
Kommunikationswissenschaftliche Aspekte 7, 261
Kommunikator 89
Körpersprache 5, 93
Krise 5, 30, 32, 36
Krisenauslöser 33
Krisenführung 7, 222
Krisenkommunikationsleiter 161
Krisenkommunikationsstrategie 6, 172
Krisenkommunikationszentrum 163

Krisenkomplexität 30
Krisen-Logbuch 69
Krisensimulation 187–188
Krisenstab 70
Krisen-Workshop 188
Kritiker 63
Kundenzufriedenheit 211
Künstliche Intelligenz (KI) 8, 33, 285
L Lösungsstrategie 31
M Management 7, 219
Markenimage 212
Medien 66, 74
Medienbeauftragte 161
Medienbeobachtung 205, 208
Medienpräsenz 211
Medientraining 177
Mikro-Simulation 188
Mitarbeiter 27
Mitgefühl 87
Monitoring 6, 203
Monitoring-Tools 165
N Nachbearbeitung 102, 267
Nachbereitung 64
Nachbesprechung 102
Nachjustierung 104
Netzwerksicherheit 167
Notfall 5, 25, 29, 31
O Operatives Training 187
Organisatorische Vorbereitung 7, 239
P Permanenz 68
Personelle Anforderungen 6, 156
Plan 62
Planspiel 67
Planung 45
Prävention 5, 45
Protokoll 69, 102, 105
Prozess 269
Prozessanalyse 104
Psychologische Aspekte 254
Q Qualität 140
R Räumliche Anforderungen 6, 163
Reaktionszeit 210
Rechtliches Risiko 26
Rechtsexperte 162
Reflexion 101
Regenerationsphase 38
Reichweitenmessung 106, 211
Reputation 258
Resilienz 6, 186, 257
Ressourcen 140
Rollenverteilung 161
Rückblick 268
S Schadensbegrenzung 38
Schlüsselwörter 178
Sechs-Augen-Prinzip 141
Sentiment-Analyse 208, 210
Shitstorm 68
Sicherheitssoftware 167
Single-Simulation 188
Situativer Krisenkommunikationsansatz (SCCT) 262
Social Media 6, 64, 68, 111
Social Media Listening 209
Social Media Manager 161
Social Proof 257
Somalia 133
Sprache 63
Stakeholder-Analyse 175
Stakeholder-Management 259
Stakeholder-Manager 162
Störung 32
Strategie 6, 171
Strategieentwicklung 45
Strategisches Training 188
Stressresistenz 158
Strukturlegung 7, 239
Syrische Flüchtlinge 133
T Tabletop-Simulation 188
Taktik 6, 171, 176
Team 62
Teamstruktur 161
Team-Training 188
Technische Anforderungen 6, 164
Tempo 140
Tool-Training 188
Training 186
Transparenz 142
Tylenol 94
U Überreaktion 64
Überstürzte Kommunikation 143

Stichwortverzeichnis

United Airlines 121
Unwahrscheinlichkeit 67
Ursache 103

V Verantwortung 74, 275
Verantwortungsübernahme 177
Vertrauen 17, 26, 129, 255
Vertrauensverlust 143
Vietnamkrieg 132

Visualisierung 128
Vorbereitung 45, 47

W Warnung 64
Web-Traffic 211
Wettbewerbsvorteil 26
Widerstandskraft 6, 186

Z Zeitdruck 68, 140
Zugriffsmanagement 167
Zwei-Stufen-Fluss 263